암기가 아닌 이해로, 문법의 퍼즐을 풀다!

ENGLISH GRAMMAR

보이는 영문법

[전지적 원어민 시점]

"영어 문법, 왜 그렇게 말해야 하는지 끝까지 따라가 본 적 있는가?"

주지후 지음

Preface

왜 '보이는 영문법'인가?

　영어 문법은 겉으로 쉽게 드러나지 않는 **패턴**으로 이루어져 있습니다. 원어민은 이러한 패턴을 성장 과정에서 자연스럽게 습득합니다. 그러나 영어가 모국어가 아닌 대부분의 학습자는 단편적인 규칙만을 접한 채 전체 구조를 파악하지 못하는 경우가 많습니다. 문법이 마치 복잡한 **퍼즐**처럼 느껴지죠.

　이 책은 그러한 문법의 퍼즐들을 **영어의 역사**와 **인지과학**에 기반하여 하나하나 맞춰 갑니다. 독자가 스스로 **탐정**이 되어 결론에 도달할 수 있도록 안내합니다. 각 장마다 단서를 따라가다 보면, 어느새 원어민의 **문법적 직관**에 가까이 다가서 있을 것입니다.

Acknowledgments

저에게 언어학을 가르쳐 주신 모든 스승 님들께 깊이 감사드립니다.

또한 '지후영어 TV' 제작팀과, 지금껏 함께해 온 동료 여러 분께도 고마움을 전합니다. 초고 단계부터 보여주신 여러분들의 날카롭고 현실적인 조언들이 큰 힘이 되었습니다.

그리고, 늘 저를 응원해주는 사랑하는 아내와, 저희를 따듯한 사랑과 정성으로 길러 주신 부모님들께 진심 어린 감사와 존경을 전합니다.

마지막으로, 이 세상 그 무엇과도 바꿀 수 없는 소중한 두 아이에게 이 책을 바칩니다.

이 책에 부족함이 있다면, 그 책임은 모두 저에게 있습니다.

Contents

Chapter 1 시제
- **LESSON 1** 미래라는 거짓말 10
- **LESSON 2** 현재란 무엇인가 14
- **LESSON 3** will과 be going to의 탄생 18
- **LESSON 4** will과 be going to의 차이점 21
- **LESSON 5** 가까운 미래 24
- **LESSON 6** 현재가 미래를 대신한다는 거짓말 26
- review test 28

Chapter 2 형용사
- **LESSON 1** 같은 이름, 다른 모습 32
- **LESSON 2** 선천이냐 후천이냐 36
- **LESSON 3** 의외의 복병 등장 40
- review test 53

Chapter 3 분사
- **LESSON 1** 최종병기의 탄생 60
- **LESSON 2** 현재/과거분사라는 거짓말 62
- **LESSON 3** 분사의 쓸모 65
- **LESSON 4** 허무한 분사구문의 실체 69
- **LESSON 5** 원어민의 뇌 이식받기 73
- review test 77

Chapter 4 관계사

- **LESSON 1** that의 탄생 ········· 84
- **LESSON 2** that의 독재 ········· 87
- **LESSON 3** 새로운 시대의 개막 ········· 93
- **LESSON 4** 영어, 스타일을 더하다 ········· 95
- **LESSON 5** 허무한 관계부사의 실체 ········· 99
- **LESSON 6** who / whose / whom 삼형제 ········· 102
- review test ········· 108

Chapter 5 태

- **LESSON 1** 자동사와 타동사 ········· 114
- **LESSON 2** 능동태와 수동태 ········· 120
- **LESSON 3** 배신자들 ········· 126
- review test ········· 130

Chapter 6 완료

- **LESSON 1** 충격적인 현재완료의 기원 ········· 134
- **LESSON 2** 도둑 맞았다! ········· 137
- **LESSON 3** '경.계.결.완.' ········· 141
- **LESSON 4** 더 충격적인 과거완료의 원리 ········· 145
- **LESSON 5** 네가 내게 전화했을 때 ········· 149
- **LESSON 6** been 얘는 대체 무슨 뜻인가 ········· 152
- **LESSON 7** 화룡점정 – 킹 메이커 ing ········· 155
- review test ········· 159

Chapter 7 조동사와 가정법

- **LESSON 1** 너 내일 죽었어 ··· **166**
- **LESSON 2** If I could, I would ·· **170**
- **LESSON 3** 시간을 달리는 사람들 ·································· **174**
- **LESSON 4** 조동사의 과거형 ··· **182**
- **LESSON 5** have to와 must ·· **189**
- **LESSON 6** should와 shall ··· **196**
- **LESSON 7** 생략된 should라는 참을 수 없는 농담 ············ **201**
- review test ·· **206**

Chapter 8 부정사와 동명사

- **LESSON 1** 인류 최대의 사기극 '부정사' ························ **210**
- **LESSON 2** to부정사라는 돌연변이 ······························· **216**
- **LESSON 3** ing의 저주 ··· **221**
- **LESSON 4** 가주어의 탄생 ·· **227**
- review test ·· **230**

Chapter 9 관사와 명사

- **LESSON 1** 관사와 가산/불가산 ···································· **234**
- **LESSON 2** 한국어로 이해하는 관사 ······························ **238**
- **LESSON 3** the가 맡은 뜻밖의 역할 ······························ **241**
- **LESSON 4** 영어에는 왜 이렇게 못 세는 게 많을까? ········· **244**
- **LESSON 5** 사슴과 거위 ·· **248**
- **LESSON 6** data와 media는 왜 셀 수 없을까? ················ **252**
- **LESSON 7** police는 왜 항상 복수처럼 쓰이나 ················· **255**
- **LESSON 8** go to hospital/be in hospital ························· **258**
- **LESSON 9** 가끔은 세기도 해요 ···································· **281**
- review test ·· **264**

Chapter 10 접속사

- **LESSON 1** 접속사란 무엇인가 **270**
- **LESSON 2** 등위 접속사 **272**
- **LESSON 3** 종속 접속사 **278**
- **LESSON 4** 상관 접속사 **283**
- review test **288**

Chapter 11 전치사

- **LESSON 1** 존재의 이유 **292**
- **LESSON 2** 너는 몇 차원이니? **294**
- **LESSON 3** 도구와 방법 **299**
- **LESSON 4** 너를 위해/너한테 **304**
- review test **308**

Chapter 12 부사

- **LESSON 1** 오명과 낙인 **312**
- **LESSON 2** 드디어 누명을 벗다! **318**
- **LESSON 3** 부사의 종류 **321**
- review test **341**

Chapter 13 형용사와 부사의 만남

- **LESSON 1** 원급 **348**
- **LESSON 2** 비교급 **354**
- **LESSON 3** 최상급 **359**
- review test **370**

Chapter 14 도치

- **LESSON 1** 도치의 원리 **376**
- **LESSON 2** 도치의 적용 **380**
- review test **388**

참고문헌 **391**

Chapter 1
시제

보 이 는   영 문 법   ENGLISH GRAMMAR

LESSON 1	미래라는 거짓말
LESSON 2	현재란 무엇인가
LESSON 3	will과 be going to의 탄생
LESSON 4	will과 be going to의 차이점
LESSON 5	가까운 미래
LESSON 6	현재가 미래를 대신한다는 거짓말

LESSON 1 미래라는 거짓말

> 일정상 내일 근무를 하지 않는 John의 말에 Hun이 "Will you not work tomorrow?"라고 묻자 John이 당황하고 있다. 왜일까?
>
> John : I don't work tomorrow.
> Hun : Will you not work tomorrow?
> John : What? I mean…

영문법에서 '시제' 부분을 보면 상당히 흥미로운 사실이 있다. 가만히 들여다보면 영어에는 '동사의 미래형'이 없다는 것을 알게 된다.

먹는다	———	eat (현재형)
먹었다	———	ate (과거형)
먹을 것이다	———	? (미래형)

잠깐만! 혹시 여기서 마지막 자리에 will eat을 생각하신 분들? 아쉽지만 그건 '미래형'이 아니다. will이라는 단어와 eat이라는 단어를 조합하여 미래를 나타내는 '표현'을 만들어 낸 것일 뿐 'eat(먹다)'이라는 단어의 '미래형' 즉, '먹겠다'는 따로 존재하지 않는다. 바로 이런 맥락에서 탄생한 것이 영어의 '2시제론'이다. 동사의 형태로 시제를 나타내는 방법이 '과거'와 '현재'밖에 없기 때문에 영어에는 두 개의 시제만 존재한다는 이론인데 잠시 짚고 넘어가도록 하자.

2시제론, 3시제론, 12시제론

영어는 현재시제와 과거시제만을 직접적으로 나타내는 2시제론(two-tense system)을 적용하는 것이 타당하다. 그러나 영어가 '미래를 표현하는 방법'이 없는 것은 아니기 때문에 인류 보편적으로 가장 흔히 쓰는 3시제 체계를 영어에 적용하기도 한다.

그러나 12시제를 영어에 적용하는 것은 조금 문제가 있다. 언어에는 '시제(tense)'와 '상(aspect)'이라는 것이 있는데 이 둘은 같지 않다. '시제'는 시간의 경과나 시간적 관계를 나타내는 체계를 말하는 반면, '상'은 동작이나 사건의 내용, 상태를 나타내는 체계를 말한다.

예를 들어, 영어에서 "I have been studying."과 "I had been studying."은 모두 완료진행상(progressive aspect)이지만, 전자는 현재완료진행상(present perfect progressive aspect)을 나타내며, 후자는 과거완료진행상(past perfect progressive aspect)을 나타낸다. 이처럼 시제와 상은 독립적으로 작용하기 때문에, 두 가지 개념을 모두 고려하여 문장을 분석해야 한다. 그런데 영어의 이런 '시제'와 '상'을 모두 합쳐서 억지로 12시제에 끼워 넣는 경우가 있다.

- 단순현재, 현재완료, 현재진행, 현재완료진행
- 단순과거, 과거완료, 과거진행, 과거완료진행
- 단순미래, 미래완료, 미래진행, 미래완료진행

세어보니 12개가 맞긴 하다. 그러나 엄밀히 따지면 '시제'는 '과거, 현재, 미래'를 의미하는 것일 뿐 '어떤 상태'인지까지 나타내는 것은 아니다. 따라서 이 분석 방법은 비논리적이다. 어쨌든 영어는 동사의 미래형이 없기 때문에 미래 시제를 나타내기 위해서는 will과 같은 보조 동사를 사용해야 한다.

아, 갑자기 이런 궁금증이 든다. 혹시 다른 언어는 어떨까? 잠시 영어는 잊고 유럽어 탐방을 해보겠다.

시제	의미	라틴어	스페인어	포르투갈어	이탈리아어
현재형	먹는다	edo	como	como	mangio
과거형	먹었다	edi	comi	comi	mangiavo
미래형	먹을 것이다	edam	comere	comere	mangerò

프랑스어, 이탈리아어, 포르투갈어, 스페인어 등은 모두 로마 제국의 영향 하에 라틴어로부터 파생된 '로망스어파(Romance languages)'의 일원인데, 이들 언어는 모두 동사의 미래형이 있다. 그런데 영어는 계열이 다르다. 영어는 독일어, 네덜란드어, 스웨덴어, 덴마크어, 노르웨이어 등과 함께 '게르만어파(Germanic languages)'에 속한다.

그런데 '게르만어'에는 동사의 '미래형'이 없다. (언어학자들은 종종 워낙 환경이 척박해서 하루 벌어 하루 먹고 사는 게 힘들었던 게르만족들이 뭔 미래를 얘기할 일이 있었겠냐는 농담을 하기도 한다.)

시제	의미	독일어	네덜란드어	덴마크어	노르웨이어	스웨덴어
현재형	먹는다	esse	eten	spiser	spiser	äter
과거형	먹었다	aß	at	spiste	spiste	åt
미래형	먹을 것이다	?	?	?	?	?

게르만어들이 모두 이런 특징을 보이다 보니 영어라고 예외일 수 없었고 오늘날도 영어는 동사의 미래형이 없다. 동사의 미래형이 없는 언어들은 현재형에 미래 시점을 붙여서 앞으로의 일을 표현하는 경우가 많은데, 영어도 예외가 아니다. 다음을 보라.

- I work this weekend. 나는 이번 주말에 일을 한다.
- I start my new job next week. 나는 다음 주에 새로운 일을 시작한다.
- She leaves for vacation tomorrow. 그녀는 내일 휴가를 떠난다.
- He takes his exam next Friday. 그는 다음 주 금요일에 시험을 보러 간다.
- The concert starts at 8 pm tonight. 오늘 밤 8시에 콘서트가 시작된다.
- The train departs at 6 am tomorrow. 내일 아침 6시에 기차가 출발한다.
- The store opens at 9 am every day. 가게는 매일 오전 9시에 열린다.
- The plane lands in Paris at 2 pm. 비행기는 오후 2시에 파리에 착륙한다.
- The event takes place next month. 그 이벤트는 다음 달에 열린다.

자, 이 문장들을 쭉 읽어보니 영어의 현재시제는 참으로 기묘하다는 생각이 들 것이다. 그런데 한국어 번역문을 읽어보면 매우 자연스럽다. 즉, 이것은 영어만의 특징이 아니라 언어 보편적인 특징이라는 것이다. 단순현재시제로 미래를 나타내는 경우는 대부분 '정해진 일정'을 표현한다. 다시 한번 예문들을 읽어 보시라 모두 '정해진 미래'다. 그런데 사람의 일이란 게 모두 이럴 수는 없다. '내가 하고자 해서 하는 일'이라는 것이 분명 있다. 그러니 원시 영어 원어민들은 '~할 것이다' 또는 '~하겠다'라는 말을 하기 위해 '무언가'가 필요했고 그들의 문에 will이 들어왔다. 이 당시 will은 '~를 바라다, 원하다' 라는 뜻을 가진 별도의 동사였다.

- I work this weekend. 나는 이번 주말에 일을 한다.
- I will work this weekend. 나는 이번 주말에 일을 하겠다.

그런데 이렇게 결합해 보니 기막히게 내 의지대로 벌어지는 미래 사건을 표현할 수 있다는 것을 깨닫게 되었다. will이 원래 '~를 바라다, 원하다' 라는 뜻을 가진 별도의 동사였다는 것을 떠올리면 초창기 영어에서 'I will work this weekend.'는 사실 '나는 이번 주말에 일하기를 바란다(원한다).'라는 표현에 가까웠을 것이다. 어쨌든 이를 통해 화자의 '의지'를 밝힐 수 있었고 이후 매우 빈번히 사용되기 시작한다.

언어를 막론하고 유용한 조합은 사용 빈도가 높아진다. 그러면 그 조합은 하나의 문법 체계로 후대에 간주되며 문법학자들은 여기에 이름 붙이기를 매우 좋아한다. 18세기 이후 영어 문법이 총정리 되는 과정에서 will 은 '동사'에서 '조동사'로 강등(?) 또는 좌천(?)당하게 된다. 그 이유는 다음과 같다.

영어에서는 주어가 3인칭 단수일 때(인칭 대명사 중에는 he나 she 등이 여기에 속한다.) 동사 끝에 –s가 붙는다. 이 규칙이 적용되면 그것은 '동사'다. 그런데 18세기를 넘어가면서 will은 이 특징에서 벗어나게 된다. 주어가 he라고 will이 wills로 바뀌지 않는다는 말이다. 즉, will은 철저하게 자신의 출신을 숨긴 채 '조동사'로 둔갑한다. 물론 can, may, must라는 친구들과 함께. 영어는 비록 조동사의 변화 규칙이 사라졌지만 이것은 '영어만의' 특징이다. 독일어의 경우 주어에 따라 조동사 wollen[볼렌] (영어의 will에 해당. 독일어는 w를 영어의 v에 가깝게 발음한다.)이 다음과 같은 변화를 보인다.

Ich will [이히 빌]	나는 ~할 것이다
Du willst [두 빌스트]	너는 ~할 것이다
Er/sie/es will [에어/지/에스 빌]	그는/그녀는/그것은 ~할 것이다
Wir wollen [비어 볼렌]	우리는 ~할 것이다
Ihr wollt [이어 볼트]	너희들은 ~할 것이다
Sie wollen [지 볼렌]	그들은 ~할 것이다

영어도 원래는 이런 모습이었다. 그래서 옛 문학 작품들을 보면 wills나 willth같은 기괴한 철자가 등장한다. 이 대목에서 무릎을 탁 치신 독자 분들도 계시리라! 아, 내가 읽었던 게 바로 이거였구나!

앞에 나왔던 John과 Hun의 대화를 다시 보도록 하자.
John은 "내일은 근무 안 해"라고 일정상 근무 날이 아니라는 의도로 말한 것이다. 여기에 "일 안 할 거야?" 라고 묻는 Hun의 말에 John이 얼마나 당황했을지 이제 보이는가?
여기에서 필자가 꼭 짚고 넘어가야 할 포인트가 있다. '현재시제'가 미래를 표현한다는 문장 하나로 대충 넘어가기에는 '현재'라는 개념이 너무나 모호하다. '현재'는 정말 '지금 이 순간'을 의미하는가?
바로 이 문제를 다음 lesson에서 다루겠다. 기대하시라.

LESSON 2 현재란 무엇인가

> 이번 주말에 무엇을 하는지 묻는 직장동료 소영의 질문에 "I go hiking every weekend."라고 답하는 John. 소영은 'this weekend'에 무엇을 하느냐는 질문에 "I go hiking…"이라고 답한 John의 말을 이해하지 못하고 있다. 무엇이 문제일까?
>
> 소영 : What will you do this weekend?
> John : I go hiking every weekend.
> 소영 : So…?
> John : ???

앞서 얘기한대로 영어가 속한 '게르만어' 계열의 언어들은 동사의 '미래형'이 따로 없다. 그래서 게르만 계열의 언어들은 대부분 동사의 현재형으로 미래까지 표현할 수 있다. 앞서 나온 예문을 다시 보도록 하자.

- I work this weekend. 나는 이번 주말에 일을 한다.

이제 이 문장이 자연스러워 보일 것이다. 그런데 이 문장은 어떤가?

- I go hiking this weekend. 나는 이번 주말에 등산을 간다.

이 표현은 옛 영어 기준으로는 아무런 문제가 없다. 옛 영어라 하면 게르만의 정신이 잔뜩 살아있던 그 영어를 뜻한다. 현대 게르만어의 대표 역할을 하고 있는 독일어를 잠시 보도록 하자.

- Ich gehe dieses Wochenende wandern. (독일어)

여기서 'gehe'는 'go'를 의미하고 'dieses Wochenende'가 'this weekend'에 해당한다. 지금 이 독일어 문장은 실제 자연스럽게 쓰이는 표현이다. 그러나 현대 영어에서 'I go hiking this weekend'는 그다지 자연스럽지 않다. 영어는 성장 과정에서 프랑스어의 피를 일부 수혈받아 독일어와는 또 다른 길을 가게 되었다. 지금부터 열거하는 동사들을 잘 보시라.

- leave
- begin
- stop
- resume
- arrive
- start
- open
- come
- end
- close
- go
- finish
- return

어떤 공통점이 보이는가? 이 동사들은 '이미 정해진 일정'에 따라 '시간이 지나면 당연히 발생하는 사건'을 나타낸다.

- The plane leaves at 10 a.m. 비행기는 10시에 떠난다.
- The class begins in 10 minutes. 그 수업은 10분 후에 시작한다.

'시간이 지나면 당연히 벌어지는 사건'을 나타내는 동사들은 현대 영어에서도 '단순 현재형으로 미래를 표현'할 수 있다. 이러한 동사들은 영어뿐만 아니라 다른 언어들에서도 비슷한 특징을 갖는다.
예를 들어, "I leave for work at 8am every day." 는 매일 정해진 시간에 일어나는 출근을 나타내는 문장이다. "The train arrives at the station at 3pm." 은 기차가 정해진 시간에 도착하는 것을 나타내는 문장이다. "The concert starts at 7pm tonight." 은 콘서트가 오늘 밤 정해진 시간에 시작하는 것을 나타내는 문장이다.
한국어로는 "나는 매일 아침 8시에 출근한다.", "기차는 역에 오후 3시에 도착한다.", "오늘 밤 7시에 콘서트가 시작된다."와 같이 번역할 수 있다. 아무리 읽어봐도 자연스럽지 않은가?
이런 표현 방식을 '광의적 현재 (gnomic present or general present)'라고 하는데 반복되는 일이나 정해진 일정 등을 동사의 현재형으로 표현하는 경우가 여기에 속한다.

**** 현재형이 확고한 목적을 가진 미래를 표현하는 현상은 Harbert, W. (2006). The Germanic Languages. Cambridge University Press. 의 298쪽을 참고하여 서술하였다.

광의적 현재 (gnomic present or general present) 예시

다음 문장들은 항상 참인 사실을 나타내며, 현재 시점에서도 참이고 미래에도 참일 것이다.

- Water boils at 100 degrees Celsius. 물은 100도에서 끓는다.
- The earth orbits around the sun. 지구는 태양을 중심으로 공전한다.
- Light travels faster than sound. 빛은 소리보다 빠르다.
- The human body contains oxygen. 인체에는 산소가 포함되어 있다.
- The sun rises in the east and sets in the west.
  태양은 동쪽에서 떠오르고 서쪽에서 진다.
- The earth is round. 지구는 둥글다.
- There are seven days in a week. 일주일에는 7일이 있다.
- The speed of light is 299,792,458 meters per second.
  빛의 속도는 초당 299,792,458미터이다.
- Humans need oxygen to survive. 인간은 생존을 위해 산소가 필요하다.

한국어도 이런 표현에 있어서는 영어와 유사성을 보이는데, 생각해보면 우리도 반복되는 일정을 동사의 현재형으로 나타낸다.

- 나는 매일 아침 6시에 운동한다.
- 우리는 저녁 식사를 항상 7시에 한다.
- 일요일에는 교회에 간다.
- 수영 수업은 매주 월요일과 수요일에 있다.
- 판다는 주로 밤에 활동한다.
- 시험은 다음 주 수요일에 치러진다.
- 축구 경기는 일요일 오후 4시에 시작한다.
- 내일 오전 9시에 회의가 있다.
- 봄에는 꽃이 핀다.
- 겨울에는 눈이 온다.

따라서 현대 영어로 'I go hiking'이라는 말을 쓰려면 그 뒤에는 this weekend보다는 every weekend가 붙는 것이 더 자연스럽다.

- I go hiking every weekend. 나는 매 주말 등산을 간다.

이제 앞의 두 사람의 대화로 돌아가보자.
아... 오해가 풀렸다. '매주 등산을 간다'라는 현재형 표현에 담긴 '시간'의 미묘함을 소영은 알지 못했던 것이다. 매주 등산을 간다면 '이번 주말(this weekend)'에도 역시 간다는 말이다. 이래도 현재가 '지금 이 순간' 같은가? 아... 최면을 거는 게 아니다. 생각을 해보자는 것일 뿐!

LESSON 3 will과 be going to의 탄생

ENGLISH GRAMMAR

점심 식사를 하러 어느 식당에 들른 상황. 영호가 무엇을 먹겠냐고 묻자 John은 잘 모르겠다고 한다. 이에 영호는 "Are you going to have chicken?"이라 묻고 John은 당황하여 "내가 방금 잘 모르겠다고 했는데?"라고 답한다. 왜 이런 상황이 벌어졌을까?

> 영호 : What do you want to have?
> John : Um… I'm not sure.
> 영호 : Are you going to have chicken?
> John : I just said that I am not sure?

will로 모든 문제가 해결된 줄 알았던 그 어느 날! 영문법에 일대 지각 변동이 벌어지니 그것은 바로 11세기부터 시작된 프랑스 왕가의 영국 지배다.

1066년 프랑스 노르망디의 공작이었던 윌리엄(William the Conqueror, 1028~1087)이 자신의 영국 왕위 계승권을 주장하며 영국을 쳐들어간다. 그리고 원래 왕위 계승 예정자인 해럴드(Harold II, 1022~1066)를 죽이고 왕위에 오른다. 언어사적으로 이 사건이 중요한 이유는 윌리엄의 모국어가 프랑스어였기 때문이다.

정복자 윌리엄
(William the Conqueror, 1028~1087)

이후 300여 년 넘게 영국 왕실은 프랑스어를 쓴다. 정부 관료들도 모두 프랑스어를 쓰는 사람들로 채워졌으며 학교에서는 더 이상 영어를 가르치지 않았고 성직자들과 지식인들은 프랑스어나 라틴어로 글을 쓰기 시작했다. 영어는 이제 민중의 언어가 되었다.

그렇게 몇 세대를 거치면서 영국에는 점점 프랑스어와 영어를 함께 쓰는 사람들이 늘어났고 이후 프랑스어의 문법, 어휘, 그리고 표현 방식 등이 영어에 지대한 영향을 미치기 시작한다.

앞서 설명한 대로 영어는 게르만의 피가 흘러 동사의 미래형이 따로 존재하지 않는 반면에 프랑스어는 라틴어 계열이다. 라틴어 계열 언어들은 모두 미래형이 있다.

영어	프랑스어
먹는다 – eat (현재형)	먹는다 – mange (현재형)
먹었다 – ate (과거형)	먹었다 – mangeai (과거형)
먹을 것이다 – X (미래형)	먹을 것이다 – mangerai (미래형)

(※ 프랑스어는 주어의 인칭과 수에 따라 동사가 다 다르게 변하는데 여기서는 편의상 1인칭 단수 즉, '나'를 기준으로 비교했다.)

프랑스어에는 미래를 표현하는 방식이 크게 보아 세 가지가 있다. 첫 번째, 게르만어처럼 그냥 동사의 현재형을 쓰되 문장에 미래 시점을 명시하는 방식 ('일정'을 나타내는 언어 보편적 표현방식이기도 하다.)

| Je travaille demain.
나는 내일 일한다. | (Je(나) + travaille(일한다) + demain(내일) |

두 번째, 동사의 미래형을 쓰는 방식

| Un jour, je travaillerai.
언젠가, 나는 일할 것이다. | Un jour(언젠가) + je(나) + travaillerai(일할 것이다) |

세 번째, 'aller(가다)' 라는 동사를 쓰는 방법이다. 다만 이 동사는 주어의 인칭과 수에 따라 형태가 상당히 다르게 변하니 주의해서 보시길! (aller가 원형이고 vais로 변하는 불규칙 동사이다.)

| Je vais travailler demain.
나는 내일 일할 것이다. | Je(나) + vais(가다) + travailler(일하다) + demain(내일) |

바로 세 번째 표현 방식이 중세 이후부터 영어에 나타나기 시작한다. 이 프랑스어 문장을 영어로 직역하면 아마 이렇게 될 것이다.

- I go to work tomorrow. 나는 내일 일을 하러 간다.

그런데 영어는 한발 더 나아가 이걸 진행형으로 표현하기 시작했다.

- I am going to work tomorrow. 나는 내일 일을 할 것이다.

그렇다, 바로 be going to의 탄생이다. 사실 게르만어 계열의 언어들이라고 해서 '가다'라는 동사를 가지고 '~를 할 것이다'라는 식의 표현을 아예 하지 않은 것은 아니다. 독일어만 해도 비슷한 표현을 쓴다. 그러나 로망스어 계열은 비교가 안된다. 약속이나 한 듯 정말 균일하게 이 표현을 사용한다.

스페인어	Yo voy a trabajar mañana. 나는 내일 일을 할 것이다 Yo(나) + voy(가다) + a (~로) + trabajar(일하다) + mañana(내일)
이탈리아어	Io domani andrò a lavorare. 나는 내일 일을 할 것이다. Io(나) + andrò(갈 것이다) + a(~로) + lavorare(일하다) + domani(내일)
포르투갈어	Eu vou trabalhar amanhã. 나는 내일 일을 할 것이다 Eu(나) + vou(가다) + trabalhar 일하다 + amanhã(내일)

오늘날의 영어가 얼마나 게르만어에서 로망스어화 되었는지 한 눈에 보이는가? 이렇게 영어는 한국 아침 드라마 주인공처럼 출생과 성장의 비밀이 참 많은 언어다. 그래서 제대로 배경을 알지 못하면 영원히 겉만 핥을 뿐 속을 들여다볼 수 없다.

이렇게 명료할 줄은 몰랐다. 필자도 쓰면서 놀랐다. 독자 여러분께서는 이제 두 친구의 대화를 다시 들여다 보시기 바란다.

'잘 모르겠다'라는 말은 아무 생각이 없다는 말과 같다. 그런데 여기다 대고 "Are you going to have chicken?(너 닭고기 먹을 생각이니?)"라고 물어보다니! 마치 John이 이미 결정을 내려놓고 지금 모르겠다고 시치미 떼는 것 같은 상황이 되어 버렸다.

ENGLISH GRAMMAR

LESSON 4 will 과 be going to의 차이점

> 냉장고에 우유가 없는 상황. John이 이를 알리자 영호는 "I am going to buy some."이라고 답한다. 이에 John이 "오, 알고 있었구나!"라고 하자 영호는 "뭘?"이라며 당황한다. 왜 그럴까?

John : There is no milk in the fridge!
영호 : I am going to buy some.
John : Oh, you knew it!
영호 : … know what?
John : ???

be going to의 탄생은 영어의 표현을 한 단계 업그레이드시켰다. 영어로 미래를 표현하는 방식을 다시 한 번 정리해보자면 다음과 같다.

1 현재형 동사에 미래 시점을 붙여서 표현한다.

현대 영어에서는 '이미 정해진 일정'에 따라 '시간이 지나면 당연히 벌어지는 사건'을 나타내는 동사들이 '단순 현재형으로 미래를 표현'할 수 있다.

- The plane leaves at 10 a.m. 비행기는 10시에 떠난다.
- The class begins in 10 minutes. 그 수업은 10분 후에 시작한다.
- The store opens at 9 a.m. tomorrow. 내일 아침 9시에 가게 문이 열린다.
- The movie starts at 7 p.m. tonight. 오늘 밤 7시에 영화가 시작된다.
- The concert ends at 11 p.m. 콘서트는 밤 11시에 끝난다.

CHAPTER I 시제   21

2 조동사 will과 동사원형을 함께 써서 표현한다.

- I will eat pizza this Friday. 나는 이번 금요일에 피자를 먹겠다.

3 be going to를 사용한다.

- I am going to eat pizza this Friday. 나는 이번 금요일에 피자를 먹을 생각이다.

그런데 2번과 3번은 정확히 어떻게 다른 것일까? 생각보다 큰 차이가 있다. will을 사용한 표현은 대체로 화자의 의지를 보여준다.

- I will eat pizza this Friday. 나는 이번 금요일에 피자를 먹겠다.

내가 피자를 먹기를 '원한다'는 것을 보여줄 수 있다. 그런데 be going to는 조금 다르다.

- I am going to eat pizza this Friday. 나는 이번 금요일에 피자를 먹을 생각이다.

be going to는 화자가 이미 마음먹은 행위를 앞으로 할 것이라는 뜻을 전달한다. be going to 라는 단어 묶음을 글자 그대로 해석하면 '~쪽으로 가는 중이다' 라는 뜻이 된다. 즉, I am going to eat pizza this Friday는 '나는 이번 금요일에 피자를 먹는 방향으로 가고 있다.' 라고 직역할 수 있다.
이 직역을 통해 알 수 있는 것은 다음과 같다. '화자는 이 말을 하기 전에 결정을 했고 그 행위를 하는 것은 어느 정도 사전에 정해진 일이다.' 이것은 will 로 표현하기 어려운 뉘앙스다.

- I will eat pizza this Friday.

이 문장은 화자가 말을 하는 시점에 결정을 한 것처럼 들린다. 만약에 이미 사전에 결정을 했는데도 이렇게 얘기한다면 정말 '강한 의지'를 드러내기 위함인데 (예를 들어, "I will not give up"과 같은 표현은 매우 강한 의지와 결의를 나타낸다. 그런데 누가 그렇게 굳이 피자를 먹겠다는 의지를 강력하게 보여주겠는가?) 일반적으로는 be going to 와 대비하여 '발화시점에 결정한 경우'에 will을 쓴다고 생각하면 된다.
아무래도 이쯤에서 머리가 어질어질한 독자 분들께서 계실 듯하여 실생활 밀착 예시를 들어보고자 한다. 예를 들어 친구가 나에게 이번 금요일에는 무엇을 먹을 것이냐고 물어봤을 때 딱히 생각을 안 하고 있다가 이 질문을 듣고 나서 바로 '피자'가 떠올랐다면

- Ah, I will eat pizza this Friday. 아, 나는 금요일에 피자 먹을게.

이렇게 말하면 된다. 그런데 만약 그 전부터 이미 피자를 먹기로 마음먹고 있었다면 이미 그런 방향으로 가고 있는 중이라는 의미를 살려서

- Actually, I am going to eat pizza this Friday.
  사실, 나는 이번 금요일에 피자를 먹을 생각이야.

이렇게 표현할 수 있다. 하나 더! 주어가 '나'인 경우에 지금 위에 나온 원리가 적용되는데 문장의 주어가 바뀌면 이때부터는 화자의 '예상'을 표현할 수 있다. **대체로 will 이 주관적인 예상, be going to 가 객관적인 예상을 나타낸다.**

만약 축구 경기를 하는데 내가 한쪽 팀의 팬이어서 그 팀이 이겼으면 하는 바람으로 '~가 이길 거야' 라는 말을 한다고 생각해보자. 이런 경우 주관적 예상을 표현하는 will 을 쓰면 좋다. 정확한 근거는 없지만 그냥 그랬으면 좋겠다는 소망을 담을 수 있다.

- Real Madrid will win the match. 레알 마드리드가 그 경기를 이길 것이다.

그런데 만약 상대팀 핵심 공격수가 부상으로 결장하게 되었다고 가정해 보자. 이럴 때는 내가 응원하는 팀이 이길 가능성이 객관적으로 높아진다. 이런 경우 be going to를 써서 표현하면 좋다.

- Real Madrid is going to win the match. 레알 마드리드가 그 경기를 이길 것이다.

즉, 지금 이 문장은 다음과 같이 풀어 쓸 수 있다.

- Given the situation, I think Real Madrid is going to win the match.
  상황을 보아, 레알 마드리드가 그 경기를 이길 것이라 생각한다.

이제 두 친구의 오해를 풀어보자. 두 사람이 같이 살다 보면 다음과 같은 상황도 많이 벌어지므로 생활의 지혜도 얻어 가시길.
냉장고에 우유가 없어서 당황한 John과 달리 영호는 매우 침착하다. "I am going to buy some.(내가 좀 살 생각이야.)"라는 말은 이미 없다는 사실을 알고 있었다는 전제 하에서만 할 수 있다. 그런데 알고 있었냐는 말에 뭘 아냐니!

ENGLISH GRAMMAR

LESSON 5 가까운 미래

> John이 직장 동료 소영에게 자신의 결혼 소식을 알리며 말한다 "I am getting married!" 이에 소영은 당황한 듯 "Are you getting…?"이라 묻고 John은 살짝 다른 말로 바꾸어 다시 설명한다. 왜 그랬을까?
>
> John : I am getting married!
> 소영 : Are you getting…?
> John : Ah, I'm supposed to get married.

아마 이 책을 읽는 분들 중 대부분은 '현재진행형'으로 미래를 표현하는 영어 문장들을 본 적이 있을 것이다. 예를 들면 'I am leaving for London tomorrow.(나는 내일 런던으로 떠난다)' 등이다. 문제는 이런 표현 방식은 굉장히 사용 빈도는 높은데 원어민이 아니면 어감을 정확히 알기 힘들다는 것이다.
대다수의 영문법서에서는 '가까운 미래'라는 말로 이 표현 방식을 설명하고 있다. 그러나 '가까운 미래'라는 말은 그다지 직관적이지 않다. 그래서 필자는 전혀 다른 방식으로 이를 설명하고자 한다.

'현재진행형'은 '현재시제'와 '진행상'이라는 것이 합쳐진 것이다. 여기서 '진행상'이라는 것은 한국어로 '~하는 중이다' 또는 '~하고 있다' 정도의 뉘앙스를 담은 어떤 사건이나 행위의 양상(aspect)을 나타낸다.
그렇다면 이 '현재진행형'을 통해 화자가 전달할 수 있는 뉘앙스는 정확히 어떤 것일까?
앞서 우리는 영어가 원래 미래형 동사가 없기 때문에 현재형 동사로 미래를 표현한다는 것을 배웠다. 이후 다양한 표현 방법들이 발달하면서 오늘날은 이렇게 '현재형' 동사만 쓰고 미래 시점만 밝히는 경우 거의 '정해진 일정'처럼 들린다는 것도 배웠다. 즉, 현재형으로 미래를 얘기하는 방식은 미래를 현재 시점으로 당겨와 못 박아버리는 효과가 있다.
그런데 여기에 '진행'을 추가한 것이 '현재진행형' 이다. '진행'은 무언가가 '이미 시작되어 이미 진행중인' 것을 전제로 한다. 그러므로 '현재진행형'으로 미래를 표현하면 '어떤 사건이나 행위가 벌써 시작되어 이미 진행중임'을 나타내는 효과가 있다.

- I'm not doing this!

미드나 영화에서 정말 자주 듣는 대사다. 한국어 자막으로 '나 이거 안 해!' 또는 '나 이거 안 할거야!' 라고 주로 번역되어 있다.

I am not doing this라는 문장을 글자 그대로 번역하면 '나는 이것을 하고 있지 않다'라는 말이 된다. 이 말이 어떻게 들리는가? 이것을 하지 않기로 결정을 이미 했고 그래서 하지 않고 있음이 현재 진행 중이라는 뜻이다. 물론 화자의 마음속에서!

- I am leaving you.

이 말은 '내 마음은 너를 떠나기로 이미 정해졌고 심지어 그리 하고 있는 중이다'라는 뉘앙스를 준다. 그래서 '나는 너를 떠나겠다'라는 말보다 더 확고한 신념을 표현하게 된다. 만약 연인 사이에 이런 말이 나왔다면 관계를 회복할 가능성은 제로에 수렴한다. 앞으로 있을 일을 현재로 당겨온 것도 모자라 이미 진행 중이라고 못 박아 버린 것이기 때문이다.

마음속에서 진행 중이라는 이 기막힌 개념 어떠한가? 언어는 철학이다. 그래서 오해도 발생한다.

자, 두 사람의 대화를 다시 보자.

이제 독자 여러분은 "I am getting married!"가 얼마나 기쁜 소식인지 알 것이다. 내 마음 속에서 이미 결혼식이 진행 중인 John에게 소영이 찬물을 끼얹는다. "Are you getting...? 하고 있...?"이라고 하는 걸 보니 이런 미래 표현에 익숙하지 않은 모양이다.

LESSON 6 현재가 미래를 대신한다는 거짓말

이메일 한 통을 막 보냈다는 John에게 영호가 말한다. "I will reply when I will get home."
이에 John은 "...will get home...?"이라는 말에 멈칫하는데... 왜 그럴까?

> John : I just sent an email to you.
> 영호 : Ah, I will reply when I will get home.
> John : You will get home?

예전에 영어 공부를 하면서 가장 이해하기 힘들었던 영문법의 최대 난제를 소개하려 한다.

- '시간과 조건의 부사절에서는 현재시제가 미래시제를 대신한다.'

지난 수십 년간 영어 학습자들을 괴롭힌 희대의 명문(?)이다. 이제 이 괴물을 해치우러 가자. 자, 먼저 다음 문장을 보자.

- I will call you when I get home tonight.

이게 정확히 무슨 뜻일까?

- I will call you / when I get home tonight.
  내가 너한테 전화할게 / 내가 오늘 밤 집에 오면

즉, 이 문장은 내가 '~한 조건'일 때 '~한 행위를 하겠다'라는 의지를 보여준다.

- I will call you → will이 들어간 화자의 의지
- when I get home tonight → 현재형 동사 get으로 표현한 미래

앞서 배운 내용을 바탕으로 보면 전자는 '의지미래'이고 후자는 '정해진 미래'에 속한다. 여기서 when I get home tonight에 will이나 be going to를 넣으면 어떻게 될까?

- When I will get home tonight. 내가 오늘 밤 집에 올 것이면(?)
- When I am going to get home tonight. 내가 오늘 밤 집에 올 작정이면(?)

아무래도 뭔가 잘못되었다. 그러니 원어민들 입장에서는 당연히 선택의 여지없이 when I get home tonight이라고 표현하는 것이 가장 자연스러웠을 뿐인데 여기에 사람들은 이런 의문을 던지기 시작했다.

- '왜 앞에는 will 이 있는데 뒤에는 없나?'

이 질문에 대한 필자의 답은 이렇다. '시간과 조건의 부사절에는 화자의 의지나 계획이 들어가지 않으므로 그냥 원래 영어의 전통 방식인 현재형으로 미래를 나타내는 표현법을 쓴다'
바로 이런 문장 몇 개를 써 놓을 터이니 독자 여러분께서는 꼭 여러 번 읽어보고 넘어가시기 바란다.

- I will let you know as soon as I receive the package.
  패키지를 받자마자 알려 드릴게요.
- She will come to the party if she finishes work early.
  그녀가 일찍 일을 끝내면 파티에 올 거예요.
- They will go on a vacation when the project is completed.
  프로젝트가 완료되면 그들은 휴가를 갈 것입니다.
- I will help you with your homework once I finish mine.
  내 숙제를 끝내면 너의 숙제를 도와줄게.
- We will start the meeting as soon as everyone arrives.
  모두 도착하면 회의를 시작할 거예요.
- He will send you an email when he has the information.
  그가 정보를 얻으면 이메일을 보낼 거야.

너무 허무하지 않은가? 나도 그렇다. 그 허무함은 가짜다. 애초에 뭔가 엄청난 걸 기대했기 때문에 느끼는 가짜 허무함! 이 책을 읽으며 당신이 계속 느끼게 될 감정이다.

앞에 나온 대화를 다시 한번 보자. 더 이상 설명이 필요한가? 한국어 번역문을 보면 헛웃음이 나올 것이다. 이게 그 유명한 '시간과 조건의 부사절에서는 현재시제가 미래시제를 대신한다'라는 말의 실체다.

review TEST　CHAPTER 1　시제

※ 다음 제시된 상황 설정을 보고 괄호 안 보기 중 더 적절한 것을 고르시오.

01
> 당신은 못된 상사 때문에 이번 주말에 꼼짝없이 일을 하게 되었다. 이건 당신의 의지가 아니다. 당신도 억울하다. 그러나 정해진 일정을 상대에게 알려야 한다. 당신의 선택은?

나 이번 주말에 일해
➡ I (work / will work) this weekend.

02
> 당신의 친구가 이번 주말 무엇을 하느냐고 물어본다. 평소 등산을 즐기는 편이 아니지만 이번엔 특별히 등산을 가기로 결심한 상황이다. 당신의 선택은?

나 이번 주말에 등산 갈 거야
➡ I (go hiking / will go hiking) this weekend.

03
> 이제 막 초등학교에 입학한 어린이에게 해가 어디에서 뜨고 지는지 알려주려고 한다. 과학적 사실만을 전달해야 하는 당신의 선택은?

태양은 동쪽에서 뜨고 서쪽에서 진다.
➡ The sun (rises / will rise) in the east and (sets / will set) in the west.

04
> 이번 금요일에 함께 회를 먹으러 가자는 친구들의 제안을 들었다. 그러나 이미 지난주부터 피자를 먹고 싶었던 당신은 이번 주 금요일만 고대해 왔다. 당신이 친구들에게 해줄 말은?

사실, 나는 이번 금요일에 피자를 먹을 생각이다
➡ Actually, I (will / am going to) eat pizza this Friday.

05
> 당신은 어떤 축구팀 주장이다. 이번에 경기를 치르게 된 상대는 당신 팀의 최대 라이벌! 원래 실력은 비등비등하다. 그러나 이게 웬일인가! 상대 팀 주요 선수들이 대부분 부상으로 경기에 나오지 못한다는 소식을 접했다. 당신이 주장으로서 팀원들에게 해줄 말은?!

상황을 보아, 우리 팀이 이번 경기를 이길 것이다
➡ Given the situation, our team (will / is going to) win the match.

06
> 열심히 팀 프로젝트에 임하고 있는 당신에게 같은 팀원 중 하나가 지속적으로 시비를 건다. 훈수만 두고 아무것도 하지 않는 팀원 때문에 당신의 마음은 이미 떠난 지 오래다. 결국 최후의 인내심까지 바닥난 당신은 상대에게 말한다. '나 이거 안 해!'

나 이거 안 해!
➡ I (will not do / am not doing) this!

07
> 애인과 데이트 후 헤어지는 상황이다. 집에 도착하면 꼭 잘 도착했다는 연락을 해 주길 바라는 당신! 집에 가면 전화하라는 말을 해야 한다. 당신의 선택은?

너 집에 가면 나한테 전화해
➡ Please call me when you (will get / get) home.

08
> 당신의 거래처 직원이 요청사항을 정리하여 이메일로 보내겠다고 한다. 당신은 이메일을 받는 즉시 답장하겠다고 약속하며 돌아서는 장면! 당신의 선택은?

이메일 받자마자 답장할게요.
➡ I will reply as soon as I (receive / will receive) your email.

정답 및 해설

01
I (**work** / will work) this weekend.

나의 의지로 일을 하는 것이 아니기 때문에 will work가 들어가면 어색하다. 상사에 의해 정해진 나의 일정이라는 점을 고려하면 단순현재시제로 표현하는 것이 바람직하다.

02
I (go hiking / **will go hiking**) this weekend.

평소 등산을 즐기는 편이 아니라는 것이 핵심! 평소 등산을 즐긴다면 go hiking이라 표현해도 좋지만 그것이 아니면 will go hiking이 적절하다. 더군다나 'this weekend'라는 말이 나와 있기 때문에 '평소에 정기적으로'라는 맥락이 아니라는 것도 알 수 있다.

03
The sun (**rises** / will rise) in the east and (**sets** / will set) in the west.

과학적 사실만을 전달해야 하는 경우 당연히 단순현재시제를 택해야 한다. The sun rises in the east and sets in the west라는 문장을 통째로 기억하시길 바란다!

04
Actually, I (will / **am going to**) eat pizza this Friday.

이미 저번 주부터 피자가 먹고 싶었다는 것이 핵심! 즉, 이번 주 금요일에 피자를 먹기로 이전에 결정했다. 이럴 때는 고민하지 말고 I am going to eat pizza!

05
Given the situation, our team (will / **is going to**) win the match.

상대 팀 주요 선수들이 대부분 부상으로 경기에 나오지 못한다는 소식을 접했기 때문에 우리 팀이 '객관적'으로 유리해진 상황이다. 이럴 때는 당연히 our team is going to win the match라고 하는 것이 더 자연스럽다.

06
I (will not do / **am not doing**) this!

당신의 마음은 이미 떠난 지 오래다! 그렇다면 상대에게 여지를 주지 말자. 이럴 때 현재 진행형으로 표현하면 아주 그 마음을 잘 표현할 수 있다. I am not doing this! 한번 외쳐보자.

07
Please call me when you (will get / **get**) home.

애인이 집에 도착할 의지가 있으면 전화하라는 말이 아니다. 그러니 당연히 '의지'를 나타내는 will을 넣으면 어색하다. 이럴 때는 '...when you get home'로 해야 한다.

08
I will reply as soon as I (**receive** / will receive) your email.

7번과 마찬가지다. 내가 당신의 이메일을 받으려는 의지가 있자마자...라는 말을 설마 하고 싶은가? 당연히 will을 쓸 수 없다. 그러니 '...as soon as I receive your email'이라고 해야 한다.

참고문헌

1. Harbert, W. (2006). The Germanic Languages. Cambridge University Press.

Chapter 2
형용사

보 이 는 영 문 법

ENGLISH GRAMMAR

LESSON 1   같은 이름, 다른 모습
LESSON 2   선천이냐 후천이냐
LESSON 3   의외의 복병 등장

ENGLISH GRAMMAR

1 같은 이름, 다른 모습

LESSON

> 사무실 창 밖으로 봄 꽃이 만개했다. 이를 보며 경탄하는 John. 이에 Youngho도 화답한다. 그런데 John의 반응이 심상찮다. Youngho가 말이 어색한 모양이다. 'They so pretty'라는 Youngho의 말을 'They **ARE** so pretty'라고 고쳐주는 John. '**ARE**'을 강조해서 발음한다. 왜 그럴까?

> John : Hey, look at those flowers!
> Youngho : beautiful! They so pretty.
> John : That's right, they ARE so pretty.
> Youngho : I just said so.
> John : …?

우리는 각자의 언어를 가지고 살아간다. 그래서 때로는 한 단어를 두고 서로 다른 정의를 내리기도 한다. 내가 굳이 이 말을 하는 까닭은 때로 '용어'가 '영어'를 어렵게 만들기 때문이다. 형용사란 무엇인가? 이 질문에 답하는 게 이번 장의 목적이다. 독자 여러분께서는 먼저 '형용사'가 무엇인지 진지하게 생각해보신 후, 다음 문단을 읽어 나가시기 바란다. '형용사'라는 말 자체를 이해하기 위해서 먼저 몇 단계를 거쳐야 한다. 필자는 여러분께 '술어'라는 용어를 먼저 소개하고 싶다. 다음은 국어사전에 나오는 '술어'의 정의다.

> **술어**[1] 述語
> **명사**
> 1. **철학** 논리의 판단·명제에서, 주사(主辭)에 대하여 긍정 또는 부정의 입언(立言)을 하는 개념.
> 2. **언어** 한 문장에서 주어의 움직임, 상태, 성질 따위를 서술하는 말. "철수가 웃는다."에서 '웃는다', "철수는 점잖다."에서 '점잖다', "철수는 학생이다."에서 '학생이다'와 같이 주로 동사, 형용사, 서술격 조사의 종결형으로 나타난다.
> [출처 : 표준국어대사전]

이를 조금 쉽게 정리해보겠다.

- '술어'는 주어를 설명하는 말인데, 동사나 형용사 등으로 나타낸다.

어떤가? 명쾌하다고 느끼는 분들도 있겠지만 아직 모호하다는 느낌을 받는 분들도 있을 것이다. 왜 모호한가? 내 경험에 비추어 보면 '형용사'가 무언지 제대로 정의하지 못해서인 것 같다. 이제 다음 영어 단어를 보자.

- Pretty

이 단어의 뜻은 무엇인가? 이상한 질문 같은가? 절대 장난치는 게 아니다. 잠시 책에서 눈을 떼고 허공을 보며 천천히 생각해 보신 후, 다음 문단을 읽기 바란다. 대부분의 한국인에게 'pretty가 무슨 뜻이냐'고 질문을 하면 '예쁘다는 말 아니냐'고 대답한다. 이 말을 글자로 표현해보면 다음과 같다.

- Pretty = 예쁘다

많은 한국인들의 머릿속에는 위와 같은 정의가 들어있는 것 같다. 여기서 필자는 1차 결론을 내리고자 한다.

- Pretty = 예쁘~~다~~

'다'에 줄을 그어버렸다. Pretty는 '예쁘다'가 아니기 때문이다. '다'를 빼야 한다. 그리고 다음과 같이 바꾸어야 한다.

- Pretty = 예쁜

한국어와 영어는 매우 다른 언어. 언어계통학적으로 공통 조상이 없다. 때문에 언어가 작동하는 방식도 완전히 다르다. 서로 양 극단에 서 있다. 한국어에서는 **'예쁘다'자체가 형용사다.** 다음을 보자.

> **예쁘다**
> 1. **형용사** 생긴 모양이 아름다워 눈으로 보기에 좋다.
> 2. **형용사** 행동이나 동작이 보기에 사랑스럽거나 귀엽다.
> 3. **형용사** 아이가 말을 잘 듣거나 행동이 발라서 흐뭇하다.
>
> [출처 : 표준국어대사전]

국어사전에는 '**예쁘다**'라는 형태가 **원형**으로 실려있다. 그러면 '예쁜'은 어떻게 나와 있을까?

> **예쁜**
> **형용사** '예쁘다'의 활용형. 어간 '예쁘-'에 관형사형 어미 '-ㄴ'이 붙어서 이루어진 말이다. 뒷말의 명사나 명사구를 꾸민다.
>
> [출처 : 고려대 한국어대사전]

'예쁜'은 '예쁘다'라는 말을 변형해 만들었다고 설명한다. 그리고 '활용형'이라는 이름을 붙여놓았다. '**활용형**'은 쉽게 말해 '**말 끝을 바꾼 모양**'이라 할 수 있다. '예쁘다'라는 형용사를 기준으로 자세히 설명하면 다음과 같다.

> '예쁘다'에서 '-다'가 떨어져나가고 '쁘' 아래 'ㄴ' 받침이 들어간다. 이를 '어미 변화'라 하며 이렇게 어미가 변화한 형태가 활용형이다. '예쁘다'는 원형이고 '예쁜'은 '활용형'이다.

이쯤에서 '왜 한국어 문법을 그렇게 오래 설명하느냐'는 말이 나올 수 있다. 우리는 한국어에 대해서 너무 모른다. 대부분 영어 문법을 먼저 배우고 국어문법을 배운다. 그마저도 제대로 공부한 사람은 거의 없다. 그러다 보니 우리가 한국인임에도 불구하고 '언어체계'를 따질 때는 **영어를 기본값으로 놓고 거기에 한국어를 비교, 대조하는 경우가 많다.** 서로 다른 두 언어체계를 동시에 이해하려다 보니 영어는 영어대로, 한국어는 한국어대로 대충 엉성하게 공부하게 된다.

다음을 잘 읽어보시라.

한국어에는 'be동사'라는 개념 자체가 없다. Be동사를 굳이 번역하면 '이다, 있다' 정도가 된다. 그런데 **한국어에는 이 두 뜻을 모두 나타내는 단어가 없다.**

생각해보자. 영어로 '**the girl is pretty**'라고 하면 이는 '**the girl 그 소녀는**'과 '**is 이다**' 그리고 '**pretty 예쁜**'이라는 세 단어를 합친 것이다. 그런데 한국어에는 '**is 이다**'에 해당하는 '**be동사**'가 없다. '**예쁘다**'라는 말 자체가 한 덩어리다.

결론! 한국어 형용사 '예쁘다'는 사실 'be pretty'에 대응하는 말이다. '예쁘다'를 '예쁜'이라고 변형해야 우리가 영문법 시간에 배우는 형용사개념이 된다. 다음을 보라.

- **Pretty** girl
  예쁜 소녀

- The girl **is pretty**
  그 소녀는 **예쁘다**

즉, 영어에는 '예쁘다'라는 단어가 없다. **Pretty**는 '예쁜'을 뜻할 뿐 '예쁘다'라고 하려면 반드시 **be동사가 들어가야 한다.** 이해가 되셨는가? 지금 이 내용이 잘 이해되지 않는다면 반드시 다시 읽고 넘어가야 한다. 기초공사이기 때문이다. 공부는 빨리 한다고 되지 않는다. 늦더라도 **제대로** 해야 한다.

이제 두 사람의 대화를 다시 읽어보자. Youngho의 대사가 왜 어색했는지, John은 왜 응답 할 때 'ARE'을 강조해서 말했는지 알게 될 것이다.

현장에서 학생들을 가르치다보면 Youngho처럼 'be 동사'를 빼고 형용사를 쓰는 경우를 많이 보게 된다. 이는 모국어가 외국어 사용에 영향을 주는 전형적 사례 중 하나다.

LESSON 2 선천이냐 후천이냐

> 출근길에 도너츠를 몇 개 사온 John. 평소처럼 Youngho를 챙긴다. 이윽고 도너츠를 먹기 시작하는 둘. 즐겁게 대화한다. 그런데 John이 하는 말 중 어떤 표현이 Youngho에게 조금 어렵나 보다.

> John : I just bought some doughnuts. Do you want some?
> Youngho : Oh, thanks!
> John : these are really well-made.
> Youngho : well-made?
> John : I mean… they made these well… well-created…
> Youngho : …?

이전 lesson을 통해 '형용사'에 대해서 다시 생각하게 되었을 것이다. 기존의 생각에 균열이 생겼다면 그것으로 충분하다. 거기서 모든 학습이 시작되니까. 필자는 영어의 형용사를 크게 두 부류로 나눈다.

1. 태생적 형용사
2. 후천적 형용사

말이 좀 어려운가? 이 용어를 또 외워야 하나 걱정되는가? 신경 쓰지 마시라. 이건 사실 필자가 지어낸 개념이다. 다른 영문법 책에는 절대 나오지 않는다. 설명을 쉽게 하려고 만들어낸 개념어일 뿐이다. 내 설명의 흐름만 잘 따라오면 된다.

'태생적 형용사'는 원래 형용사로 쓰기 위해 만들어진 단어들을 총칭하는 용어다. 그래서 나는 이들을 '운명적 형용사'라고도 부른다. 형용사로 태어난 단어들이라 하면 더 쉽겠다. 다음 단어들을 보시라.

Pretty 예쁜 / ugly 못생긴 / good 좋은 / bad 나쁜

인간은 원시부족 시대부터 '선(善)과 악(惡)' 그리고 '미(美)와 추(醜)'라는 개념을 가지고 있었다. 이는 곧 호모 사피엔스의 보편적 개념이라 할 수 있겠다. 그래서 어느 문화권이든 그런 성질이나 상태를 가리키는 말들이 있다. 영어에서는 위 단어들이 이에 속한다. 이들은 모두 **'태생적 형용사' 즉, '형용사로 태어난' 단어들이라 볼 수 있다.** 그렇다면 '후천적 형용사'는 무엇일까? 간단히 정의하면 다음과 같다. **형용사로 태어나지는 않았지만 변화를 통해 '형용사 역할'을 할 수 있도록 거듭난 것들.** 자, 다음 세 문장을 보시라.

1. We are hopeful. 우리는 희망에 가득 차있다.
2. They are tired. 그들은 피곤하다.
3. I like the gift that you gave me. 나는 네가 준 선물이 마음에 든다.

이 문장들 각각에서 형용사에 해당하는 부분을 표시하면 다음과 같다.

1. We are **hopeful**. 우리는 희망에 가득 차있다.
2. They are **tired**. 그들은 피곤하다.
3. I like the gift **that you gave me**. 나는 네가 준 선물이 마음에 든다.

이 세 단어 또는 덩어리(?)를 따로 떼어 그 뜻을 살펴보자.

- **Hopeful** 희망에 찬
- **Tired** 지친
- **That you gave me** 네가 나에게 준

이들은 다음과 같은 과정을 통해 만들어졌다.

- Hope 희망 + '-ful ~로 가득한' → hopeful 희망에 찬
- Tire 지치게 하다 + '-(e)d ~된' → tired 지치게 된, 지친
- 'That ~는/한' + You gave me 네가 나에게 주었다
  = that you gave me 네가 나에게 준

이를 정리하면 다음과 같다.

- '명사 뒤에 무얼 붙이거나 = **hopeful**
- '동사'를 변형시키거나 = **tired**
- '절'에 다른 단어를 덧붙인 것 = **that you gave me**

이들은 모두 형용사 역할을 한다. 형용사의 가장 대표적 역할은 '명사를 꾸미는 것'이다.

- Hopeful **mind** 희망에 찬 **마음**
- Tired **workers** 지친 **일꾼들**
- The **apple** that you gave me 네가 나에게 준 **그 사과**

이해가 되는가? 그런데 이 중 세 번째는 눈 여겨 볼만하다.

- The **apple** that you gave me
  그 사과 네가 나에게 준

형용사가 명사 뒤에 있다. 한국어와 달리 영어는 이렇게 형용사가 **때에 따라 명사 뒤에 나오기도 한다**. 형용사가 명사를 어디에서 꾸미는가에 따라 이 꾸밈방식에 각기 다른 이름이 붙는다.

- **Pretty** → girl   예쁜 → 소녀
- **Hopeful** → mind   희망에 찬 → 마음
- **Tired** → workers   지친 → 일꾼들

이렇게 명사 앞에 자리잡고 그 명사를 꾸미면 이를 '**전치수식**'이라고 한다. 쉽게 말해 '**앞에서 꾸미기**'라 할 수 있다.

- The **apple** ← that you gave me
  그 사과 ← 네가 나에게 준

이렇게 명사 뒤에 자리잡고 그 명사를 꾸미면 이를 '**후치수식**'이라고 한다. 쉽게 말해 '**뒤에서 꾸미기**'라 할

수 있다. 어떤가? 말이 조금 어렵긴 하지만 개념은 이해가 되었을 것이다. 내가 굳이 이걸 길게 설명한 이유가 있다. 이 중 '후천적 형용사'와 '후치수식'이 우리의 최대 약점이기 때문이다. 한국인 대부분이 이를 잘 모른다. **거꾸로 말해 이를 제대로 알면 영어를 정복할 수 있다는 얘기다.** 이 책에서는 '분사'와 '관계사'장이 이에 해당한다. 기대하셔도 좋다.

이제 Youngho의 답답함을 해결해 줄 수 있을 것 같다. 두 사람의 대화를 다시 읽어보자.
다시 보니 Youngho는 '후천적 형용사'인 'made'나 'created'가 바로 와 닿지 않는 모양이다. 사실 한국인 대부분이 이를 제대로 알지 못한다. 'Well-made'를 글자 그대로 번역하면 '잘-만들어진'이다. 'Well-created'는 '잘 창조된'이 된다.

LESSON 3 의외의 복병 등장

보고서를 작성하는 Youngho의 표정이 어둡다. 사정을 들어보니 보고서에 들어가야 할 정보가 엄청나게 많다고 한다. 그런데 여기서 John과 Youngho가 선택하는 단어가 다르다. 'As many informations as possible 가능한 여러 개의 정보들'이라는 Youngho의 표현을 다른 말로 고치는 John. 왜 그럴까?

> John : are you still working on it?
>
> Youngho : yes, there's a lot of information.
>
> John : how much information do you need to put in the report?
>
> Youngho : A lot. As many informations as possible.
>
> John : You mean 'a lot of information.'
>
> Youngho : …?

지금까지 우리는 선천적 형용사와 후천적 형용사를 살펴보았다. 원래 이쯤에서 형용사 장은 마무리 되어야 한다. 그런데 문제가 있다. 다음 두 영어 단어를 잘 보라.

- **Determine** 결정하다, 확정하다
- **Modify** 수식하다, 한정하다

두 단어 사이에 공통점이 있는가? 내가 생각하는 교집합은 바로 '꾸밈'이다. 여기서 꾸민다는 말을 너무 詩적으로 생각하지 말라. 원래 있던 것에 무언가를 덧대어 주면 그게 '꾸밈'이다. 다음 영어 문장을 보라.

- All the students are Koreans. 모든 그 학생들은 한국인이다.

여기서 'students 학생들'앞에 나온 두 단어를 보자.

- All 모든
- The 그

이들이 'students 학생들'이라는 명사 앞에 나온 이유가 무엇인가? 이들은 'students 학생들'의 정체를 밝혀준다. 즉, 그들이 누구인지 특정한다. 그러면 all과 the는 students라는 명사를 '꾸민다'고 할 수 있다. 이를 도식화 하면 다음과 같다.

- All 모든 + the 그 → students 학생들

이제 여러분께 질문을 던져보겠다. 그러면 all과 the는 형용사인가? 충분히 생각해보고 이 문단을 읽기 바란다. 내 질문에 정확한 답을 찾으려면 우리가 함께 발품을 좀 팔아야 한다. 무언가를 정의한다는 건 쉬운 일이 아니다. 그래서 또 다른 질문을 던지겠다. 당신은 다음 두 개념어를 정확히 구분할 수 있는가?

- 품사
- 문장의 성분

보기만 해도 머리가 아프다. 그리고 그게 문제다. 이 두 개념어는 언어체계를 분석하는 기초도구다. 그런데 아무도 이들을 제대로 배운 적이 없다. 그래서 머리가 아픈 것이다. 우리는 종종 '품사'와 '문장의 성분'을 혼동한다. **이는 가르치는 사람도 예외가 아니다.** 실제로 영어 교재나 강의를 보다 보면 가끔 이런 식으로 설명하는 경우가 있다.

- The man is my friend. 그 남자는 내 친구다.
  → 이 문장에서 'the man'은 명사고 my friend는 보어다.

이 설명은 틀렸다. 왜 틀렸는지 알겠는가? 설명자는 지금 '품사'와 '문장의 성분'을 혼동하고 있다. 올바른 설명은 다음 두 가지다.

1. the man도 **명사**고 my friend도 **명사**다.
2. the man은 **주어**고 my friend는 **보어**다.

1번은 단어의 **'품사'**를 기준으로 설명한 것이다. 2번은 **'문장의 성분'**을 기준으로 설명한 것이다. 지금부터 집중하라. **품사(Part of Speech)**는 한 언어에 존재하는 단어들을 그 단어의 속성에 맞추어 분류하는 개념이다. 영어에는 '명사, 동사, 형용사, 부사, 대명사, 전치사, 접속사, 감탄사' 이렇게 8개 품사가 있다. 이 중 이번 장의 핵심이 되는 두 품사를 정의하고자 한다.

- **명사(Noun)**: 사람, 사물, 장소, 개념 등의 이름이 되는 단어.
- **형용사(Adjective)**: 명사의 성질, 상태, 특성을 나타내는 단어.

이를 풀어서 설명하겠다. 어떤 단어가 사람, 장소, 사물, 개념 등의 이름이 되면 그것을 명사라 한다. 그 단어가 문장 내에서 어떻게 쓰이는 지는 고려 대상이 아니다. 그 단어 자체의 속성이 명사의 정의에 부합하면 된다. 예컨대 'teacher'이라는 단어는 그 속성이 '명사'다. 이것이 문장 내에서 '주어'로 쓰이든 '목적어' 또는 '보어'로 쓰이든 '명사'라는 속성은 변하지 않는다. 이것이 '품사'라는 개념이다.

- The **teacher** is kind. 그 **선생님**은 친절하다.

위 문장에서 '**teacher**'은 '명사'다. 그리고 '주어'로 쓰였다. teacher이라는 단어가 '명사'라는 속성은 변하지 않는다. 다만 문장 내에서 '**주어'라는 성분**이 될 뿐이다.

- I love the **teacher**. 나는 그 **선생님**을 사랑한다.

여기서 '**teacher**'은 '명사'다. 그리고 '목적어'로 쓰였다. teacher이라는 단어가 '명사'라는 속성은 변하지 않지만 문장 내에서 '**목적어'라는 성분**이 되었을 뿐이다.

- He is my **teacher**. 그는 내 **선생님**이다.

여기서 '**teacher**'은 '명사'다. 그리고 '보어'로 쓰였다. '명사'라는 속성 자체는 변하지 않고 문장 내에서 '**보어'라는 성분**이 된 것이다. 이제 '품사'와 '문장의 성분'을 구별할 수 있겠는가? 이번에는 '형용사'를 예로 들어보자.

- She is **pretty**. 그녀는 **예쁘**다.

여기서 'pretty'는 '보어'로 쓰였다. 그것이 '형용사'라는 속성 자체는 변하지 않지만 문장 내에서 '**보어'라는 성분**이 된 것이다.

- She is **pretty** woman. 그녀는 **예쁜** 여자다.

이 문장에서 'pretty'는 '**수식어(Modifier)**'로 쓰였다. '형용사'라는 속성 자체는 변하지 않는다. 여기서 잠시 '수식어'에 대해 설명하고 넘어가겠다.

- She is a [<pretty> → woman].
  그녀는 [<예쁜> → 여자]다.

보시다시피 pretty라는 '형용사'가 'woman'이라는 '명사'를 '꾸며주고' 즉, '수식修飾하고'있다. Pretty가 '형용사'라는 속성은 변하지 않지만 문장 내에서 **'수식어'라는 성분**으로 쓰인 것이다.

그런데 이 문장을 자세히 보면 '수식어'라 볼 수 있는 단어가 하나 더 있다. **관사 'a'를** 한국어로 번역하면 '어떤/한' 정도 된다. 그런데 이 말은 분명히 **뒤에 나오는 'pretty woman 예쁜 여자'의 성질, 상태, 특성을 나타내고 있다**. 즉, 관사 'a'는 'pretty woman 예쁜 여자'라는 말을 **'수식하고 있다.'**

이를 도식화 하면 다음과 같다.

- She is (a → [<pretty> → woman]).
  그녀는 (어떤/한 → [<예쁜> → 여자]다.

A와 pretty 모두 '관사'와 '형용사'라는 속성은 변하지 않지만 **'수식어'**라는 동일한 **'문장의 성분'으로 기능**한다. 이제 품사와 문자의 성분이 어떻게 다른지 알겠는가? 앞서 필자가 제시했던 두 단어를 다시 보자.

- **determiner** 결정하다, 확정하다
- **Modify** 수식하다, 한정하다

이들은 '꾸미다'라는 의미상의 교집합을 갖는다. 이제 이 동사들을 '그 행위를 하는 주체'라는 뜻의 명사로 바꾸어 보겠다.

- **determiner** 한정사
- **Modifier** 수식어

이 두 용어는 이렇게 탄생했다. 그러다 보니 '형용사'와 교집합이 있다. 다음을 보라.

- **The** teacher 그 선생님
- **My** teacher 내 선생님
- **All the** teachers 모든 그 선생님들

필자가 표시한 단어들은 모두 'teacher'이라는 명사를 **어떤 식으로든** 꾸며주고 있다.

CHAPTER 2 **형용사** 43

- **The** → teacher   그 → 선생님
- **My** → teacher   내 → 선생님
- **All** + **the** → teachers   모든 + 그 → 선생님들

이들은 '품사'로 따지면 형용사가 아니지만 하는 짓(?)은 형용사와 같다. 유일한 차이점은 이들은 be동사 뒤에 써서 주어를 설명할 수 없다는 것뿐이다. 다음을 보라.

- Teacher is **the** = ?
- Teacher is **my** = ?
- Teachers are **all the** = ?

때문에 이들을 'determiner 한정사'라고 한다. 어려울 것 없다. 형용사라는 게 원래 두 가지 역할을 하지 않는가? 첫째, 명사의 성질이나 상태를 밝혀준다. 둘째, 그 명사를 설명해준다. 이 중 명사의 성질, 상태를 확실히 해주는 경우를 **한정적 용법**이라 한다.

- **pretty** → woman
- **예쁜** → 여자

그리고 명사를 설명해주는 경우를 **서술적 용법**이라 한다.

- The woman is **pretty**.
  그 여자는 **예쁘**다.

The, my, all 같은 단어들은 이 중 한정적 용법으로 밖에 쓸 수 없다. 그래서 이들을 '한정사'라 부르는 것이다. 그럼 이제부터 대표적인 한정사들을 보도록 하자.

- Many: 많은
- A few: 약간 있는
- Every, Each: 모든, 각각
- Both: 둘 다
- Much: 많은
- A little: 조금 있는

- A number of: 많은
- Few: 거의 없는
- Several: 몇몇의
- A couple of: 두어 명(개)의
- A great deal of: 많은
- Little: 거의 없는

- A lot of: 많은
- Plenty of: 많은
- All: 모든
- Some: 약간, 조금
- No: 어떤 ~도 아닌
- Lots of: 많은
- Enough: 충분한
- Half: 절반의
- Any: 어느, 어떤

이 단어들을 유심히 보라. 공통점이 있는가? '많은, 충분한, 모든, 약간…' 이라는 말들이 공통으로 함의하는 바는 무엇인가? 그것은 바로

수와 양

이것이다. 이들은 모두 무언가의 수와 양을 나타낸다. 그래서 이들을 '수량사 quantifier'라고도 부른다. 이들은 한정사의 한 종류에 속한다. 또 다른 종류의 한정사인 '관사'는 이 책의 후반부에서 다루겠다. 이 '수량사'들은 무작정 암기한다고 쓸 수 있는 게 아니다. 각기 성격이 다르기 때문이다. 그래서 표를 준비했다.

셀 수 있는 명사와 함께		셀 수 없는 명사와 함께		둘 다와 함께	
Many	많은	Much	많은	A lot of	많은
A number of	많은	A great deal of	많은	Lots of	많은
A few	약간 있는	A little	조금 있는	Plenty of	많은
Few	거의 없는	Little	거의 없는	Enough	충분한
Every/Each	모든/각각			All	모든
Several	몇몇의			Half	절반의
Both	둘 다			Some	약간, 조금
A couple of	두어 명(개)의			Any	어느, 어떤
				No	어떤 ~도 아닌

이 표를 말로 풀면 다음과 같다.

- Many 많은 / A number of 많은 / A few 약간 있는 / Few 거의 없는 / Every, Each 모든, 각각 / Several 몇몇의 / Both 둘 다 / A couple of 두어 명(개)의
  ⟶ 이 단어들은 뒤에 '셀 수 있는 명사' 즉, '가산명사'가 나온다.

- Much 많은 / A great deal of 많은 / A little 조금 있는 / Little 거의 없는
  ⟶ 이 단어들은 뒤에 '셀 수 없는 명사' 즉, '불가산명사'가 나온다.

- A lot of 많은 / Lots of 많은 / Plenty of 많은 / Enough 충분한 / All 모든 / Half 절반의 / Some 약간, 조금 / Any 어느, 어떤 / No 어떤 ~도 아닌
  ⟶ 이 단어들은 뒤에 '셀 수 있는 명사'와 '셀 수 없는 명사' 즉, '가산 명사'와 '불가산 명사'가 모두 나올 수 있다.

이 세 부류를 지금부터 차례 차례 살펴보겠다.

- Many 많은 / A number of 많은 / A few 약간 있는 / Few 거의 없는 / Every, Each 모든, 각각 / Several 몇몇의 / Both 둘 다 / A couple of 두어 명(개)의

이 중 many와 a number of는 다음과 같이 쓸 수 있다.

- **Many** people 많은 사람들
- **A number of** people 많은 사람들

둘 모두 사람의 '수'를 표현하고 있다. 'Person 사람'이 여럿이 되면 'people 사람들'이 되지 않는가? 이렇게 **'셀 수 있는'** 명사를 **'가산可算 명사'** 라 한다. **그 반대가 '불가산不可算 명사'다.** 여기까지만 알면 나머지도 바로 사용할 수 있을 것 같지만 함정이 있다. 다음 두 수량사를 보면 기분이 어떤가?

- A few 약간 있는
- Few 거의 없는

필자는 학창시절 이 두 개념을 이해하지 못했다. 이들은 정확하게 무슨 뜻일까? '약간 있는'과 '거의 없는'이라고 표현했지만 정확한 뜻은 아니다. 한국어로는 번역하기 힘들다. 우리말에 이 두 개념에 완전히 대응하는 단어가 없기 때문이다. 문장을 보아야 한다.

- **A few** people wanted to go there. 거기에 가고 싶어하는 사람이 **약간 있었**다.
- **Few** people wanted to go there. 거기에 가고 싶어하는 사람은 **거의 없**었다.

이제 알겠는가? 'a few'는 사실상 긍정을, 'few'는 사실상 부정을 뜻한다. 한국어에는 이에 대응하는 단어들이 없다. 특정 부사와 '있다, 없다'를 합쳐서 표현할 수 있을 뿐이다.

- Every, Each 모든, 각각

이 두 단어는 각종 문법시험의 단골 손님이다. 왜 그럴까?

- Every student 모든 학생
- Each student 각 학생

뒤에 명사를 붙여보니 뭔가 '여럿'을 뜻하는 것 같다. '모든 학생'이나 '각 학생'이라는 말을 들으면 머릿속에 여러 명이 떠오르지 않는가? 그러나

- Every students 모든 학생들 (X)
- Each students 각 학생들 (X)

Every와 each 뒤에는 복수형 명사를 쓸 수 없다. '모든 학생들'과 '각 학생들'이라는 표현은 한국어에서는 자연스럽지만 영어로 그대로 옮기면 틀린 말이 된다. 그래서 나는 대안을 제시하고 싶다.

- **Every** student = **모든** 학생 **하나 하나**
- **Each** student = **각** 학생 **하나 하나**

조금 수고스럽더라도 위와 같이 익혀두는 것이 좋다. 이것이 영어 원어민들이 떠올리는 개념에 가장 가깝다. 다음으로 넘어가자.

- Several 몇몇의
- Both 둘 다
- A couple of 두어 명(개)의

이 셋은 딱 봐도 '쉽다'는 느낌이 들지 않는가? 당연하다. 각각에 대응하는 한국어 표현이 있기 때문이다.

- **Several** students **몇몇의** 학생들
- **Both** students **두** 학생들 **다**
- **A couple of** students **두어 명의** 학생들

어떤 것이 이해하기 쉬운지 어려운지는 그것이 내가 원래 알던 것과 비슷한지 다른지에 의해 결정된다. Several, both, a couple of는 한국어에 대응하는 표현이 있기 때문에 쉽다고 느끼는 것이다.

여기까지가 **'셀 수 있는 명사' 즉, '가산명사'와 함께 쓰는 수량사들이다.** 이제 그 반대로 넘어가자.

> - **Much** 많은 / **A great deal of** 많은 / **A little** 조금 있는 / **Little** 거의 없는
>   ⟶ **이 단어들은 뒤에 '셀 수 없는 명사' 즉, '불가산명사'가 나온다.**

셀 수 없는 명사... 불가산 명사하면 가장 먼저 무엇이 떠오르는가? 나는 'water 물'이 떠오른다.

- **Much** water 많은 물
- **A great deal of** water 많은 물

Much와 a great deal of는 물의 '수'를 나타내지 않는다. '양'을 나타내고 있다. 이 둘은 직관적으로 이해가 된다. 그런데 다음은 어떤가?

- **A little** water 조금 있는 물
- **Little** water 거의 없는 물

뭔가 느낌으로는 알겠는데 명확하지가 않다. A few와 few에서 보았듯 한국어에 완전히 대응하는 단어가 없어서 그렇다. 이럴 때는 역시 문장을 봐야 한다.

- I have **a little** water. 나는 물이 조금 있다.
- I have **little** water. 나는 물이 **거의 없다**.

한국어로는 이렇게 부사와 '있다, 없다'를 함께 써야 말이 된다. 여기서 'a little'은 사실상 긍정을, 'little'은 사실상 부정을 뜻한다. 지금까지 본 수량사들은 명사를 '수'로 세느냐 '양'으로 재느냐에 따라 구분되었다. 그런데 양다리를 걸치는 놈들이 있다. 지금부터 이들을 분석해보자.

> - **A lot of** 많은 / **Lots of** 많은 / **Plenty of** 많은 / **Enough** 충분한 / **All** 모든 / **Half** 절반의 / **Some** 약간, 조금 / **Any** 어느, 어떤 / **No** 어떤 ~도 아닌
>   ⟶ **이 단어들은 뒤에 '셀 수 있는 명사'와 '셀 수 없는 명사' 즉, '가산 명사'와 '불가산 명사'가 모두 나올 수 있다.**

언뜻 생각하면 '셀 수 있는'명사와 '셀 수 없는'명사에 모두 쓸 수 있다는 게 논리에 어긋나 보인다. 그러나 실제 사례를 보면 꼭 그렇지만은 않다.

- A lot of people 많은 사람들
  A lot of water 많은 물
- Lots of people 많은 사람들
  Lots of water 많은 물
- Plenty of people 많은 사람들
  Plenty of water 많은 물
- Enough people 충분한 사람들
  Enough water 충분한 물
- All people 모든 사람들
  All water 모든 물
- Half people 절반의 사람들
  Half water 절반의 물
- Some people 몇몇 사람들
  Some water 약간의 물

우리도 사실 이들을 비슷하게 사용하고 있다. 한국어로 번역된 부분을 다시 읽어보라. 위화감이 드는가? 분명 자연스러울 것이다. 그런데 다음 두 사례는 불편할 수 있다.

- Any people 어느 사람들 (?)
  Any water 어느 물 (?)
- No people 어떤 사람도 아니… (?)
  No water 어떤 물도 아니… (?)

특히 맨 마지막에 나오는 'no'는 번역이 불가능하다. 이럴 땐 역시 예문을 봐야 한다.

- There were **no** people in the building. 건물 안에 사람들이 **없**었다.
- There is **no** water in the desert. 사막에는 물이 **없**다.

한국어에는 이에 대응하는 단어가 없다. 굳이 따지면 '없'에 해당하는 셈이다. 'Any'도 같은 방식으로 한번 보도록 하자.

- Do you see **any** people in the park? 공원에 사람들이 보이나요?
- Is there **any** water left in the jug? 주전자에 물이 남아 있나요?

이렇게 보니 any 역시 쉽지 않다. 사실 한국어에 '아무, 어떤'이라는 대응어가 있긴 하지만 이를 그대로 적용하여 번역하면 말이 어색해진다.

- Do you see **any** people in the park? 공원에 아무, 어떤 사람들이 보이나요?
- Is there **any** water left in the jug? 주전자에 아무, 어떤 물이 남아 있나요?

그래서 필자는 다시 한번 대안을 제시한다. 아예 다음 문장을 외워두시라.

- Do you see **any** people in the park? 공원에 **(혹시)** 사람들이 보이**(긴 하)**나요?
- Is there **any** water left in the jug? 주전자에 **(혹시)** 물이 남아 있**(긴 하)**나요?

이게 영어 원어민들의 머릿속에 들어 있는 any의 뉘앙스에 가장 가깝다. 이렇게 이번 lesson을 마무리 하고자 한다. 마지막으로 지금까지 본 수량사들이 쓰인 예문들을 여럿 준비했다. 꼭 읽어보고 넘어가시기 바란다.

Many 많은 (가산명사와 함께 사용)
- Many students attended the lecture. 많은 학생들이 강의에 참석했다.

A number of 많은 (가산명사와 함께 사용)
- A number of books are missing from the library.
  많은 책들이 도서관에서 사라졌다.

A few 약간 있는 (가산명사와 함께 사용)
- I have a few friends in New York. 나는 뉴욕에 몇몇 친구들이 있다.

Few 거의 없는 (가산명사와 함께 사용)
- Few people understand the complexity of this problem.
  이 문제의 복잡함을 이해하는 사람은 거의 없다.

Every, Each 모든, 각각 (가산명사와 함께 사용)
- Every student needs to submit their assignment by Friday.
  모든 학생은 금요일까지 과제를 제출해야 한다.
- Each student needs to submit their assignment by Friday.
  각 학생은 금요일까지 과제를 제출해야 한다.

Several 몇몇의 (가산명사와 함께 사용)
- Several options were discussed during the meeting.
  몇몇 옵션이 회의 동안 논의되었다.

Both 둘 다 (가산명사와 함께 사용)
- Both answers are correct. 두 답변 모두 정확하다.

A couple of 두어 명(개)의 (가산명사와 함께 사용)
- I need a couple of pencils. 나는 두어 개의 연필이 필요하다.

Much 많은 (불가산명사와 함께 사용)
- Much attention was given to the project. 그 프로젝트에 많은 관심이 주어졌다.

A great deal of 많은 (불가산명사와 함께 사용)
- A great deal of effort is required to complete this task.
  이 일을 완수하기 위해 많은 노력이 필요하다.

A little 조금 있는 (불가산명사와 함께 사용)
- There is only a little milk left in the fridge.
  냉장고에 조금의 우유만 남아 있다.

Little 거의 없는 (불가산명사와 함께 사용)
- Little information was available on this topic. 이 주제에 대한 정보는 거의 없었다.

A lot of 많은 (가산, 불가산명사 모두와 함께 사용)
- A lot of cars were parked outside. 밖에 많은 차들이 주차되어 있었다.
- There is a lot of snow this winter. 올 겨울에는 많은 눈이 내렸다.

Lots of 많은 (가산, 불가산명사 모두와 함께 사용)
- She has lots of books. 그녀는 많은 책들을 가지고 있다.
- He drank lots of water during the marathon. 그는 마라톤 동안 많은 물을 마셨다.

Plenty of 많은 (가산, 불가산명사 모두와 함께 사용)
- There are plenty of seats available in the theater.
  극장에는 많은 자리들이 남아 있다.
- We have plenty of time before the train leaves.
  기차가 출발하기 전에 많은 시간이 있다.

Enough 충분한 (가산, 불가산명사 모두와 함께 사용)
- We don't have enough chairs for everyone.
  모든 사람들을 위한 충분한 의자가 없다.
- There isn't enough water for the flowers. 꽃들을 위한 충분한 물이 없다.

All 모든 (가산, 불가산명사 모두와 함께 사용)
- All students must attend the class. 모든 학생들은 수업에 참석해야 한다.
- All information has been verified. 모든 정보가 검증되었다.

Half 절반의 (가산, 불가산명사 모두와 함께 사용)
- Half the apples are rotten. 사과들의 절반은 썩었다.
- Half the water spilled out. 물의 절반은 쏟아졌다.

Some 약간, 조금 (가산, 불가산명사 모두와 함께 사용)
- Some students prefer online classes. 몇몇 학생들은 온라인 수업을 선호한다.
- There's some rice left in the pot. 냄비에 약간의 쌀이 남아 있다.

Any 어느, 어떤 (가산, 불가산명사 모두와 함께 사용)
- Do you have any questions? 질문이 있나요?
- Is there any milk in the fridge? 냉장고에 우유가 조금이라도 있나요?

이제 두 사람의 대화를 다시 읽어보자. 정확히 이해할 수 있을 것이다.
Information은 셀 수 없는 즉, '불가산'명사다. 그래서 many는 information과 함께 쓸 수 없다. John이 선택한 단어들을 잘 보라. 처음에는 'much information 많은 양의 정보'라고 한다. 이에 Youngho가 'many informations 여러 개의 정보들'이라는 표현을 써서 답하자 'a lot of information 많은 양의 정보'라고 고쳐준다. A lot of는 가산, 불가산 명사 모두와 함께 쓸 수 있으니 이 표현을 권하는 것 아닐까?

review TEST

CHAPTER 형용사

※ 주어진 보기 중 빈칸에 들어가기 적절한 것을 고르시오

01 저 꽃들은 아름답다.

> Those flowers _____.

(a) beautiful
(b) is beautiful
(c) are beautiful

02 이 책은 잘 쓰여졌다.

> This book _____.

(a) well-written
(b) are well-written
(c) is well-written

03 모든 그 사람들은 미국인이다.

> _____ people are Americans.

(a) the
(b) all
(c) all the

04 많은 사람들이 희망에 차있다.

_____ people _____.

(a) A few, hopeful
(b) Much, are hopeful
(c) A number of, are hopeful

05 그 사람을 믿는 사람은 거의 없다.

_____ people trust him

(a) few
(b) little
(c) a few

06 몇몇 사람들은 지쳤다.

_____ people _____.

(a) every, are tired
(b) a couple of, tired
(c) several, are tired

07 냉장고에 우유가 거의 없다.

There is _____ milk in the fridge.

(a) a little
(b) few
(c) little

08 두 학생 다 겁을 먹었다.

_____ students _____

(a) the, are scared
(b) both, scared
(c) both, are scared

09 냉장고 안에 우유가 있긴 하니?

Is there _____ milk in the fridge?

(a) much
(b) any
(c) a few

10 이번 사건에 대해 알려진 정보는 거의 없다.

_____ information is available on this incident.

(a) few
(b) a little
(c) little

정답 및 해설

01
저 꽃들은 아름답다.
Those flowers **are beautiful**.

(c) are beautiful

한국어에서 '아름답다'는 한 단어다. 그러나 영어에는 이에 대응하는 말이 없다. '아름다운'을 뜻하는 **beautiful**과 be동사를 합쳐서 표현해야 한다. 주어 'those flowers 저 꽃들'이 복수형이므로 be동사는 **are**을 써야 한다.

02
이 책은 잘 쓰여졌다.
This book **is well-written**.

(c) is well-written

'**Well-written**'을 글자 그대로 번역하면 '잘 쓰여진'에 가깝다. 이것 만으로는 주어 'this book 이 책'을 설명할 수 없다. 주어가 3인칭 단수인 점을 고려하여 be동사는 is를 써야 한다. 참고로 'written 쓰여진'은 'write 쓰다'라는 동사를 변형한 것인데 이를 '분사'라 한다. 이에 대해서는 분사 챕터에서 매우 자세히 다루겠다.

03
모든 그 사람들은 미국인이다.
All the people are Americans.

(c) all the

'모든'이라는 뜻의 한정사는 '**all**'이다. 여기에 '그'를 나타내는 '**the**'를 추가하면 정답이 된다. The 없이 all만 쓰게 되면 'all people are Americans 모든 인간은 미국인이다'라는 괴상한 문장이 되고 만다.

04
많은 사람들이 희망에 차있다.
A number of people **are hopeful**.

(c) A number of, are hopeful

Much는 셀 수 없는 명사의 '양'을 나타내는 한정사다. 남은 보기 중 '많은'을 뜻하는 단어는 **a number of**밖에 없다. 그리고 주어의 수에 맞추어 be동사 **are**을 쓰고 '**hopeful** 희망찬'이라는 형용사와 연결한 (c)를 고르면 된다. 보기 (a)에는 be동사가 빠져 있다는 점도 주의하라.

05
그 사람을 믿는 사람은 거의 없다.
Few people trust him

(a) few

보기 (b)에 나온 little은 셀 수 없는 명사에만 쓴다. 남은 보기 중 '거의 없는'을 나타내는 단어는 **few**다. A few는 '조금 있는'을 나타낸다는 점에 유의하라.

06
몇몇 사람들은 지쳤다.
Several people **are tired**.

(c) several, are tired

보기 (a)의 'every'는 반드시 뒤에 단수형 명사가 온다. 남은 보기 중 a couple of와 **several**은 사실 비슷한 뜻을 나타낼 수 있으나 보기 (b)에 be동사가 없다는 게 함정이다. 정답은 (c)

07
냉장고에 우유가 거의 없다.
There is **little** milk in the fridge.

(c) little

보기 (b)에 나온 few는 셀 수 있는 명사에만 쓴다. 남은 보기 중 '거의 없는'을 나타내는 단어는 **little**이다. A little은 '조금 있는'을 나타낸다.

08
두 학생 다 겁을 먹었다.
Both students **are scared**.

(c) both, are scared

'둘 다의'라는 뜻을 나타내는 단어는 **both**다. 그런데 보기 (b)에는 be동사가 빠져있다. 따라서 정답은 (c)

09
냉장고 안에 우유가 있긴 하니?
Is there **any** milk in the fridge?

(b) any

'혹시 있는가'라는 뉘앙스를 나타내는 단어는 바로 any다. 보기 (a)의 much는 '많은'을 나타내고 보기 (c)의 a few는 셀 수 있는 명사와 함께 쓴다.

10
이번 사건에 대해 알려진 정보는 거의 없다.
Little information is available on this incident.

(c) little

Information은 셀 수 없는 명사다. 따라서 보기 (a)의 few는 쓸 수 없다. 남은 보기 중 '거의 없는'을 나타내는 것은 (c).

Chapter 2
분사

보 이 는   영 문 법  ENGLISH GRAMMAR

LESSON 1	최종병기의 탄생
LESSON 2	현재/과거분사라는 거짓말
LESSON 3	분사의 쓸모
LESSON 4	허무한 분사구문의 실체
LESSON 5	원어민의 뇌 이식받기

LESSON 1 최종병기의 탄생

사무실로 들어오며 "I just saw Tom writing the report."라고 말하는 John. 이에 Min은 "그(Tom)가 이미 썼다고?"라고 답한다. 혼란스러워하는 John에게 다시 한번 "You saw... (네가 봤다며...)"라고 하는 Min! Min은 무엇을 이해하지 못한 걸까?

> John : I just saw Tom writing the report.
> Min : He wrote it already?
> John : What? I saw him writing it.
> Min : You said that you saw.

영어 공부를 하다 보면 '분사'라는 용어를 자주 만나게 된다. 정확한 뜻을 몰라서 헤매는 경우가 많은데 사실 아주 단순한 명칭이다.

기원전 1세기경 그리스의 문법학자 디오니시오스 트락스는 그의 저서 《문법의 예술》에서 μετοχή (메토케)라는 용어를 쓴다. 이 단어는 '참여, 나눔'이라는 뜻인데 이후 그리스어 문법을 연구하던 로마의 학자들에 의해 participium이라는 라틴어로 번역된다. '참여, 관여' 정도라 보면 된다.('참가, 참여하다'라는 뜻의 영어 동사 participate 와 어원이 같다.)

그리고 이 participium이 프랑스어를 거쳐 영어로 들어와 participle 이 되었다. 그리고 이 participle을 한자어권에서 '분사'라고 번역했다. 영어에서 '배려하는, 사려 깊은'이라는 뜻을 가진 두 단어 considerate 과 caring을 보겠다. considerate 은 프랑스어를 거쳐서 영어로 들어온 라틴어 출신 단어이고 caring 은 전통 게르만어 출신의 단어다.

considerate은 라틴어 동사 *considerare*(곰곰이 생각하다)를 살짝 변형시킨 *consideratus* (곰곰이 생각한)가 그 어원인데 '동사'를 '형용사'로 바꾸어 쓴 경우에 속한다.

caring은 게르만어 *karo*(비통해하다)가 그 어원인데 여기에 -ing를 붙여서 '비통해하는' 이라는 형용사로 쓰는 단어다. 다른 사람의 일을 비통해하고 슬퍼하면 그만큼 배려있고 사려 깊은 사람이지 않겠는가? 두 단어가 출신은 다르지만 형성된 원리가 상당히 유사하다.

- *considerare* 곰곰이 생각하다 (동사)
    - → *consideratus* 곰곰이 생각한 (형용사)
    - → considerate 배려하는, 사려 깊은 (형용사)
- *karo* 비통해하다 (동사)
    - → care 신경 쓰다 (동사)
    - → caring 신경 쓰는 (형용사)

모두 '동사'의 끝 모양을 바꾸어 '형용사'화 시켰다. 앞서 보신대로 이렇게 단어의 끝이 일정한 규칙을 따라 변하는 것을 언어학에서는 '굴절'이라고 한다.

이렇게 '동사'가 그 모습을 바꾸어 '형용사' 역할에도 '참여, 관여' 하는 것을 일컬어 participle이라 이름을 붙였고 이를 한자어권에서 '분사'라 번역했는데 '동사'의 모양을 바꾸어 '형용사' 역할에 '나누어' 쓴다 하여 '나눌 분(分)'자를 썼다. 이것이 '분사'라는 용어의 정확한 기원과 뜻이다. 그리고 지금 본 것처럼 영어에는 프랑스어를 거쳐 라틴어 출신의 단어들이 대거 들어왔고 이들은 기존 게르만어 단어들과 오랜 시간 공존하게 되는데 이것이 오늘날 영어가 유난히 동의어가 많고 어휘수가 많은 언어가 된 배경이다.

어떤 분야든 '정의'를 제대로 하는 게 중요하다. '분사'가 정확히 어떤 역할을 하는지 보고 나니 John 과 Min 의 대화를 제대로 분석할 수 있을 것 같다.

John이 쓴 문장에서 writing은 철저히 '형용사' 역할을 한다. 즉, John은 'saw(보았다)', 무엇을? 'Tom(톰을)'. 그런데 그는 어떤 상태였는가? 'writing(쓰고 있는)' 상태였다. Min은 이런 원리를 알지 못해서 'saw(보았다)'라는 말만 듣고 성급히 결론을 내렸다. 이미 보았다면 그것은 과거이니 완료도 되었겠다고 단순히 생각한 것이다!

ENGLISH GRAMMAR

LESSON 2 현재/과거분사라는 거짓말

> 퇴근을 앞두고 딱히 할 일이 없어 휴게실에서 쉬고 있는 두 사람. Min이 "I'm boring"이라고 하자 John이 놀라며 "…you're bored?"라고 반문한다. 이에 Min은 'NOW (지금)'이라며 다시 한번 "I am boring"이라고 하는데… 무엇이 문제일까?
>
> Min　　: I am boring.
> John　: What? you mean you're bored?
> Min　　: No, I am boring NOW.
> John　: ???

지금부터 많은 학습자를 괴롭히는 용어 두 가지 '현재분사'와 '과거분사'에 대해서 본격적으로 알아보겠다. 'participle(분사)'라는 용어는 그리스어를 라틴어로 번역하고 이것이 다시 프랑스어를 거쳐 영어로 들어오면서 생겨났다. 그러나 그리스어, 라틴어 그리고 프랑스어의 언어 체계는 영어의 그것과는 많이 다르다. 그러나 영문법 학자들은 기존의 틀에 영어를 억지로 끼워 맞추는 식으로 문법을 정리했고 그러다 보니 영어의 분사를 철저히 이분화하여 정리하였다.

'kill(죽이다)'라는 동사를 가지고 만들 수 있는 분사는 두 가지다.

> 1. killed
> 2. killing

이 중 1번 killed는 kill이라는 동사의 과거형 'killed(죽였다)'와 형태가 같다. 그런데 이 '형태'를 보고 '과거(past)' 라는 말을 용어에 넣었고 그러다 보니 'past participle(과거분사)' 라는 말이 탄생했다. 불과 18세기에 벌어진 일이다. 그런데 여기서 일이 더 꼬이기 시작한다. 그러면 killing 이 녀석의 이름을 어떻게 지을까? 개인적인 견해를 감히 피력하자면 '능동진행 분사'라고 했으면 어떨까 한다. 그런데 그만 영문법학자들은 너무 단순한 발상을 하고 만다.

past participle의 반대 개념이 뭐가 있을까? past와 상반되는 'present(현재)'라는 말을 넣어서 'present participle'이라고 하자! 즉, 'past participle(과거분사)'라는 용어가 먼저 만들어 지고 이와 '구분'하기 위해서 반대 성격을 갖는 분사에 'present participle(현재분사)'라는 이름을 억지로 붙인 것이다. 문제는 'past participle(과거분사)'와 'present participle(현재분사)'라는 용어는 '과거시제' 그리고 '현재시제'와 아무런 관련이 없다는 것이다. **'분사'는 '형용사'다. 형용사는 시제가 없다.** 가끔 '현재분사'가 '진행'의 의미를 갖기 때문에 뭔가 '현재'와 연관이 있지 않냐고 주장하는 경우가 있는데 엄밀히 따지면 '진행'은 어떤 사건이 발생하는 '양상'일 뿐 '현재'라는 시점에서만 가능한 것이 아니다. 그래서 영어의 '분사' 체계는 사실 다시 정리할 필요가 있다. 개인적으로는 다음 두 가지를 잣대로 삼으면 가장 좋을 것 같다.

1. 끝났냐
2. 안 끝났냐

한번 직접 해보자.

1. killed: 죽임을 당한
2. killing: 죽이는

1번 killed는 이미 끝난 무엇을 나타낸다. 그러므로 이를 '완료분사'라 할 수 있고 2번 killing 은 아직 끝나지 않은 무언가를 나타낸다. 그러므로 그 반대 개념인 '진행분사'라 할 수 있다. 이렇게 과거분사/현재분사라는 이름 붙인 단어들이 사실 완료분사/진행분사라는 개념에 더 가깝다는 것을 이해하고 나면 놀라울 정도로 영어의 결이 선명하게 보이기 시작한다.

- people killed in the accident
- people killing others

지금 보이는 두 가지 낱말 덩어리 중 첫 번째는 무슨 뜻일까? killed 가 '죽임을 당한' 이라는 뜻 즉, '완료'를 나타내는 형용사라고 생각하면 쉽게 해석이 될 것이다.

- people **killed** in the accident 사람들 **죽임을 당한** 그 사고에서

참고로 이렇게 '분사'는 다른 형용사들과는 달리 명사 뒤쪽에 붙을 수 있다.

- people **killing others.** 사람들 죽이는 다른 이들을

killing이 '죽이는'이라는 뜻 즉, '진행'을 나타내는 형용사라고 생각하면 이 낱말 덩어리의 뜻을 직관적으로 이해할 수 있다. 중요한 것은 지금부터다. 우리가 영문법에서 매우 어려워하는 '완료', '태' 같은 체계는 모두 '분사'를 통해 작동한다. 다음 장에서부터 이것을 제대로 살펴보도록 하겠다.

이럴 수가! '수동, 완료'와 '능동, 진행'이라는 개념을 알고 나니 Min이 한 말이 얼마나 충격적인지 알겠다!

자, 둘의 대화를 다시 보자.
bore는 정확히 '~를 지루하게 만들다'라는 뜻이다. 자, 그렇다면 여기에 '-ing'을 붙여서 '능동, 진행'으로 만들면 무슨 뜻이 될까? 맞다! boring은 '~를 지루하게 만드는'이라는 뜻이다. 즉, 어떤 사람이 boring하다고 말하면 그 사람이 남들을 지루하게 만드는 인간이라는 뜻이 된다. 그래서 John이 반대 즉, '수동, 완료'로 다시 물어본 것이다. bored는 거꾸로 '지루하게 만들어진'이라는 뜻이 되니까! 그래서 누군가가 bored하다고 말하면 그 사람이 '다른 요소들에 의해 지루함을 느낀다'는 말이 된다. 이 대화에서 Min은 bored만 듣고 이것이 과거형이라 생각하여 'NOW(지금)'라고 강조하여 반박한 것이다.

ENGLISH GRAMMAR

LESSON 3 분사의 쓸모

분위기 좋은 카페에 온 Min과 John. 카페가 정말 좋다는 Min의 말에 "I love this music making a nice vibe too."라고 John이 화답한다. 이 말을 한 번에 못 알아들은 Min이 "Oh, what was that?"이라고 묻자 "The music that is making a nice vibe." 라고 풀어 설명해주는 John. John이 한 말에는 어떤 의미가 담긴 걸까?

> Min   I love this café!
> John : So do I. I love this music making a nice vibe too.
> Kim   : Oh, what was that?
> John : I mean… the music that is making a nice vibe.

the piano라는 명사 뒤에 분사를 넣어서

  1. 독일에서 만들어진 그 피아노
  2. 아름다운 선율을 만드는 그 피아노

라는 말을 만들어 보자. 먼저 명사 the piano 뒤쪽에 '만들어진'을 뜻하는 분사와 '만드는'을 뜻하는 분사를 넣어야 한다. 순서대로 해보자.

- **make:** ~를 만들다

먼저 이 동사를 변형한다.

- **made:** 만들어진 (완료, 수동분사)
- **making:** 만드는 (진행, 능동분사)

CHAPTER 2 **형용사**   65

이제 각 분사를 the piano 뒤에 넣는다.

- the piano made
- the piano making

앞에서부터 각 단어의 뜻을 한국어로 써보면

- the piano / made 그 피아노 / 만들어진
- the piano / making 그 피아노 / 만드는

정도가 된다. 이것을 보다 깊이 들여다보면

- the piano (that was) made
- the piano (that is) making

이렇게 관계사와 be동사가 생략되어 있다고 볼 수도 있다. 그리고 이 생략은 늘 '화자'에게 유리하다. 왜냐하면

- the piano made
- the piano making

청자와 독자는 이 덩어리를 듣거나 읽었을 때 'that was' 와 'that is' 중 무엇이 생략되었는지 알아서 파악해야 하기 때문이다. 어느 쪽이 생략되었는지는 맥락이 알려줄 뿐이다. 즉, '화자'는 덜 말해도 되고 '청자'와 '독자'는 더 추론해야 한다. 분사를 써서 얻는 가장 큰 이점은 '말의 경제성'이다. 물론 '화자'에게 이점일 뿐이지만.

이제 나머지 정보를 나열해 보겠다.

- the piano / made / in Germany 그 피아노 / 만들어진 / 독일에서
- the piano / making / a beautiful melody 그 피아노 / 만드는 / 아름다운 선율을

결과적으로 이 덩어리들은 하나의 거대한 '명사' 역할을 한다. 명사는 문장 내에서 '주어, 목적어, 보어' 등의 역할을 할 수 있다. 그렇다면,

- I know **the piano made in Germany**.
  나는 **독일에서 만들어진 그 피아노**를 알고 있다.
- I know **the piano making a beautiful melody**.
  나는 **아름다운 선율을 만드는 그 피아노**를 알고 있다.

이렇게 목적어로 쓸 수 있고

- **The piano made in Germany** is mine.
  독일에서 만들어진 그 피아노가 내 것이다.
- **The piano making a beautiful melody** is mine.
  아름다운 선율을 만드는 그 피아노가 내 것이다.

이렇게 주어로도 쓸 수 있으며

- This is **the piano made in Germany**.
  이것이 **독일에서 만들어진 그 피아노다**.
- This is **the piano making a beautiful melody**.
  이것이 **아름다운 선율을 만드는 그 피아노다**.

이렇게 보어로도 쓸 수 있다. 그리고 또 하나, 분사가 중요한 이유가 있다. 한국어 화자인 우리가 영어로 글을 쓸 때 가장 답답한 것 중 하나는 '뒤로 길을 터야' 한다는 것이다.

- I doubt his opinion. 나는 그의 의견에 의구심을 표한다.

예를 들어 말을 이렇게 시작하면 '그의 의견'이 뭔지 또 설명을 해야 한다. 한국어는 이런 말을 할 경우 '~라는'에 해당하는 낱말들의 덩어리가 '그의 의견' 이라는 단어 앞에 온다. 그런데 영어는 이것이 뒤로 간다. 이때 명사 뒤쪽에 분사를 하나 잘 넣어주면 길이 트인다.

- I doubt his opinion **insisting that**⋯
  나는 **that 이하라고 주장하는** 그의 의견에 의구심을 표한다.

영어는 기본적으로 뒤쪽으로 부가정보를 죽~ 나열하는 언어이기 때문에 이렇게 길을 잘 트면 그 다음부터 내용을 전개하기가 쉽다.

- I doubt his opinion **insisting that the government is not doing enough.**
  나는 **정부가 현재 충분히 노력하고 있지 않다고 주장하는** 그의 의견에 의구심을 표한다.

전형적인 영어의 전개방식이다. 이것이 영어의 결이다. 분사의 쓸모를 알고 나니 참으로 분사가 사랑스럽다. 그렇다. '알면 사랑하게 된다.' 그래서 공부가 즐거운 것이다.

자, 이제 둘의 대화를 다시 보자.
이제 John의 대사 중 'music making a nice vibe'라는 부분이 명료히 이해될 것이다. 능동, 진행을 나타내는 'making(만드는)'이 music뒤에 붙어서 말이 길어지는 전형적 영어 문장이다. Min이 한 번에 못 알아들은 것도 이해가 된다. 우리도 이제야 John의 말이 제대로 보이지 않는가?

LESSON 4 허무한 분사구문의 실체

프린터가 잘 작동하는지 묻는 John에게 "It's working well!"이라 화답하는 Min. 이에 John은 "Repaired just now..."라고 시작하는 문장으로 대답을 하는데... Min은 자신이 repaired 앞에 주어를 못 들었다고 생각하고 "Who repaired?"라고 물어본다. John의 말을 어떻게 이해해야 할까?

John : How is the printer working?
Min : It's working well!
John : Repaired just now, that should be working well.
Min : Who repaired? What?

'분사구문'이라는 용어가 주는 위압감이 있다. 그러나 이 용어는 사실 그냥 이런 뜻이다. '분사로 구성된 문장'. 한자로는 分詞構文이다. 한국어로 분사구문의 예를 들면 이렇다. '우리는 많은 자원을 마케팅에 투자합니다. 좋은 결과들을 예상하기 때문이죠.' 이렇게 두 문장으로 나누어 말할 것을 '우리는 많은 자원을 마케팅에 투자합니다, 좋은 결과들을 예상하며.' 정도로 짧게 줄이는 것이 분사구문인데 여기서 한국어로 '예상하며'가 영어의 '분사'에 해당한다. 앞에서 설명했듯이 분사에는

1. 완료, 수동분사
2. 진행, 능동분사

두 가지가 있으니 이를 기준으로 '예상하며'는 2번 즉, 진행, 능동분사임을 짐작할 수 있다. 이 논리에 따라 이 한국어 문장을 영어로 쓰면

- We invest a lot of resources in marketing, expecting good results.

정도가 된다.

- We invest a lot of money in marketing.

이렇게 '의미가 완결된' 문장 뒤에 expecting good results라는 사실상 '부사'에 가까운 덩어리가 붙어 있는데 이렇게 분사를 써서 반복되는 주어나 접속사 따위를 모두 생략하고 '짧게', '효율적으로' 표현하는 게 분사구문의 목적이다.

인간은 늘 뭐라도 좀 '덜'하려 한다. 말과 글도 예외가 아니다. 덜 말하고, 덜 쓰고 더 많이 표현하려고 한다. 그러니 영어 원어민들이 분사구문을 얼마나 좋아하겠는가? '짧게, 효율적'으로 표현하고 해석은 상대에게 맡긴다. 따라서 분사구문을 쓸 때 지켜야 할 원칙이 있다. 오해의 소지를 없애야 한다. 그러면 자연히 다음을 가장 먼저 따지고 결정해야 한다.

1. 완료, 수동이냐
2. 진행, 능동이냐

참고로 이 중 2번 '진행, 능동'이 한국어를 쓰는 우리 입장에서는 쓰기가 편하다. '~하면서'라는 한국어 표현과 거의 1대1 대응하기 때문이다. 그러나 다음과 같은 문장이 나오면 정말 머릿속이 하얘진다.

- Fixed properly, the machine is working well.

첫 단어를 보자마자 당황스럽지 않은가?

- Fixed? 고쳤다?

이런 생각이 들 것이다. 다짜고짜 고쳤다니? 이런 문장이 나오는 원리를 설명하겠다. 집중하라.

- I don't have time now, fixing the machine.
  나는 지금 그 기계를 수리하느라 시간이 없다.

이 문장에서 '분사'를 찾아보자.

- I don't have time now, **fixing** the machine.

바로 fixing이다. 형태를 보니 '진행, 능동분사'다.

- I don't have time now, **fixing** the machine.

영어 원어민이 이 문장을 읽을 때 fixing 은 일종의 '그림'과 같은 역할을 한다.

- I don't have time now. 나는 지금 시간이 없다.

라는 뜻을 파악한 후

　…fixing…

이 '진행, 능동분사'를 보고 무언가를 고치고 있는 장면을 상상하게 된다. 그러면서 자연스럽게 이 사람이 시간이 없는 것과 fixing the machine 즉, 기계를 고치는 장면이 겹치면서 전체 문장의 의미가 완성되는 것이다. '바빠서 시간이 없는 사람'의 그림이 있고 '기계를 고치는' 그림이 있다면 이 두 그림을 겹쳐서 하나의 그림을 만드는 것이 분사구문이다.

분사는 동사를 형용사화 시킨 것이다. 그러니 분사는 '묘사하는' 역할을 한다. 그래서 영어 원어민들 입장에서는 분사구문을 쓰면 생동감 있는 표현이 가능해지는 것이다. 참고로

- I don't have time now, fixing the machine.

이 문장은

- Fixing the machine, I don't have time now.

이렇게 분사를 앞으로 빼서 쓸 수도 있다. 이제 다음을 보자.

- **Fixed:** 고쳐진 (완료, 수동)

'fix(~를 고치다)' 라는 동사를 변형한 '완료, 수동분사'다. 그럼 fixed는 어떤 그림을 갖는가? 무엇이 '이미' 누군가에 의해 '고쳐진' 그림을 갖는다. 그래서 Fixed properly라는 말을 보면 영어 원어민들은 '제대로 고쳐진' 어떠한 것을 떠올리게 된다. 그리고 뒤에

- …the machine is now working well.

이라는 말이 나오는 순간 제대로 고쳐진 것이 the machine이었으며 그 기계는 지금 잘 돌아간다는 사실을 알게 된다. 처음에는 '제대로 고쳐진 무언가'라는 그림만 있다가 '지금 잘 돌아가는 기계'라는 그림이 그 위에 올려지면서 하나의 그림을 완성하는 것이다. 그러면서 인과관계도 자연스럽게 알게 된다.

- Fixed properly, the machine is working well.
  제대로 고쳐졌기 때문에, 그 기계는 잘 돌아간다.
  제대로 고쳐져서, 그 기계는 잘 돌아간다.
  제대로 고쳐진 후, 그 기계는 잘 돌아간다.

어떤 해석을 해도 좋다. 그것이 상식에서 크게 벗어나지만 않는다면 정답이라 볼 수 있다. 실전에서는 앞뒤 맥락이 있기 때문에 더 수월하게 뜻을 파악할 수 있을 것이다. 분사구문의 실체를 알고 나니 정말 허무하지 않은가? 그렇다, 허무하면 자유로워진다.

이제 둘의 대화를 다시 보고 그들에게도 자유를 주자!
이제 John의 대사 중 'Repaired just now…'가 어색하게 보이지 않을 것이다. 사실 필자도 예전에 이런 분사구문을 접하면 '주어는 어디있지?'라는 생각을 먼저 했다. Min이 "Who repaired?"라고 물어보고 있지 않은가? 저건 사실 소싯적 필자의 마음이라고 보시면 된다.

ENGLISH GRAMMAR

LESSON 5 원어민의 뇌 이식받기

> 하루 종일 붙들고 있던 일을 거의 다 끝낸 상황! John은 신이 나서 "I never leave my work unfinished!"라고 외친다. 이 말을 이해하지 못한 Min에게 "I always finish my work."라고 쉽게 다시 설명해 주는 John. Min은 왜 John의 말을 바로 이해하지 못했을까?
>
> John : I'm almost done!
> Min : Wow!
> John : I never leave my work unfinished!
> Min : ???
> John : Ah… I always finish my work.

이번 장에서 필자가 여러분께 소개하고자 하는 것은 바로 '분사 내재화' 작업이다. 분사에 대한 지식이 머리에 있는 것 만으로는 부족하다. 입과 손에서 자동으로 튀어나와야 한다. 그러기 위해서 무조건 기억해야 할 것 첫 번째!

- 분사는 '형용사'다.

이 '분사'라는 놈은 영어에서 형용사가 올 수 있는 자리에는 다 올 수 있다. 자, 이걸 구체적 예시를 통해 보여 드리겠다. 보통 영어에서 단어를 배열할 때 선호하는 순서는 이렇다.

- 부사 + 형용사 + 명사

아, 물론 이건 '주어, 동사…' 이런 어순을 얘기하는 게 아니라 그 외에 단어들이 나뒹굴고 있을 때 이상적인 배치 순서를 말하는 것이다. 예를 들면

CHAPTER 3 분사

- very - 매우 (부사)
- happy - 행복한 (형용사)
- man - 남자 (명사)

이 세 가지가 나뒹굴고 있다면

- very(부사) + happy(형용사) + man (명사)

이 순서로 쓰면 거의 맞다. 자, 이제 다시 기억을 소환해보자. 분사는 결국 뭐다? 형용사다. 그럼 분사를 바로 저 형용사 자리에 넣어보자. 필자가 분사 몇 개를 준비했다. 이것을 넣어 보시라.

- damaged: 손상된 (과거분사)
- demanding: 요구하는 (현재분사)
- aged: 노화된 (과거분사)
- insulting: 모욕하는 (현재분사)

그러면 이렇게 된다.

- very **damaged** man 매우 손상된 남자
  ⟶ 많이 상처입고 망가진 남자
- very **demanding** man 매우 요구하는 남자
  ⟶ 너무 요구사항이 많은 남자
- very **aged** man 매우 노화된 남자
  ⟶ 아주 고령의 남자
- very **insulting** man 매우 모욕하는 남자
  ⟶ 아주 **싸가지 없는** 남자

자, 어떤가? 표현력이 급상승하지 않는가? 실제 영어 원어민들은 딱 쓰고 싶은 형용사가 떠오르지 않을 때 이런 식으로 말을 만들어 낸다. 예를 들어

야, 저 되게 집중하고 있는 남자...

이런 말을 하고 싶은데 '집중하는'이라는 단어가 딱 하나 떠오르지 않는다면?

- Hey, that very **focused** man…

이런 식으로 'focus(집중하다, 집중시키다)'를 변형해서 **'focused(집중된)'**이라는 형용사를 얼른 떠올려 써먹는다. 이런 식으로 분사를 형용사 자리에 계속 넣어 쓰는 연습을 하다 보면 이런 게 가능해진다.

remain을 사전에서 찾아보면 다음과 같은 설명이 있다.

> **remain**
> 동사 (격식) [보통 진행형으로는 쓰이지 않음]
> 1. 계속[여전히] …이다
>   [V-adj] to remain silent / standing / seated / motionless
>   계속 침묵을 지키다[잠자코 있다] / 서 있다 / 앉아 있다 / 꼼짝하지 않다
>   [출처 : Oxford Advanced Learner's English-Korean Dictionary]

이런 식으로 뒤에 형용사 표시(adj, adjective: 형용사)가 주로 오는 동사들을 보자마자 '저 형용사 자리에 분사를 쓸 수 있겠구나!'라는 생각을 바로 할 수 있다. 그러면 여러분도 이런 문장을 드디어 쓸 수 있게 된다.

- The project still remains **unfinished**.
  그 프로젝트는 여전히 **끝내지 않은 상태**로 남아 있습니다.
- The old building still remains **undamaged**.
  그 오래된 건물은 여전히 **손상되지 않은 상태**로 남아 있습니다.

아니면 leave 같은 동사를 사전에서 찾아보고

> **leave**
> (어떤 상태·장소 등에 계속) 있게 만들다[그대로 두다]
> [VN-adj] Leave the door open, please.
> 문을 그대로 열어 두세요.
>   [출처 : Oxford Advanced Learner's English-Korean Dictionary]

이걸 그대로 응용해서

> - He left his work **unfished**. 그는 자신의 일을 **끝내지 않은 상태**로 두었습니다.
> - Don't leave your homework **undone**! 네 숙제를 **끝내지 않은 상태**로 두지 마라!

이런 문장을 만들어 볼 수도 있다. 우리가 독해나 영작에서 그저 우와... 하고 바라만 보던 '딱 그런 표현들'을 우리 스스로 할 수 있게 되는 것이다. **부단히 연습하라!**
형용사에 대해 알을 한 번 더 깨고 나오니 영어의 '결'이 보이는 듯 하다.

이제 둘의 대화를 다시 읽어보면서 그 '결'을 찾아보자.
"I never leave my work unfinished!"라니! 이 얼마나 멋진 말인가! 물론 이 말이 멋지다는 것을 알게 되기까지 공부가 좀 필요했지만 말이다. 이렇게 영어는 '분사'를 활용해서 표현을 풍부하게 하는 언어다. 그러니 분사를 제대로 몰랐을 때 겪었던 고통은 어찌 보면 당연했던 것이다.

review TEST CHAPTER 3 분사

※ 괄호 안에서 더 적절한 것을 고르시오.

01 죽임을 당한 그 군인들은 여전히 그곳에 있다.

> The soldiers (killed / killing) are still there.

02 이것은 모기를 죽이는 스프레이다.

> This is the spray (killed / killing) mosquitos.

03 나는 독일에서 만들어진 그 차를 가지고 있다.

> I have the car (made / making) in Germany.

04 아름다운 멜로디를 만드는 그 피아노는 내 것이다.

> The piano (made / making) a beautiful melody is mine.

05 나는 네가 완벽하다고 주장하는 네 의견에 의구심을 표한다.

> I doubt your opinion (insisted / insisting) that you are perfect.

06 우리는 많은 자원을 마케팅에 투자하고 있다, 좋은 결과를 예상하며.

> We are (invested / investing) a lot of resources in marketing, (expected / expecting) good results.

07 잘 쓰여서, 그 책은 매우 인기가 많다.

(**Written** / Writing) well, the book is very popular.

08 나는 지금 파스타를 요리하느라 시간이 없다.

I don't have time, (cooked / **cooking**) pasta.

09 그는 매우 요구사항이 많은 사람이다.

He is a very (demanded / **demanding**) person.

10 그 경기장은 여전히 손상되지 않은 상태로 남아 있다.

The stadium still remains (**undamaged** / undamaging).

11 그 전쟁에서 죽임을 당한 사람들이 아주 많았다.

There were so many people (**killed** / killing) in the war.

12 이것은 무고한 시민들을 죽이는 전쟁이다.

This is the war (killed / **killing**) innocent civilians.

13 나는 의회에서 통과된 그 법이 마음에 안 든다.

I don't like the law (**passed** / passing) in the assembly.

14 공해를 만드는 그 차는 낡았다.

The car (made / **making**) air pollution is old.

15 나는 그들이 옳다고 말하는 네가 마음에 안 든다.

I don't like you (said / **saying**) that they are right.

16 우리는 많은 돈을 쓰고 있다, 그게 좋은 결과를 낳을 것이라 믿으며.

We are (spent / **spending**) a lot of money, (believed / **believing**) it will make a good result.

17 잘 고쳐져서, 그 자전거는 아주 멀쩡하다.

(**Fixed** / Fixing) well, the bicycle is very fine.

18 나는 지금 신문을 읽느라 시간이 없다.

I don't have time, (read / **reading**) a newspaper.

19 그녀는 자신의 일을 완료되지 않은 상태로 남겨두었다.

She left her work (**unfinished** / unfinishing).

20 그 사람은 여전히 변하지 않은 상태로 남아 있다.

The person still remains (**unchanged** / unchanging).

정답 및 해설

01
The soldiers (**killed** / killing) are still there.

'죽임을 당한'이라는 '수동, 완료'를 나타내므로 killed가 정답!

02
This is the spray (killed / **killing**) mosquitos.

'죽이는'이라는 '능동, 진행'을 나타내므로 killing이 정답!

03
I have the car (**made** / making) in Germany.

'만들어진'이라는 '수동, 완료'를 나타내므로 made가 정답!

04
The piano (made / **making**) a beautiful melody is mine.

'만드는'이라는 '능동, 진행'을 나타내므로 making이 정답!

05
I doubt your opinion (insisted / **insisting**) that you are perfect.

'주장하는'이라는 '능동, 진행'을 나타내기 때문에 insisting이 적절하다.

06
We are (invested / **investing**) a lot of resources in marketing, (expected / **expecting**) good results.

'투자하고 있다'라는 말은 '투자하는 중이다'라는 말과 같다. 즉, '투자하는'이라는 '능동, 진행'의 상태로 존재함을 나타내니 첫 번째 정답은 investing이다. 두 번째 괄호는 expecting이 정답! 예상하는 상태로 투자행위를 하고 있음을 알 수 있다. 즉, 역시 '능동, 진행'의 그림을 그려줘야 한다.

07
(**Written** / writing) well, the book is very popular.

'쓰인'이라는 '수동, 완료'느낌을 표현해야 하므로 정답은 Written이다. 전형적으로 한국인이 어려워하는 과거분사로 시작하는 분사구문이다.

08
I don't have time, (cooked / **cooking**) pasta.

'~하느라'라는 말은 '진행'을 나타내며 '파스타'를 요리한다는 말로 보아 '능동'이다. 그러므로 당연히 정답은 cooking이다.

09
He is a very (demanded / **demanding**) person.

'요구하다'라는 뜻의 동사 demand에 '-ing'를 결합하여 demanding이라 하면 '요구하는'이 된다. 이는 흔히 '요구사항이 많은'이라는 형용사처럼 쓰인다. 정답은 demanding!

10
The stadium still remains (**undamaged** / undamaging).

'손상되지 않은'이라는 '수동, 완료'의 느낌을 나타내므로 당연히 정답은 'undamaged!'

11
There were so many people (**killed** / killing)in the war.

'죽임을 당한'이라는 '수동, 완료'를 나타내므로 killed가 정답!

12
This is the war (killed / **killing**) innocent civilians.

'죽이는'이라는 '능동, 진행'을 나타내므로 killing이 정답!

13

I don't like the law (**passed** / passing) in the assembly.

'통과된'이라는 '수동, 완료'를 나타내므로 passed가 정답! 여기서 pass는 '~를 통과시키다'라는 뜻으로 쓰였다.

14

The car (made / **making**) air pollution is old.

'만드는'이라는 '능동, 진행'을 나타내므로 making이 정답!

15

I don't like you (said / **saying**) that they are right.

'말하는'이라는 '능동, 진행'을 나타내므로 saying이 정답!

16

We are (spent / **spending**) a lot of money, (believed / **believing**) it will make a good result.

'쓰고 있다'라는 말은 '쓰고 있는 중이다'라는 말과 같다. 즉, '쓰고 있는'이라는 '능동, 진행'의 상태로 존재함을 나타내니 첫 번째 정답은 'spending'이다. 두 번째 괄호 안의 정답은 'believing'이다. 믿고 있는 상태로 돈을 쓰고 있음을 알 수 있다. 역시 '능동, 진행'의 그림을 그려줘야 한다.

17

(**Fixed** / Fixing) well, the bicycle is very fine.

'고쳐진'이라는 '수동, 완료'느낌을 표현하는 fixed가 정답!

18

I don't have time, (read / **reading**) a newspaper.

'읽고 있는 상태'라는 말로 이해하면 쉽다. '능동, 진행'을 나타내는 reading이 정답!

19

She left her work (**unfinished** / unfinishing).

'완료되지 않은'이라는 '수동, 완료'느낌을 나타내야 한다. 당연히 unfinished가 정답!

20

The person still remains (**unchanged** / unchanging).

한국어로는 '변하지 않은'이지만 실제 뜻은 '변화되지 않은'에 가깝다. change는 자동사와 타동사로 모두 쓰여 '변하다', '변하게 하다'라는 뜻을 갖는데, 여기서는 후자 '변하게 하다'가 p.p. 과거분사 형태로 변한 것이다. unchanged가 정답!

Chapter 4
관계사

보이는 영문법　　ENGLISH GRAMMAR

LESSON 1	that의 탄생
LESSON 2	that의 독재
LESSON 3	새로운 시대의 개막
LESSON 4	영어, 스타일을 더하다
LESSON 5	허무한 관계부사의 실체
LESSON 6	who / whose / whom 삼형제

that의 탄생

LESSON 1

어디론가 사라진 자신의 펜을 찾고 있는 John. 이에 "어떤 펜?"이라고 Min이 묻자 "The pen that I usually use."라는 말로 답한다. 이어지는 대화를 보면 that pen, the pen...이라는 말이 반복되고 있다. 정확히 무슨 뜻일까?

> John : Do you know where my pen is?
> Min : What pen?
> John : The pen that I usually use.
> Min : You use that pen usually?
> John : I usually use the pen. I need that pen.

모름지기 인간의 언어는 쓸모 있는 단어가 이런저런 뜻도 갖고 역할도 맡으면서 그 언어의 필수 엔진, 바퀴가 되는 경우가 많다.

영어에서 that이 바로 정확하게 그런 경우다. 원래 '그, 그것'이라는 지시사로 시작했던 that은 무엇을 '한정'하는 역할을 할 수 있기 때문에(예를 들어that apple은 어떤/한 사과가 아닌 특정한 그 사과) 정관사 the로 발전하였고 후에 관계대명사라는 기막힌 역할을 맡게 되었다.

- that 그, 그것 → the 그 → that

이 장에서는 역사적 기록들을 바탕으로 that의 발전 과정을 상상력을 조금 보태어 현대 영어로 재현해 보겠다. 까마득한 옛날, 어느 한 게르만인이 토끼를 사냥해서 집으로 가져왔다. 그리고 그것을 본 사람이 그 사실을 누군가에게 전달한다. 이때 이 사람이 할 법한 말을 현대영어로 재구성해보겠다.

> - "그 남자가 그 토끼를 사냥했다. **그것을** 그 남자가 집으로 가져왔다."
>   That man hunted that rabbit. **That** that man brought home.
>   그 남자가 사냥했다 그 토끼를. **그것을** 그 남자가 가져왔다 집으로.

오늘날의 정관사를 적용하여 이 문장을 다듬어 보겠다.

- The man hunted the rabbit. **That** the man brought home."
  그 남자가 사냥했다 그 토끼를. **그것을** 그 남자가 가져왔다 집으로.

여기서 뒤에 있는 the man 은 앞에 있는 the man 과 같은 사람이니까 대명사 he 로 바꾸어 보겠다.

- The man hunted the rabbit. **That** he brought home.
  그 남자가 사냥했다 그 토끼를. **그것을** 그가 가져왔다 집으로.

그리고 이 사람이 이 두 문장을 한 문장처럼 이어서 말했다고 가정하여 가운데 마침표 없이 두 문장을 이어서 말해보겠다.

- The man hunted the rabbit **that** he brought home.
  그 남자가 사냥했다 그 토끼를 **그것을** 그 남자가 가져왔다 집으로.

어떠한가? 관계대명사를 쓴 전형적인 현대영어 문장과 비슷해졌다. 이를 오늘날 문법에 맞게 제대로 번역하면 이렇게 된다.

- The man hunted the rabbit **that** he brought home.
  그 남자는 자신이 집으로 가져온 그 토끼를 사냥했다.

여기서 that 앞에 나온 the rabbit을 '앞에서, 앞서, 미리 나온다, 다닌다'라는 뜻으로 antecedent 라고 하는데 한자어권에서는 이것을 '선행사(先行詞)'라고 번역했다. 이 선행사 뒤에 나오는 that은 선행사와 뒤에 나오는 절을 연결 즉, 관계 지어준다. 또한 선행사인 the rabbit을 대신하는 명사이기도 하다.
그래서 '관계대명사'라는 이름을 갖게 되었다.
아주 먼 옛날 무엇을 '특정'하는 that 이 존재했고 이것이 시간이 지나면서 점점 지시대명사, 정관사, 관계대명사로 모두 쓸 수 있게 된 것이다.
이와 비슷한 경우가 to라는 단어다. 오늘날 우리는 전치사 to라는 것이 따로 있고 to 부정사라는 것에 쓰는 to가 따로 있다고 생각하지만 토끼를 사냥하던 게르만인이 정말 그 둘을 나누어서 썼겠는가? 그들에겐 '~로'라는 방향을 의미하는 어떤 '소리'에 불과했다. (당시 사람들이 거의 문맹이었다는 점을 잊지 말라.)

쓰다 보니 말이 되고 말이 되니 쓰게 되어 지금의 to가 되었다. 즉, I want to eat이라는 말은 '나는 **먹다 쪽으로를** 원한다'라는 말이었던 셈이다. 결국 먹는 행위 쪽으로 이동하기를 원했으니 '먹고 싶다'가 된다. He needs to come here는 '그는 여기로 **오는 행위 쪽으로를** 필요로 한다'라는 말이었다. 그래서 '그는 여기로 올 필요가 있다'가 된다.

that의 정체를 알고 나니 허무하다! '허무'는 이 책을 관통하는 테마다. 원래 별거 없는 것을 별거 있는 것처럼 만들어 놨으니 허무해야 맞는 것 아닌가? 그 허무를 딛고 영어의 결을 느껴 보길 바란다.

자, 두 사람의 대화를 다시 보자!

이 대화에는 that과 the가 합쳐서 다섯 번이나 나온다. 그런데 이 두 단어가 원래 같은 말이었다니! John의 대사 중 "The pen that I usually use."에서 쓰인 that은 관계대명사이고, Min의 대사 중 "You use that pen usually?"에서 쓰인 that은 지시 형용사다. 이런 용어를 기억하는 것 보다 '특정한'이라는 that고유의 뜻을 기억하는 게 중요하다. 그러니 둘 다 'the pen'이라 하고 있는 것이다.

ENGLISH GRAMMAR

LESSON 2 that의 독재

오늘 아침 신문을 보았냐 물으며 어떤 기사를 언급하는 Hun. 이에 John은 그 끔찍한 기사를 보았다고 답한다. 대화가 진행되며 점점 흥분하기 시작한 John은 마침내 엄청나게 긴 문장을 내뱉는데…! 한국어가 모국어인 Hun은 이 말을 알아듣기가 힘들다. 왜 그럴까?

> Hun : Did you read the newspaper today? The article…
> John : Yes, I read that terrible article!
> Hun : The article was really bad.
> John : The article that I read this morning was exactly the one that I never wanted to read.
> Hun : Oh… can you say that again?

다음 두 문장을 합친다고 할 때 the book이 반복되는 것을 보고 두 번 중 한 번은 그냥 that이라고 해도 되겠다는 생각을 해서 만들어진 것이 오늘날의 관계사다.

- I bought the book. 나는 그 책을 샀다.
- The book was very expensive. 그 책은 매우 비쌌다.

한번 그 과정을 재현해보자. 일단 두 문장 중 하나를 중심으로 잡겠다.

- I bought the book. 나는 그 책을 샀다.

여기에 The book was very expensive라는 정보를 추가하려면 어떻게 해야 할까? 바로 The book이 겹치는 지점을 찾으면 된다.

- I bought the book… 나는 그 책을 샀는데…
  The book was very expensive. **그 책은** 아주 비쌌다…

여기서 두 번째 문장의 The book을 **That**으로 바꾸어 보자.

- I bought the book… 나는 그 책을 샀는데…
  That was very expensive. **그것은** 아주 비쌌다…

자, 이제 이어보자.

- I bought the book **that** was very expensive. 나는 샀다 그 책을 **그것은** 매우 비쌌다.

순서대로 직역하면 이런 번역이 나온다. 이를 한 번 더 다듬으면

- I bought the book **that** was very expensive. 나는 매우 비쌌**던** 그 책을 샀다.

이렇게 된다. 관계대명사가 한국어를 쓰는 우리에게 어려운 이유는 수식구조가 정반대이기 때문이다.

- I bought the book **that was very expensive**.

that was very expensive라는 긴 덩어리가 앞에 있는 The book을 수식하고 있다. 그런데 한국어는 수식어가 짧든 길든 늘 수식하는 말 앞에 붙는다.

- **아주 비쌌던** 그 책을 내가 샀다.

이를 비교해서 보자.

- I bought the book **that was very expensive**. **아주 비쌌던** 그 책을 내가 샀다.

해도 너무하다 싶지 않은가? 이렇게 체계가 서로 너무 다른 언어는 서로 참 배우기가 힘들다. 어쨌든 지금은 우리가 영어를 공부하고 있으므로 원어민이 아닌 우리가 그들의 감각을 익히려 노력하는 수밖에 없다. 이제부터 필자가 실제 소싯적 공부했던 방법을 소개한다.

- I bought the book… 나는 샀다 그 책을…
- …that was very expensive. 그게 아주 비쌌다.

처음 영어를 배울 때 관계대명사가 들어 있는 문장을 읽을 때면 이런 식으로 앞에서 뒤로 전진하며 뜻을 밀고 나갔다. 사실 이게 잘못하면 속된말로 '야매'가 될 수 있는데 이후 동시통역사들도 이런 방법을 종종 쓴다는 사실을 알고 안심했던 기억이 난다. 자, 이제 이 문장을 문법적으로 자세히 분석해보자.

- I bought the book that was very expensive. 나는 매우 비쌌던 그 책을 샀다.

이 문장에서 the book은 관계대명사에 '앞서 오는 단어'라고 해서 '선행사'라 하고 관계대명사 that 은 그 뒤에 나오는 was very expensive 앞에서 주어 역할을 해서 '주격'이라 부른다. '관계대명사 주격' 또는 '주격 관계대명사'라는 용어는 바로 이렇게 해서 탄생했다. 사실 여기까지는 그래도 할만한데

- I bought the book. 나는 그 책을 샀다.
- The book was very expensive. 그 책은 매우 비쌌다.

이 두 문장에서 후자를 중심으로 잡을 경우 한국인에게 매우 난해한 구조가 탄생한다.

The book was very expensive.	+	I bought the book.
그 책은 매우 비쌌다.	+	나는 그 책을 샀다.

두 문장을 합치려 하는데 첫 문장이 시작하자마자 the book이 나오고 이 단어는 하필이면 뒷문장의 마지막 단어와 겹친다. 할 수 없다. 일단 후자를 that이라고 바꾸어서 빨리 the book뒤에 붙여 놓고 시작해야 한다.

- The book that…

그런데 여기까지만 봐서는 이 뒤에 the book을 주어로 삼아 동사가 나올지 아니면 또 다른 주어가 나오고 the book 이 목적어가 될지 알 수 없다. 사실 이것은 한국인인 우리뿐 아니라 영어를 모국어로 쓰지 않는 모든 사람들에게 불편한 문장구조다. 왜 그럴까? 대부분의 언어에는 그 단어가 문장 내에서 어떤 역할을 맡고 있는지 나타내 주는 '표시'가 있다. 예를 들어 한국어에는 '격조사'라는 것이 있다.

철수**가** 그 책**을** 샀다.
철수**가** 샀다 그 책**을**
샀다 그 책**을** 철수**가**
샀다 철수**가** 그 책**을**
그 책**을** 샀다 철수**가**
그 책**을** 철수**가** 샀다

그러니 단어를 어떤 순서로 배열해도 주격조사 '가' 덕분에 '철수'가 주어임을 알 수 있고 목적격조사 '을' 덕분에 '책'이 목적어임을 알 수 있다. 그러나 현대영어에는 이런 것이 없다.

- Peter bought the book. 피터는 샀다 그 책을.

무엇이 주어이고 목적어인지를 판단하는 것은 그 단어의 '위치'일 뿐이다. 순서를 바꾸어

- The book bought Peter.

이라고 하면 그 책은 피터를 샀다는 말이 되어버린다. 잠깐! 여기서 '현대'영어라는 말이 중요하다. 사실 옛 영어에는 한국어의 격조사처럼 각 단어의 문장 내 역할을 나타내 주는 어떠한 '표시'가 있었다. 조금 어색하겠지만 이를 필자가 현대영어로 최대한 재현해보겠다.

- Pete**er** bought the book**en**.

예를 들어 이렇게 **주어**가 되는 단어는 끝에 '**~er**'을 붙이고 **목적어**가 되는 단어는 '**-en**'을 붙이는 식으로 그 단어의 격을 나타냈다. 이렇게 단어의 끝이 변하는 것을 언어학에서는 '**굴절**'이라고 한다.

즉, 옛 영어는 이 굴절이 살아 있어서

- The book**er** 그 책**이**
  → the book이 **주어**로 쓰이면 '**-er**'로 **주격**임을 표시했다.
- The book**er** 그 책**이** that (그런데) 그 책
  → 그리고 뒤에 관계대명사가 나오게 되면
- The book**er** 그 책**이** that**en** (그런데) 그 책**을**
  → 그 관계대명사가 주격인지 **목적격**인지 모양으로 밝혀줬다.

그 결과

| The book**er** | / | that**en** | / | I bought…. |
| 그 책**이** | / | (그런데) 그 책**을** | / | 나는 샀는데… |

이런 식으로 문장이 시작했었다. 즉, 읽는 사람은 먼저 The book**er**를 보고 이 단어가 전체 문장의 **주어**임을 알았다. 그리고 뒤에 나오는 관계대명사를 보고 주어 'the booker'를 수식하는 덩어리가 나올 것임을 알았다. 그런데 관계대명사의 모양이 that**en**이니 수식하는 덩어리가 어떤 모습일지도 미리 알았다. '**-en**'이 '**~을, ~를**'을 뜻하니 뒤에 '**that**en 그 책을' 누가 어찌 한다, 어찌했다는 말이 이어지지 않겠는가? 그런데 영어는 세월이 흐르며 이 '굴절'이 다 사라졌다.

- The book that I bought…

그 결과로 이렇게 알아보기 불편한 모양과 구조가 탄생한 것이다.

> The book / **that** I bought / was very expensive.
> 그 책은 / **그것을** 내가 샀다 / 매우 비쌌다.

그래서 현대 영어는 단어의 위치를 보고 각 단어의 '격'을 빨리 알아내야 한다. 그래서 학자들은 현대 영어를 '위치어'라 부르기도 한다. 모양만 봐서는 '격'을 알 수 없기 때문이다. 참고로

- The book **that I bought** was very expensive. **내가 산** 그 책은 매우 비쌌다.
- I bought the book **that was very expensive**. 나는 **매우 비싼** 그 책을 샀다.

이 두 문장은 사실상 비슷한 뜻이다. 그러나 '중요한 정보를 미리 말한다'는 영어의 특징을 고려하면 다음과 같이 정리할 수 있다.

- The book **that I bought** was very expensive. **내가 산** 그 책은 매우 비쌌다.
  → 이 문장의 '주제'는 The book. 뒤로 the book에 대한 이야기가 펼쳐지겠다.
- I bought the book **that was very expensive.** 나는 **매우 비싼** 그 책을 샀다.
  → 이 문장의 '주제'는 I. 뒤로 I에 대한 이야기가 펼쳐지겠다.

즉, 앞으로 무슨 내용이 나올지 예상할 수 있다. 현대영어에 격조사 같은 표시가 없어서 유감이다. 한국어는 조사가 많은 정보를 제공하기 때문이다. 우리는 한국어로 사고하기 때문에 영어를 보면 답답할 수 밖에 없다. 물론 영어 원어민들은 어릴 때부터 영어 문장을 수도 없이 접하면서 자연스럽게 익히기 때문에 큰 불편함이 없다. 하지만 영어를 외국어로 배우는 우리에게는 지금까지 본 배경을 알고 있는 것 자체가 큰 도움이 된다. 이를 토대로 열심히 훈련하면 결국 해결된다.

잠깐, 뭔가 일이 터질 때가 되었다는 생각이 들지 않는가? 그렇다면 당신은 이미 영어와 하나가 되었다. 이 남자(정복자 윌리엄: William the Conqueror, 1028~1087)를 다시 띄운다.

이 남자가 등장하기 전까지 관계대명사 that은 거의 만능과 다름없어 보였다. that만 붙이면 사람과 사물뿐만 아니라 그 무엇이든 설명하는 문장을 뒤에 붙일 수 있었다. 그러나 서기 1066년 that의 독재는 종말을 고한다.

점점 that의 정체가 뚜렷해진다.

이제 두 사람의 대화를 다시 보며 that의 얼굴을 자세히 그려보자.
여기서 눈으로 따라가기도 벅찬 John의 '바로 그 대사'를 다시 보도록 하자. "The article that I read…" 까지는 이해할 수 있을 것 같다. that이 관계대명사 목적격으로 쓰였다. read의 목적어가 곧 that이다. 그리고 이어지는 말에서 '…was exactly the one…'이라는 표현이 보인다. the one은 the article을 대신해서 나온 말이다. 영어는 같은 단어를 반복하는 걸 지독히 싫어한다. 이제 마지막! "…the one that I never wanted to read"에서 that은? 그렇다! 바로 read의 목적어다. 즉 John이 뱉은 것은 한 문장인데 그 문장 안에 관계대명사가 두 번이나 들어가 있는 것이다. 그러니 Hun이 알아듣기 어려울 수 밖에.

LESSON 3 새로운 시대의 개막

> 새 직원이 온 상황. John은 "저 사람이 우리가 같이 일할 새 식구인가요?"라고 질문한다. 이를 대충 알아들은 듯한 Min이 다시 쉬운 말로 묻는다. John이 처음 했던 말을 다시 한번 잘 읽어보고 본론으로 들어가자!
>
> John : Is she the new comer who we are supposed to work with?
> Min : You mean… she is our new coworker?
> John : Yes.

관계대명사 that 은 만능이나 다름없어 보였다. 옛 영어 원어민들은 이 that으로 사람과 사물뿐만 아니라 생물과 무생물 그 무엇이든 표현했다. 이대로 that의 시대가 계속될 것만 같았다.

서기 1066년

프랑스 북부 노르망디의 공작인 윌리엄이라는 사람이 뜬금없이 자신이 영국의 왕위계승권자라 주장하며 영국을 침공한다. 그리고 기존의 왕위 계승예정자인 헤롤드를 죽이고 그 해 크리스마스에 영국의 왕위에 오른다. 여기까지만 보면 그냥 막장 드라마구나… 라고 할 수도 있지만 이게 언어사적으로 중요한 이유는 윌리엄이 영어를 한 마디도 못하는 사람이었다는 것이다. 그는 철저히 프랑스인이었다.

윌리엄의 즉위 이후 영국 왕실은 프랑스어를 쓰는 사람들로 채워진다. 이후 영국의 입법, 사법, 행정언어는 모두 프랑스어로 교체된다. 당시 유럽의 공용어나 다름없었던 라틴어도 역시 중요한 언어로 군림한다. 그러나 영어는 일반 백성들만 쓰는 언어가 된다. 즉, 중세 영국은 프랑스어와 라틴어가 상류층의 언어로 군림하며 민중들은 영어를 사용하는 3중 언어 사회가 되었다. 그리고 상위어로 군림하던 프랑스어와 라틴어는 자연스럽게 영어의 문법과 어휘에 지대한 영향을 미치기 시작한다.

프랑스어를 비롯해 스페인어, 이탈리아어 등 라틴어계열의 언어들을 로망스어라고도 부르는데 이들은 영어와 독일어 등이 속한 게르만어와는 꽤 달랐다. 로망스어들의 공통점 중 하나는 바로 '의문사'를 '관계사'로도 쓴다는 것이었다. 그리고 영어가 이 영향을 받는다. 여기서 '의문사'라고 함은 오늘날 우리가 알고 있는

- Who 누구
- When 언제
- Which 어떤, 어떤 것
- How 어떻게
- Where 어디
- What 무엇
- Why 왜

등을 뜻한다. 로망스어들의 체계를 자가이식하기 시작한 영어는 이제 앞서 나온 단어 즉, '선행사'가 사람이면 that이외에도 who를 쓰고 사물이면 which를 병용하는 등 that 일변도의 관계대명사 체계에서 벗어나기 시작한다. 지난 Lesson에서 다루었던 문장들을 다시 한번 보자.

- I bought the book that was very expensive. 나는 매우 비쌌던 그 책을 샀다.
- The book that I bought was very expensive. 내가 산 그 책은 매우 비쌌다.

이 두 문장에서 that 앞의 선행사는 the book이다. 영어 원어민들은 그렇다면 이것은 사물이기 때문에 that 도 좋지만 which 또한 쓸 수 있다고 생각하기 시작했다.

- I bought the book which was very expensive. 나는 매우 비쌌던 그 책을 샀다.
- The book which I bought was very expensive. 내가 산 그 책은 매우 비쌌다.

이제 현대 영어가 조금씩 이해되는가?

- Peter that bought the book is my friend. 그 책을 산 피터는 내 친구다.

여기서는 선행사가 Peter 즉, 사람이니 that 자리에 who도 쓸 수 있다고 여기기 시작했다.

- Peter who bought the book is my friend. 그 책을 산 피터는 내 친구다.

어떠한가? 점점 우리가 알고 있는 오늘날의 영어 모습으로 변해가는 것이 보이는가?
이제 우리는 that을 넘어 'wh-'로 넘어왔다.

앞의 예문의 John이 한 말에서 who를 잘 보자.
'new comer'이라는 말은 '새로 오는 사람' 정도 된다. 대부분 새로 이사를 왔거나 새로 입사, 이직을 해서 들어온 사람을 일컫는다. 이 단어는 '사람'을 지칭하기 때문에 뒤에 'who'가 붙었다. 그러면 이 'who'는 그 뒤에 나온 말 중 어디와 연결될까? 정답은 바로 with다. "...we are supposed to work with"라는 말은 '우리가 ~와 함께 일하기로 되어 있다'라는 뜻이다. 여기에서 '~와'에 해당하는 단어가 바로 with인데 그것과 결합하여 의미를 완성하는 단어가 바로 앞서 나온 who라고 보시면 된다.

ENGLISH GRAMMAR

LESSON 4 영어, 스타일을 더하다

사내 채팅으로 대화하는 두 사람. 점심 식사로 피자와 파스타를 함께 먹고 싶은 Min에게 John은 "우리 사무실 근처에는… there are two Italian restaurants, which sell pasta only"라고 답한다. 그러자 '그러면 또 다른 이탈리아 음식점에 가보자'고 말하는 Min. 이에 John은 "I said there are two…"라 말하며 혼란스러워한다. 왜 그럴까?

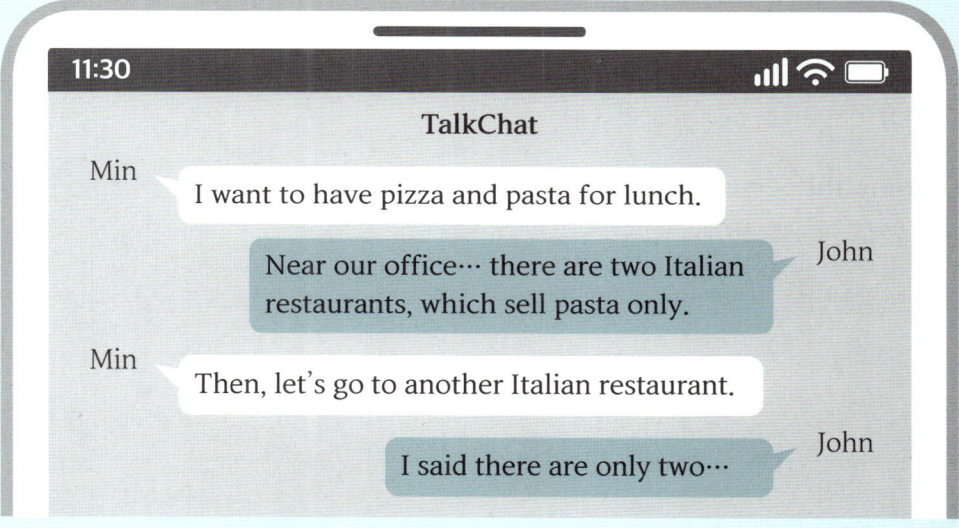

다음 두 문장의 차이는 무엇일까?

- Jihu has a car that has no roof.
- Jihu has a car, which has no roof.

잠시 지난 Lesson의 내용을 요약하겠다. 원래 that이 독점하고 있던 관계대명사의 역할을 중세 이후 의문사들이 하나씩 빼앗아갔다! 선행사가 사람이면 that도 좋지만 who도 쓸 수 있고 사물이면 which도 쓸 수

CHAPTER 4 관계사 95

있게 되었다. 이런 개념이 일반화되면서 선행사의 의미에 따라 쓰는 관계사가 점점 달라지게 된다. 그런데 who나 which등은 원래 '의문사'다. 의문사라는 것은 의문문을 만들 때 쓰는 단어를 뜻하는데 예를 들면

- **Who** is he? 그는 누구인가?
- **Which** is yours? 어느 것이 네 것이냐?

의문문에서 이런 역할을 한다. 그런데 이 의문사들이 어쩌다가 관계대명사로도 쓸 수 있게 되었을까? 의문사가 관계대명사로 변한 과정을 재현해 보면 다음과 같다.

- I know the woman. 나는 그 여자를 안다.
- Who? 누구?
- She is wearing sunglasses. 그녀는 선글라스를 쓰고 있다.

이런 식으로 앞서 나온 어떠한 대상의 정체에 대해 질문을 하고 그에 대해 답을 하는 방식을 문장 형성에 적용하기 시작했는데 이게 매우 의사소통에 유용했다.

- I know the woman. who? (she) is wearing sunglasses.
  나는 그 여자를 안다 누구냐고? 선글라스를 쓰고 있지.

따라서 이런 문답법을 모델로 하여 두 문장을 하나로 잇는 표현방식이 생겨났고 오늘날까지 계승되었다.

---

* 이 내용은 송경안의 저서 '언어의 유형과 한국어 그리고 영어' (역락, 2019)의 '제19장 관계절'을 참고하여 서술하였다.

아직 잘 이해가 되지 않는가? 몇 가지 예시를 더 보여드리겠다.

[예시 1]

- I met a man. 나는 한 남자를 만났다.
- Who? 누구?

  He helped me yesterday. 그는 어제 나를 도와줬다.
  → I met the man who helped me yesterday.
  나는 어제 나를 도와준 남자를 만났다.

[예시 2]
- She is reading a book. 그녀는 책을 읽고 있다.
- Which? 어떤 책?

    It was written by her favorite author.
    그 책은 그녀가 좋아하는 작가가 썼다.
    → She is reading the book which was written by her favorite author.
       그녀는 그녀가 좋아하는 작가가 쓴 책을 읽고 있다.

[예시 3]
- They went to a restaurant. 그들은 식당에 갔다.
- Where? 어디에?

    They can always enjoy the best pizza in town.
    그곳에서 그들은 도시에서 최고의 피자를 늘 즐길 수 있다.
    → They went to the restaurant where they can enjoy the best pizza in town.
       그들은 도시에서 최고의 피자를 늘 즐길 수 있는 그 식당에 갔다.

그래서 영어 원어민들은 의문사 출신 관계대명사들에게 that은 할 수 없는 또 다른 역할을 맡겼다. 콤마와 관계대명사를 병용하는 표현 방식은 이렇게 생겨났다.

- I know the woman, **who** is wearing sunglasses.
  나는 그 여자를 안다 **그런데 그녀는** 선글라스를 쓰고 있다.

이런 문장에서는 **콤마**와 **who**를 '**and she**'라는 말과 같다고 간주한다. 그러면 혹시 원조 관계대명사인 that을 이렇게 쓸 수는 없을까?

- I know the woman, that is wearing sunglasses. (X)
  나는 그 여자를 안다 그런데 그녀는 선글라스를 쓰고 있지. (X)

아쉽지만 안 된다. **의문사**는 앞서 나온 특정 단어에 대해 '**부가적인 정보를 요구하는 역할**'을 할 수 있는 반면 **that** 은 태초에 그저 무엇을 '**특정하여 지시하는 역할**'을 했을 뿐이다. 그래서 **오늘날까지도 that은 앞서 나온 특정 명사를 뒤에서 수식하는 역할을 할 뿐이다.** 그러면 맨 처음에 나왔던 두 문장으로 돌아가 보자.

- Jihu has a car that has no roof.
  Jihu has a car, which has no roof.

두 번째 문장은 다음과 같이 풀어 쓸 수 있다.

- Jihu has a car **and it** has no roof. 지후는 차가 한 대 있는데 그건 지붕이 없어.

현대 영어에서 관계대명사 that은 이 역할을 할 수 없다. 그래서 두 문장을 풀이하면

- Jihu has a car **that has no roof**. 지후는 **지붕이 없는** 차를 한 대 가지고 있다.
- Jihu has a car, **which has no roof**. 지후는 차를 한 대 가지고 있는데 **그게 지붕이 없다**.

전자는 지후가 지붕이 있는 다른 차도 가지고 있을 가능성이 있는 반면 후자는 지후가 일단 차가 한대라는 전제로 시작한다. 그런데 그 차가 지붕이 없다는 얘기다. 그러므로 지후에게는 애초에 또 다른 차가 없을 것이다. 이렇게 콤마와 의문사 출신 관계사를 병용하는 방식을 '**계속적 용법**' 또는 '**비제한적 용법**'이라고 한다. 또 다른 예시를 읽어보며 이 장을 마무리하도록 하자.

- The students **who** study hard will succeed.
  열심히 공부하는 학생들은 성공할 것이다.
- The students, **who** study hard, will succeed.
  그 학생들 그런데 그들은 열심히 공부하고, 성공할 것이다.

첫 번째 예시에서 관계대명사 'who'는 '열심히 공부하는'이라는 제한적 조건을 부여하여 **어떤 학생 집단에서 특정한 학생들에 해당하는 '그 학생들'만을 지칭한다**. 따라서 열심히 공부하는 그 학생들만 성공할 것이라는 의미가 된다. 반면 두 번째 예시처럼 콤마를 사용하여 '**who study hard**'를 비제한적으로 사용하면, '**그 학생들**'에 해당하는 모든 학생들이 열심히 공부하고 따라서 성공할 것이라는 의미가 된다.

두 사람의 채팅 내용을 다시 들여다보자.
지금 보니 Min이 오해한 것이 보인다. 분명 채팅창에 "...there are two Italian restaurants, which..."라고 써 있다. 즉, 애초에 저들의 사무실 근처에는 이탈리아 레스토랑이 두 개 밖에 없고, 그들 모두 파스타만 판다는 말이다. 이 계속적 용법을 이해하지 못한 Min은 "파스타만 파는 이탈리아 레스토랑이 사무실 근처에 둘 있어"라는 말로 이해한 모양이다. 그러니 '그러면 피자도 파는 데로 가보자'는 말이 나올 수 밖에!

LESSON 5 허무한 관계부사의 실체

> 회사에서 회의실을 개조하기로 계획하고 있는 상황. Min이 John에게 이 사실을 알리자 John은 "...the meeting room **where** we gave the presentation yesterday..."라는 말로 그 회의실을 지칭한다. 여기서 Min이 처음에 했던 말을 다시 보자 "... we usually had meetings **there**"이라는 대사가 보이는가? 자, 이제 본론으로 들어가자!
>
> Min : Do you remember the meeting room? We usually had meetings there.
>
> John : Ah, I think I know which meeting room you are talking about.
>
> Min : The company is going to renovate it.
>
> John : What? You mean the meeting room where we gave the presentation yesterday?
>
> Min : …ah… yes.

관계부사라는 말은 정확히 무슨 뜻일까? 사실 관계대명사와 크게 다를 바 없다. 앞서 나온 어떤 명사를 대신하고 뒤에 나오는 절과 그 명사를 관계 지어주는 것이 관계대명사라면 앞서 나온 어떤 장소나 때와 뒤에 나오는 절을 관계 지어주는 부사가 관계부사다.

- That is the house. 그것이 그 집이다.

여기서 the house 라는 장소 뒤에 거기가 어떤 장소인지 부연설명을 하고 싶다면 어떻게 해야 할까?

- That is the house… there… 그것이 그 집이다… 거기에서…

바로 뒤에 '거기에서'라는 뜻의 부사 there를 써주고 바로 절을 이어주는 것이 가장 쉽다.

- That is the house… there… we used to live.
  그것이 그 집이다… 거기에서… 우리가 살곤 했다.

지금 여기서 there가 하고 있는 것이 사실상 관계부사 역할이다. 어쨌든 앞에 나온 장소와 뒤에 나오는 절을 관계 지어주는 부사가 맞지 않은가?

> 실제로 옛 영어에서는 이렇게 there을 관계부사로 썼다. 만약 그 상태에서 변하지 않았다면 정말 직관적이었을 것이다.
>
> - I know the coffee shop there we met for the first time.
>   나는 그 커피숍을 알고 있다 거기서 우리가 처음 만났다.
>
> 그런데 이 there가 세월이 흐르면서 where 로 교체되었다.
>
> - I know the coffee shop where we met for the first time.
>   나는 우리가 처음 만났던 그 커피숍을 알고 있다.
>
> * 이 내용은 김혜리의 저서 《고대영어: 역사 문법 문헌' (한국문화사, 2011)》의 '제4장 굴절 – 2. 대명사' 부분을 참고하여 서술하였다.

관계부사 when 역시 이와 같은 논리로 탄생했을 것으로 추정한다.

- I remember the time. 나는 그 때를 기억한다.

이 뒤에 '그 때에' 라는 뜻으로 then을 붙여 보겠다.

- I remember the time… then… 나는 그때를 기억한다… 그때에…

그리고 뒤에 절을 붙여보자.

- I remember the time… then… we were in love with each other.
  나는 그때를 기억한다… 그때에… 우리는 서로 사랑에 빠져 있었다.

세월이 지나면서 이 then이 when으로 교체되었을 가능성이 높다. 그리고 우리가 오늘날 알고 있는 관계부사의 모습을 갖게 되었다.

- I remember the time when we were in love with each other.
  나는 우리는 서로 사랑에 빠져 있었던 그 때를 기억한다.

한 가지 아쉬운 것은 그렇다면 이름을 '관계부사'가 아니라 '관계대부사'라고 하면 좋았을 것 아닌가 하는 것이다. 그러나 이는 불가능하다. 영어에는 '대명사'라는 용어가 원래 있고 매우 중요한 품사 중 하나로 분류된다. 그러나 '대부사'라는 품사는 애초에 없기 때문에 이름을 붙일 때 이런 발상 자체를 할 수 없었던 것이다. (이 품사 분류법은 철저히 라틴어 문법을 베낀 것이다.)

와... 관계부사를 다루고 나니 머리가 시원~해지는 것 같다. 그 동안 고작 이 따위(?)개념을 가지고 내가 고생했다는 말인가! 뭐 이런 생각도 들 것이다. 이렇게 하나씩 해방되고 나면 영어가 예뻐 보인다.

자, 이제 두 사람의 대화를 다시 보도록 하자.
John의 "What?..." 이후 대사를 보면 마치 there가 where로 바뀐 언어 유적지를 감상하는 느낌이 든다. 여러분도 한번 "You mean the meeting room where..."에서 where만 there로 바꾸어 읽어보라. 이런 식으로 보일 것이다 'You mean the meeting room... 너는 그 회의실을 의미한다... there... 거기에서... we gave the presentation yesterday 우리가 어제 발표를 했다.'

LESSON 6 who / whose / whom 삼형제

ENGLISH GRAMMAR

> John에게 도움을 청하는 Min. 영국에 있는 협력 업체에서 이메일이 한통 날아온 모양이다. John이 이를 읽어보던 중 'the staff whom we are supposed to contact…'라는 부분에서 눈치를 챈다. 이어지는 Min의 고백… "이해가 잘 안 돼요." 지금 무엇이 Min을 괴롭히는 것일까?
>
> Min : I want to know about this.
>
> John : What is it?
>
> Min : Our British business partner just sent an email and…
>
> John : Let me see… oh…! "We need the information of the staff whom we are supposed to contact…"
>
> Min : I find it hard to understand.

who, whose, whom을 잘 쓰려면 '격' 개념에 익숙해져야 한다. 격은 영어로 case라고 하며 이는 국어 문법을 보면 이해하기 쉽다.

- **지후가 영어를 공부한다.**

이 문장에서 '지후' 뒤에 붙은 '가'를 'case marker'이라고 하는 데 이를 우리말로 '격조사'라고 부른다. 이 문장에서 지후는 주어로 쓰였으니 '가'는 정확히 'subject case marker(주격조사)'가 된다.
'영어' 뒤에 붙은 '를'도 'case marker 격조사'에 속하는데 이 문장에서 '영어'는 목적어로 쓰였으니 정확히 'object case marker 목적격 조사'가 된다. 이렇듯 우리말은 각 단어의 문장 내 역할을 나타내 주는 '격조사'가 발달했다.

- 그건 지후의 가방이다.

이 문장에서 '지후' 뒤에 붙은 '의'는 그 뒤에 나오는 '가방'의 소유자가 지후임을 밝히는 조사다. 국어 문법에서는 '지후'같은 명사 (체언이라고 한다) 뒤에 '의' 같은 말이 붙어서 '지후의'라는 하나의 형용사(관형사라고 한다)를 만든다고 보기 때문에 이런 '의'를 '관형격 조사'라고 한다. 영문법에는 이 용어가 없다. 그래서 편의상 '소유격 조사'라 부르자. 한국어를 영어로 설명할 때 실제로 이런 '의'를 possessive marker, possesive particle, possesive case marker... 등등 부른다. 영어도 Jihu's 라는 식으로 's를 통해 소유를 표현하니 편의상 's를 '~의'와 비교하여 이해하면 좋을 것 같다.

옛 영어는 모든 단어 뒤에 한국어의 격조사 같은 것이 붙었다. 그래서 생긴 것만 봐도 문장내에서 무슨 역할을 하는지 바로 바로 알 수 있었다. 그러나 세월이 지나면서 이 격조사 같은 것들이 사라졌고 지금은 문장 내 '위치'를 통해서만 격을 파악할 수 있다. 단, 예외가 있다.

- I / my / me   you / your / you   he / his / him
  she / her / her   we / our/ us   they / their / them

이런 식으로 인칭 대명사에는 아직 그 흔적이 남아있다. 그리고 또 하나가 있으니 바로...

- who / whose / whom

이 삼형제다. 문제는 얘네들은 의문사나 관계사로 쓰이기 때문에 영문법에 익숙하지 않은 우리들은 그저 '대체 그래서 어떻게 써야 하나' 멘붕에 빠진다는 것이다. 매우 쉽게 설명하면 이렇다.

- who = 주격   - whose = 소유격   - whom = 목적격

이 세가지는 각기 다른 격을 표현한다.

- 지후는 영어를 공부한다.

이 문장을 영어로 써보겠다.

- Jihu studies English.

여기서 만약 Jihu 뒤에 Jihu에 대한 설명을 덧붙이고 싶다면

- who = 주격
- whose = 소유격
- whom = 목적격

이 중 무엇을 붙여야 할까? 정답은...

- Jihu who...

who를 붙여야 한다. Jihu가 문장 내에서 주격이니 관계사를 쓰더라도 격을 맞춰야 한다.

- Jihu who is handsome studies English. 잘생긴 지후가 영어를 공부한다.

(예문에서라도 망상을 펼칠 자유를 달라) 자, 이렇게 설명하면 될 것 같지만 사실 틀렸다. 만약에

- 모두가 사랑하는 지후가 영어를 공부한다.

이런 문장을 영어로 만든다고 해보자. 그러면...

- Jihu (모두가 사랑하는) studies English.

이런 문장이 나올 것이다. 그런데 이 경우 '사랑하다'라는 동사의 목적어는 앞에 나온 Jihu다. 그러면 이때는

- who = 주격
- whose = 소유격
- whom = 목적격

다음 세 개 중 뭘 붙여야 할까? 정답은?

- Jihu whom everyone loves studies English.
  → 바로 이렇게 'whom 목적격'을 붙여야 한다.

즉, who를 쓰느냐 whom을 쓰느냐는 수식하고자 하는 단어의 문장 내 역할에 달린 것이 아니다. 수식을 어떻게 하고자 하는가에 달렸다. 해당 단어가 주체가 되어 '어찌하다, 어떠하다'라는 식으로 수식구를 만들 것인지, 해당 단어가 대상이 되어 다른 주체가 '그 대상을 어찌하다'라는 수식구를 만들 것인지를 기준으로 결정된다.

참고로 요즘은 목적격에 who를 쓰기도 한다. 특히 구어체에서 그러한데 whom을 구식으로 여기는 사람들이 많아진 탓이다. 그럴 일은 없겠지만 문법 시험에 who와 whom이 모두 보기에 나오고 목적격을 고르라고 하면whom을 골라야 한다. 물론 이런 문제가 나오지 않기를 바란다. 이 부분은 여러 번 읽어보기 바란다. 한국어에 없는 개념이라 이해가 어려울 것이다. 이제 다음 문장을 보자.

- 영어를 잘 하는 지후는 영어 선생님이다.

이 한국어 문장을 약간 어색하겠지만 이렇게 바꾸어 보자.

- 영어가 좋은 지후는 영어 선생님이다.

한국어로 이렇게 말하면 물론 비문에 가깝지만 대충 뜻은 이해할 것이라 본다. 영어 실력이 좋은 지후는 영어 선생님이라는 뜻이다. 자, 이제 퀴즈를 내겠다.

- 영어가 좋은 지후는 영어 선생님이다.
  → 여기에서 '영어'의 소유자는?

바로 '지후'다. 그러면 '지후는 영어 선생님이다'라는 문장을 먼저 쓰고

- Jihu is an English teacher.

여기에 '영어가 좋은'을 Jihu 뒤에 붙인다면

- who = 주격
- whose = 소유격
- whom = 목적격

이 중 무엇을 써야 할까? 정답은?...

- Jihu whose...

정답이다! 그래서 whose가 한국인에게 어렵다. 우리는 저렇게 말하지 않기 때문이다.

- Jihu whose English is good is an English teacher.

이 문장을 매우 직역하면 다음과 같다.

- Jihu = 지후가
- English = 영어가
- is = (아무튼) 그렇게 영어가 좋은 지후는 ~이다
- an English teacher = 영어 선생님
- whose = (그런데) 지후의
- is good = 좋다

이건 한국어에 없는 표현 구조다. 그러니 whose가 어려울 수 밖에!

자, 여기까지 이해가 되셨는가? 그렇다면...

- Jihu studies English.

여기서 Jihu 뒤에 수식하는 말을 어떤 식으로 짜느냐에 따라 원칙상 who / whose / whom 세 가지가 다 들어갈 수 있다.

- 1. Jihu who loves everyone studies English.
  모두를 사랑하는 지후가 영어를 공부한다.
- 2. Jihu whose English is good studies English.
  영어 실력이 좋은 지후가 영어를 공부한다.
- 3. Jihu whom everyone loves studies English.
  모두가 사랑하는 지후가 영어를 공부한다.

와... 뭔가 이해가 될 것 같다. 자, 이제 마지막

- Everyone loves Jihu. 모두가 지후를 사랑한다.

여기서 Jihu는 목적어로 쓰였다. 그러면 Jihu뒤에 Jihu를 설명하는 말을 붙이려면...

- who = 주격
- whose = 소유격
- whom = 목적격

이 중 무엇을 써야할까? 정답은?

- Everyone loves Jihu who…
- Everyone loves Jihu whose…
- Everyone loves Jihu whom…

속지 마라! 셋 다 가능하다. **판별 기준은 수식대상이 되는 Jihu의 문장 내 역할이 아니라 화자가 수식을 어떻게 하고자 하느냐에 달려있다.**

- Everyone loves Jihu who loves everyone.
  모두를 사랑하는 지후를 모두가 사랑한다.

- Everyone loves Jihu whose English is good.
  영어가 좋은 지후를 모두가 사랑한다.

- Everyone loves Jihu whom everyone loves.
  모두가 사랑하는 지후를 모두가 사랑한다.

좀 말이 안 되더라도 예문이니 문법 구조에 집중해서 보길 바란다. 본 내용은 상당히 속된 말로 애매모호 긴가민가할 것이다. 그러나 그것은 우리와 그들의 언어가 '달라서' 벌어지는 현상이지 우리가 '멍청해서' 벌어지는 현상이 아니라는 점 꼭 기억하시고 **그 어색함의 강을 건너라. 방법은 딱 하나다. 멈추지 않는 것이다.** 이제 whom의 정체를 알았으니 두 사람의 문제를 해결해보자. 가뜩이나 생긴 것도 부담스러운 whom이 저렇게 긴 문장 안에 들어 있으니 Miin은 머리가 아플 수밖에 없다!

문제의 이메일에 쓰인 문장을 자세히 살펴보자. "We need the information of the staff (저희는 그 직원들의 정보가 필요합니다)"까지는 문제가 없을 것이다. 그런데 그 뒤에 whom이 나오면서 신세계가 펼쳐진다. 이 whom이 무엇의 목적어인지 즉, whom을 목적어로 하는 동사를 찾아내는 것이 관건이다! 말이 이렇게 이어지는 것을 보라 "...we are supposed to contact(저희가 연락하기로 되어 있습니다)" 그러면 contact라는 동사의 '대상'이 있어야 할 것 아닌가? 그 '대상'을 '목적어'라고 한다. 그게 바로 앞에 나온 'the staff'이고 이를 대신한 단어가 바로 'whom'이다.

review TEST CHAPTER 관계사

※ 한국어 문장을 보고 보기 중 알맞은 관계사를 골라 빈칸에 써넣으시오.

01 내가 오늘 아침에 읽은 그 기사는 끔찍했다.

The article _____ I read this morning was terrible.

who / that / when / where

02 나는 매우 비쌌던 그 책을 샀다.

I bought the book _____ was very expensive.

who / that / when / where

03 그 책을 산 피터는 내 친구다.

Peter _____ bought the book is my friend.

who / which / when / where

04 피터가 산 그 책은 매우 재미있다.

The book _____ Peter bought is very interesting.

who / whom / that / where

05 나는 컴퓨터가 한 대 있는데, 그건 매우 낡았다.

I have a computer, _____ is very old.

that/which/whom/where

06 나는 낡은 컴퓨터를 한 대 가지고 있다.

I have a computer _____ is very old.

that / whom / when / where

07 나는 우리가 함께 공부했던 그 도서관을 기억한다.

I remember the library _____ we studied together.

that / which / when / where

08 너 우리 처음 만난 날 기억나니?

Do you remember the day _____ we first met?

that / which / when / where

09 책을 많이 읽는 지후는 내 친구다.

Jihu _____ reads a lot of books is my friend.

who / whose / whom / which

10 목소리가 좋은 지후는 가수다.

Jihu _____ voice is good is a singer.

who / whose / whom / which

11 많은 이들이 사랑하는 그 남자는 주지후다.

the man _____ many people love is Jihu Ju.

whose / whom / which / where

정답 및 해설

01
The article that I read this morning was terrible.

선행사 'the article' 뒤에 올 수 있는 관계사는 이 중 that 뿐이다. Who는 특별히 의인화할 때를 제외하면 거의 사람(때에 따라 동물) 뒤에 온다는 점에 주의!

02
I bought the book that was very expensive.

선행사 'the book' 뒤에 올 수 있는 관계사는 이 중 that 뿐이다. 앞서 1번 문제에서 that은 목적격으로 쓰였고, 지금 2번의 that은 주격으로 쓰였으나 형태 변화가 없다. 이런 that의 특징을 기억하라!

03
Peter who bought the book is my friend.

당연히 선행사 'Peter' 뒤에 올 수 있는 관계사는 이 중 who 밖에 없다. 만약 보기에 that이 있다면 그 또한 정답이 될 수 있지만 which는 그럴 수 없다는 점에 주의하라. that은 원조 관계대명사로 사람과 사물을 가리지 않으나 후대에 생긴 which는 사람과 사물을 가린다.

04
The book that Peter bought is very interesting.

선행사 'the book' 뒤에 올 수 있는 관계사는 이 중 that밖에 없다. Who를 쓰게 되면 the book을 의인화하는 것이다. 그런 맥락이 아니라면 굳이 쓸 필요 없다. 만약 보기에 which가 있다면 그 또한 정답이 될 수 있으나 현대 영어에서는 거의 콤마와 함께 계속적 용법에 쓰인다는 점도 주의!

05
I have a computer, which is very old.

선행사 'a computer' 뒤에 올 수 있는 관계사는 that과 which다. 이 중 콤마와 함께 쓸 수 있는 것은 바로 which! 이런 계속적 용법에는 that을 절대로 쓸 수 없음을 반드시 기억하라!

06
I have a computer that is very old.

선행사 'a computer' 뒤에 올 수 있는 관계사는 that뿐이다. 보기에 which가 있다면 이 또한 정답 가능성이 있으나 현대영어에서 which는 콤마와 함께 계속적 용법에 쓰는 경우가 대부분이다.

07
I remember the library where we studied together.

선행사 'the library' 뒤에 올 수 있는 말은 원칙상 that, which, where 전부다. 그러나 that과 which를 쓰게 되면 the library라는 명사의 특징을 설명해야 한다. 즉, the library가 주어나 목적어 또는 보어의 역할을 하며 그 뒤로 the library를 꾸미는 말이 나와야 한다. 여기서는 the library라는 장소에서 어떤 일이 있었는지를 덧붙이는 식으로 뒤에 'we studied together(우리가 함께 공부했다)'라는 문장이 나온다. 이런 경우 where을 there로 바꾸어 보면 매우 자연스럽다. 이것이 '관계부사'의 역할이다.

08
Do you remember the day when we first met?

선행사 'the day' 뒤에 올 수 있는 말은 원칙상 that, which, when 전부다. 그러나 that과 which를 쓰게 되면 the day라는 명사의 특징을 설명해야 한다. 즉, the day가 주어나 목적어 또는 보어의 역할을 하며 그 뒤로 the day를 꾸미는 말이 나와야 한다. 여기서는 the day라는 시점에 어떤 일이 있었는지를 덧붙이는 식으로 뒤에 'we first me(우리가 처음 만났다)'라는 문장이 나온다. 이런 경우 when을 then으로 바꾸어 보면 매우 자연스럽다. 이것이 '관계부사'의 역할이다.

09
Jihu who reads a lot of books is my friend.

선행사 'Jihu' 뒤에 올 수 있는 관계사는 원칙상 who,

whose, whom 전부다. 만약 보기에 that이 있다면 그 또한 정답이 될 수 있지만 which는 그럴 수 없다는 점에 주의하라. that은 원조 관계대명사로 사람과 사물을 가리지 않으나 후대에 생긴 which는 사람과 사물을 가린다. whose와 whom이 정답이 될 수 없는 이유는 뒤에 나오는 'reads'의 주체가 Jihu이기 때문이다. Jihu가 소유한 무언가가 나온다면 whose를 쓸 수 있고 Jihu가 뒤에 나오는 어떤 동사의 목적어라면 whom을 쓸 수 있다.

10

Jihu **whose** voice is good is a singer.

선행사 'Jihu' 뒤에 올 수 있는 관계사는 원칙상 who, whose, whom 전부다. who와 whom이 정답이 될 수 없는 이유는 뒤에 나오는 'voice'의 소유주가 Jihu이기 때문이다. Jihu가 주체가 된 행동이나 상태가 뒤에 나오면 who를 쓸 수 있고 Jihu가 뒤에 나오는 어떤 동사의 목적어라면 whom을 쓸 수 있다.

11

The man **whom** many people love is Jihu Ju.

선행사 'the man'이 뒤에 나오는 'love'의 목적어이므로 정답은 whom! 보기에 who가 있다면 그것도 정답이 될 수 있다. 현대영어에서는 who와 whom을 딱히 구분하지 않는 경우가 점점 많아지고 있기 때문이다. 그러나 이 책의 목적에 따라 필자는 보기에 who를 넣지 않았다.

참고문헌

❶ 김혜리, 《고대영어: 역사 문법 문헌' (한국문화사, 2011)》

Chapter 5
태

보 이 는 영 문 법

ENGLISH GRAMMAR

LESSON 1   자동사와 타동사
LESSON 2   능동태와 수동태
LESSON 3   배신자들

ENGLISH GRAMMAR

LESSON 1

자동사와 타동사

아무래도 Min과 John이 케미가 잘 맞는 것 같다. 일 끝나고 맥주나 한잔 하자는 John의 말에 "Sounds good! 좋지!"라고 답하는 Min. 그런데 그 이후 뭔가 서로 말이 엇나가는 것 같다. drink라는 단어를 놓고 설왕설래하는 두 사람. 왜 그럴까?

> John : Do you want to have some beer after work?
> Min : Sounds good!
> John : Hahaha! I think you once said "I don't drink."
> Min : I don't drink what?
> John : You don't drink…
> Min : Drink what?

세상 모든 집단에는 '지배력'을 행사하는 특정 요소가 있기 마련이다. 영어에서는 '동사'가 바로 그 위치에 있다. 절대 지배력을 행사하며 질서를 만든다. 즉, 영어라는 언어의 '원자' 또는 '유전자'가 바로 '동사'다.

여러분은 **'자동사'**와 **'타동사'**라는 용어를 들어본 적이 있을 것이다. 그리고 썩 유쾌하지 않은 감정과 함께 두 용어가 기억에 남아 있을 것이다. 그러나 내 기억이 불쾌, 또는 불편하다고 해서 기억된 내용이 틀리거나 나쁜 것은 아니다. 제대로 이해하지 못했던 경험에 얽매여 이 둘을 포용하지 못하면 안 된다.

필자는 지금부터 여러분께 **자동사**와 **타동사**를 처음부터 다시 소개하려 한다. 이번에는 유쾌한 기억이 될 것이라 확신하며!

먼저 이 라틴어 단어를 잘 봐두셨으면 좋겠다.

> **tránseo**
> 1. **자동사** 건너가다, 넘어가다
> 2. **자동사** (태도를) 바꾸다, 변하다
> 3. **타동사** 넘어가다, 건너다
> 4. **타동사** 지나가다, 앞질러가다, 능가하다
>
> [출처 : 가톨릭대학교 출판부 라틴-한글 사전]

transeo는 '건너가다, 넘어가다'라는 뜻을 가지고 있다. 여기에서 파생한 영어 단어가 굉장히 많은데, 전체 그림 이해에 도움이 될 것이라 판단하여 여러분께 소개한다. 잘 보시라.

- translate 번역하다
- transform 변환하다
- transplant 이식하다
- transfer 이전하다
- transmit 전달하다
- transport 운송하다

이 단어들을 관통하는 핵심 개념은 '이동'이다. 'translate 번역하다'란 한 언어를 다른 언어로 옮기는 것을 뜻한다. 'transform 변환하다'란 원래 형태를 다른 형태로 바꾸는 것을 뜻한다. 여기서 1차 결론을 내리겠다. '**trans**'라는 말이 들어가면

- A에서 → B로

이동하는 그림이 담긴다. 이해가 되셨는가? 그러면 다음 단어가 무슨 뜻일지 추론해 보시라.

- transitive

'**transit**'은 '**이동, 수송, 통과**'라는 뜻을 갖는 명사다. 여기에 '**-ive**'를 붙여 **형용사**로 만든 단어가 **transitive**다. 그러면 대략 뜻이 어떻게 되겠는가? 아마도…

- '이동하는, 수송하는, 여기서 저기로 건너가는'

이런 말이 될 것이다. 이제 다음 영어 문장을 잘 보시라.

- I killed a mosquito.

이 문장을 화살표와 함께 나타내면 다음과 같다.

- I killed → a mosquito.

여기에 우리말을 덧붙이면…

- I 나는 killed 죽였다 → a mosquito 모기를

대략 이런 결과가 나온다. 여기서 화살표는 무엇을 의미하는가? 바로 '에너지 이동'을 나타낸다.

- I 내가 killed 죽였다.

그 행위의 에너지는

→ a mosquito 모기로 이동했다.
(그래서 결과적으로 모기의 상태에 변화를 초래했다)

영문법에서 **transitive**라는 말은 누구, 또는 무언가의 에너지가 어떤 행위를 통해 다른 대상에게 **이동하는 성질**이 있다는 것을 뜻한다. 다음 문장들을 잘 보라.

- I drink water. 나는 물을 마신다.
- He writes a letter. 그는 편지를 쓴다.
- They clean the house. 그들은 집을 청소한다.

이 세 문장에 나온 동사 'drink, write, clean'은 모두 **transitive**하다.
I drink water = 'drink 마시다'라는 행위를 통해 에너지가 대상에게 이동한다. 내가 에너지를 투입하여 적극 입술과 혀, 그리고 식도를 움직이지 않으면 'water 물'을 마실 수 없다. **즉, 나의 에너지를 'water 물'에게 전달해야 한다. 결국 water에 영향을 미치고 변화를 초래한다.**
He writes a letter = 'write 쓰다'라는 행위를 통해 에너지가 대상에게 이동한다. 그가 에너지를 투입하여 적극 어깨와 팔, 그리고 손목과 손가락을 움직이지 않으면 'a letter(편지)'를 쓸 수 없다. **즉, 그의 에너지를 'a letter 편지'에게 전달해야 한다. 결국 a letter에 영향을 미치고 변화를 초래한다.**
They clean the house = 'clean 청소하다'라는 행위를 통해 에너지가 대상에게 이동한다. 그들이 에너지를 투입하여 적극 허리와 다리, 그리고 팔과 손을 움직이지 않으면 'the house 집'을 청소할 수 없다. **즉, 그들의 에너지를 'the house 집'에게 전달해야 한다. 결국 the house에 영향을 미치고 변화를 초래한다.**

이제 공통점이 보이는가? 즉, **transitive**한 동사들은

- I(주체) **killed**(행위) → a mosquito
- I(주체) **drink**(행위) → water
- He(주체) **writes**(행위) → a letter
- They(주체) **clean**(행위) → the house

이렇게 어떤, 한 '주체'의 '행위'를 통해

- I(나: 주체) **killed**(죽였다: 행위) → **a mosquito**(모기: 대상)
- I(나: 주체) **drink**(마신다: 행위) → **water**(물: 대상)
- He(그: 주체) **writes**(쓴다: 행위) → **a letter**(편지: 대상)
- They(그들: 주체) **clean**(청소한다: 행위) → **the house**(집: 대상)

또 다른 어떤, 한 '대상'에게 에너지가 전달되어 대상을 변화시키고 특정한 '결과'를 낳음을 뜻할 때가 많다.

그래서 이런 동사들을 **transitive verb**라고 부르는데, 이를 한자어로 번역하면 '이동성 동사, 전달성 동사'가 될 것이다. 그러나 실제 번역은 이렇게 되지 않았다. **transitive verb**의 특성 중

- I (주체) killed (행위) → a mosquito (행위의 주체와 '**다른**' 대상)
- I (주체) drink (행위) → water (행위의 주체와 '**다른**' 대상)
- He (주체) writes (행위) → a letter (행위의 주체와 '**다른**' 대상)
- They (주체) clean (행위) → the house (행위의 주체와 '**다른**' 대상)

행위의 주체와는 '**다른**' 대상에게 에너지가 전달되어 변화를 초래한다는 점에 주목하여 '**다를 타(他)**'를 써서 다음과 같이 번역했다.

- 타동사(他動詞)

'타동사'를 사전에서 찾으면 다음과 같은 정의가 나온다.

> **他動詞** 타동사
>
> 他 다를 타 動 움직일 동 詞 말 사
>
> 1. 타동의 뜻을 나타내는 동사(動詞). 곧, 동작(動作)의 작용(作用)이 주어(主語)에만 그치지 않고 다른 사물(事物)에 영향(影響)을 미치도록 하거나, 동작(動作)의 대상(對象)이 되는 목적어(目的語)가 있어야 비로소 움직임을 나타낼 수 있는 말. 먹다·읽다·잡다 등(等). 남움직씨. 월과(越過) 동사(動詞).
>
> [출처 : ㈜오픈마인드인포테인먼트]

아…! 무릎을 탁 치신 분들이 많이 있을 것 같다. 그러면 '**자동사**'는?

> **自動詞** 자동사
>
> 自 스스로 자 動 움직일 동 詞 말 사
>
> 1. 동작(動作), 작용(作用)이 주어(主語) 자신(自身)에만 그치고 다른 사물(事物)에는 미치지 않는 동사(動詞). 「가다, 오다, 되다」 따위.
>
> [출처 : ㈜오픈마인드인포테인먼트]

어떤가? 정말 말.끔.하.게. 이해되지 않는가? 그래서 '**자동사**'를 영어로 '**intransitive verb**'라고 한다. 여기서 앞에 붙는 '**in-**'은 '**not**'을 뜻한다. '**전달성 없는, 이동성 없는 동사**'라 생각하시면 더 이해하기 쉬울 것이다. 결국 대상에 변화를 초래하지 않는 동사라는 말과 같다.

다음 문장들을 보라.

- I walk. 나는 걷는다.
- He breathes. 그는 숨쉰다.
- They laugh. 그들은 웃는다.

생각해보면 'walk 걷다'라는 행위는 어떤 대상에게 하는 게 아니다. **즉, 걷는 주체의 에너지, 또는 영향이 다른 대상을 향해 이동하여 대상을 변화시키거나 특정 결과를 초래하지 않는다. 그래서 'intransitive verb 자동사'다.**

'breathe 숨쉬다'라는 행위는 어떤 대상에게 하는 게 아니다. **즉, 숨쉬는 주체의 에너지, 또는 영향이 다른 대상을 향해 이동하여 대상을 변화시키거나 특정 결과를 초래하지 않는다. 그래서 'intransitive verb 자동사'다.**

'laugh 웃다'라는 행위는 어떤 대상에게 하는 게 아니다. (물론 누구를 비웃는다면 다르겠지만) **즉, 웃는 주체의 에너지, 또는 영향이 다른 대상을 향해 이동하여 대상을 변화시키거나 특정 결과를 초래하지 않는다. 그**

래서 'intransitive verb 자동사'다.
이게 여러분이 알아야 할 전부다. 자동사와 타동사의 명확한 차이를 알고 나면 나머지는 알아서 해결된다.

아! 본문 내용에 따르면 drink는 분명히 타동사…? 그렇지, 타동사가 맞는데…? 혹시 여기 무슨 문제가 있는 걸까? 자, 두 사람의 대화를 다시 읽어보도록 하자.

아…! 문제는 바로 'drink'라는 동사의 속성에 있었다. 일반적으로는 drink가 '~를 마시다'라는 뜻을 나타내는 타동사지만, '술을 마시다'라는 뜻을 표현할 때는 특별히 drink 뒤에 목적어를 쓰지 않는다. 아니 그러면 이런 경우는 '자동사'로 쓰인건가? 결론부터 말씀드리면 '자동사처럼' 쓰인 것이다. drink 뒤에 꼭 '술!'이라고 하지 않아도 서로 알아듣기 때문에 원어민들이 그냥 이렇게 쓰기 시작한 게 습관으로 굳었다. 앞으로 전개될 내용에 여기에 대한 설명이 있으니 기대하시기 바란다!

LESSON 2 능동태와 수동태

프로젝트 마감 기한이 다가온다. 다행히 Min이 일을 거의 다 끝낸 것 같다. "I wish you could finish it in time(네가 그걸 제때 끝낼 수 있기를 바란다)"라며 한 번 더 쪼는(?) John. 이에 Min이 "…I will finish"라고 답한다. 그러자 이를 "…You will finish it, and it will be finished 네가 그걸 끝낼 거야, 그리고 그건 끝나겠지"라고 받는 John. 무슨 일일까?

John : Are you working on the project?

Min : Yes, it is almost done.

John : I wish you could finish it in time.

Min : Don't worry, I will finish.

John : Yes, you will finish it, and it will be finished.

Min : I will… finish…?

'태'는 영어로 'voice'라고 한다. 조금 생뚱맞지 않은가? 능동태는 'active voice'라 하고 수동태는 'passive voice'라 한다. 언뜻 보면 '능동적 목소리'와 '수동적 목소리'같다. 이런 게 공부하는 사람 발목을 잡는 용어들이다. Voice는 'vox'라는 라틴어에서 유래했다. Vox는 '목소리, 음, 말'등을 뜻하기도 하지만 시(詩)에서 '문체'를 뜻하기도 한다. 그래서 이를 '태態'라는 한자로 번역하지 않았나 생각한다. '태態'가 '모습, 모양'을 뜻하지 않는가?

즉, **active voice**는 '**능동적 표현 형태**' 그리고 **passive voice**는 '**수동적 표현 형태**'라 할 수 있다. 그리고 이를 줄여 '**능동태**'와 '**수동태**'라 이름 지었을 것이라 추측한다.

우리가 능동태와 수동태를 다루기 전 자동사와 타동사를 먼저 공부한 이유가 있다. '**태'를 결정하는 것은 동사의 성격이다.** 자, 다음을 보자.

- I (주체) killed (행위) → a mosquito (행위의 주체와 '**다른**' 대상)
- I (주체) drink (행위) → water (행위의 주체와 '**다른**' 대상)
- He (주체) writes (행위) → a letter (행위의 주체와 '**다른**' 대상)
- They (주체) clean (행위) → the house (행위의 주체와 '**다른**' 대상)

주체가 다른 대상에게 어떤 행위를 하여 그 작용이 대상에 미치는 경우를 '능동태'라고 한다. '주체'가 능동적으로 대상에 직접 행위를 하기 때문이다. '수동태'는 여기서 관점만 한번 바꾸면 된다.

- A mosquito (행위의 주체와 '**다른**' 대상) ← I (주체) killed (행위)
- water (행위의 주체와 '**다른**' 대상) ← I (주체) drink (행위)
- A letter (행위의 주체와 '**다른**' 대상) ← He (주체) writes (행위)
- The house (행위의 주체와 '**다른**' 대상) ← They (주체) clean (행위)

그 '대상' 입장에서 보는 것이다. 그러면 어떤 주체의 행위에 의한 영향을 수동적으로 받는 게 된다. 이게 '**수동태**'다. 자, 그러면 이런 결론이 나온다. **애초에 '타동사'가 문장에 쓰여야 이를 '수동태'로 변환할 수 있다.** 정말 이게 다다. 능동태와 수동태는 이 '개념'이 정말 중요하다.

이제부터 필자와 함께 능동태를 수동태로 바꾸어 보는 연습을 할 텐데, 왜 우리가 '분사'를 먼저 공부했는지 깨닫게 될 것이다. 분사를 이해하지 못하면 절대 수동태를 이해할 수 없다.

자, 다음 영어 문장들을 천천히 읽어보시라.

- I kill mosquitos.
- You learn English.
- He buys doughnuts.
- She writes books.
- We use computers.
- They like apples.

뜻을 이해하는 데 큰 어려움은 없을 것이다. 이들은 어느 쪽인가? 능동태인가? 수동태인가? 당연히 능동태다. 한국어 번역문과 함께 보자.

- I kill mosquitos. 나는 모기들을 죽인다.
- You learn English. 너는 영어를 배운다.
- He buys doughnuts. 그는 도너츠를 산다.
- She writes books. 그녀는 책을 쓴다.
- We use computers. 우리는 컴퓨터를 쓴다.
- They like apples. 그들은 사과를 좋아한다.

여러분이 생각했던 뜻과 같은가? 그렇다면 다행이다. 이제 이 문장들을 다음과 같이 분석해보자.

- I (주체) kill (행위) → mosquitos (대상)
  나는 (주체) 죽인다 (행위) → 모기들을 (대상)
- You (주체) learn (행위) → English (대상)
  너는 (주체) 배운다 (행위) → 영어를 (대상)
- He (주체) buys (행위) → doughnuts (대상)
  그는 (주체) 산다 (행위) → 도너츠를 (대상)
- She (주체) writes (행위) → books (대상)
  그녀는 (주체) 쓴다 (행위) → 책을 (대상)
- We (주체) use (행위) → computers (대상)
  우리는 (주체) 쓴다 (행위) → 컴퓨터를 (대상)
- They (주체) like (행위) → apples (대상)
  그들은 (주체) 좋아한다 (행위) → 사과를 (대상)

참고로 'doughnuts, books, computers, apples'는 모두 복수형이나 한국어 번역문에는 굳이 '-들'이라는 말을 넣지 않았다. 한국어로는 오히려 '-들'을 넣으면 조금 어색해서 필자가 임의로 뺀 것이니 너무 신경 쓰지 마시라. 그리고 마지막 문장에 대해 설명을 덧붙이면…

- They (주체) **like (행위)** → apples (대상)
  그들은 (주체) **좋아한다 (행위)** → 사과를 (대상)

과연 '좋아하다'라는 말을 '행위'라 부르는 게 적절한지 잘 모르겠다. 그러나 별다른 대체어를 찾지 못하여 그대로 두었다. 어쨌든 '좋아하다'라는 말은 주체가 좋아하는 감정을 갖는 대상이 필요하므로 타동사이고, 이를 문장 속에서 능동태로 쓸 수 있다는 점이 중요하다.

이제 이 모든 능동태 문장들을 '대상'입장에서 보도록 하자.

- Mosquitos (대상)   ← I (주체) kill (행위)
  모기들 (대상)   ← 나 (주체) 죽인다 (행위)
- English (대상)   ← You (주체) learn (행위)
  영어 (대상)   ← 너 (주체) 배운다 (행위)
- Doughnuts (대상)   ← He (주체) buys (행위)
  도너츠 (대상)   ← 그 (주체) 산다 (행위)
- Books (대상)   ← She (주체) writes (행위)
  책 (대상)   ← 그녀 (주체) 쓴다 (행위)
- Computers (대상)   ← We (주체) use (행위)
  컴퓨터 (대상)   ← 우리 (주체) 쓴다 (행위)
- Apples (대상)   ← They (주체) like (행위)
  사과 (대상)   ← 그들 (주체) 좋아한다 (행위)

이해가 되었는가? **영어는 '방향'에 의존한다.**

- 주체 + 동사 → 대상

단어가 이렇게 배열 되어 있으면 능동태고

- 대상 ← 동사 + 주체

이렇게 배열 되어 있으면 수동태다. **즉, 단어의 '위치'에 따라 문장 내 논리 구조가 결정 나는 것이다.** (그래서 영어를 '위치어'라고도 한다.) 그럼 실제 영어 문장을 가지고 능동태와 수동태를 연습해보자.

- I (주체) kill (행위)   → mosquitos (대상)
  나 (주체) 죽인다 (행위) → 모기들 (대상)

이것은 전형적인 능동태 문장이다. 만약 이를 수동태로 바꾸고 싶다면…

- Mosquitos (대상)　　← kill (행위) I (주체)
  모기들 (대상)　　　← 죽인다 (행위) 나 (주체)

반드시 단어를 이 순서로 배열해야 한다. 문제는 지금부터다.

- Mosquitos (대상)　　← **kill (행위)** I (주체)
  모기들 (대상)　　　← **죽인다 (행위)** 나 (주체)

'행위'에 해당하는 단어를 그냥 이렇게 놔두면 안 된다. 이렇게 되면 '대상'이 그 행위를 한다는 말로 오해 당할 소지가 있다. (모기가 나를 죽인다니!) 그래서 이 '행위'를 다른 뜻과 형태로 바꾸어야 하는데…

- Mosquitos (대상)　　← **killed (상태)** I (주체)
  모기들 (대상)　　　← **죽임을 당한 (행위)** 나 (주체)

그 행위가 대상 입장에서 완료되었다는 논리를 적용하면 된다. 결국 '주체'의 '행위'에 의해 '대상'이 어떤 변화를 겪는 것이니까. 그 변화가 이루어진 상태를 묘사하는 단어를 행위 대신에 집어 넣으면 성공이다.

- Mosquitos (대상) ??　**killed (상태)** I (주체)
  모기들 (대상) ??　　**죽임을 당한 (상태)** 나 (주체)

그런데 이렇게만 쓰면 이 문장에는 '동사'가 없는 게 된다. 한국어로 치면 '~이다/~하다'라고 끝나는 그 어떤 단어가 없는 것이다.

바로 이럴 때!

- Mosquitos (대상) **+ be동사 +** killed (상태) I (주체)
  모기들은 (대상) **+ 이다 +** 죽임을 당한 (상태) 나 (주체)

be동사가 등장한다. be동사는 '~이다, 있다'정도로 해석할 수 있는 개념을 모두 포괄하는 단어다. be동사 뒤에 어떤 '상태'가 나오면 '그 상태이다' 또는 '그런 상태로 있다'가 된다.

- Mosquitos (대상) **+ are + killed (상태)** I (주체)
  모기들은 (대상) **+ 이다 + 죽임을 당한 (상태)** 나 (주체)

슬슬 감이 잡히는가? 이제 마지막에 있는 '주체'만 알맞게 표현하면 된다.

- Mosquitos (대상) **+ are + killed (상태)** by me (주체)
  모기들은 (대상) **+ 이다 + 죽임을 당한 (상태)** 나 (주체)

이제 '주체'에 '의해' 어떤 행위가 이루어져 무엇이 어떤 '상태'가 되었기 때문에 '~에 의해'를 뜻하는 by를 '주체' 앞에 붙여 쓰면 된다.
자, 완성했다!

- Mosquitos **are killed** by me. 모기들은 나에 의해 **죽임을 당한다**.

한국어는 '죽임을 당한다'와 '죽임을 당한 상태다'라는 말이 확실히 나뉘어 있지만, 영어는 가끔 그걸 문맥으로 구분하기도 한다. 나머지 문장들도 해보자.

- English **is learned** by you. 영어는 너에 의해 **배워진다**.
- Doughnuts **are bought** by him. 도너츠가 그에 의해 **사진다**.
- Books **are written** by her. 책들이 그녀에 의해 **써진다**.
- Computers **are used** by us. 컴퓨터들이 우리에 의해 **사용된다**.
- Apples **are liked** by them. 사과들이 그들에 의해 **좋아해진다**.

물론 한국어 번역문이 괴상하다. 그러나 **우리말 사랑은 잠시 미루어 두고, 영어의 언어논리를 이해하는 데 초점을 맞춰보자.** 직역을 해서 괴상한 말이 나온다는 것은 그런 표현 방식을 우리가 쓰지 않음을 나타낼 뿐, **그게 원래 괴상하고 열등하다는 뜻이 아니다.** 영어라는 언어는 분명 저 방식대로 움직이고 있다.

아! 이제 보니 Min이 뭘 빼먹고 얘기한 것 같다. 둘의 대화를 다시 보자.
finish는 고약하게도 '끝내다'라는 뜻의 타동사, '끝나다'라는 뜻의 자동사로 모두 쓰인다. 그러니 Min이 그냥 "I will finish"라고 하면 '내가 ~를 끝낼 것이다'가 아니라 '나는 끝날 것이다'라는 말로 들릴 수 밖에! 이에 John이 능, 수동태 문장을 모두 제시하며 Min의 말을 고쳐준다. 이 문장을 통째로 하나 기억하자 "You will finish it, and it will be finished."

LESSON 3 배신자들

> John과 Hun이 8시에 시작하는 영화를 예매한 모양이다. "...the movie starts at 8"이라고 말하는 John에게 "It will be started at 8"이라 답하는 hun. 그런데 이 말을 들은 John의 대사가 의미심장하다. "I just said so 내 말이 그거잖아"라니…?!

> John : What time does the movie start?
> Hun : The theater will start it at 8.
> John : So, the movie starts at 8.
> Hun : It will be started at 8.
> John : I just said so.
> Hun : What…?

왜 세상엔 '배신자들'이 있을까? 다양한 이유가 있겠지만, **애초에 '너무 믿었기' 때문에 결과적으로 배신자가 생기는 게 아닐까 싶다.**
뭔 이상한 소리냐고 하시겠지만, 영어에도 배신자들이 있다. 우리가 철썩 같이 '타동사'라고 믿었던 녀석이 갑자기 '자동사'로 쓰이기도 하고 그 역도 자주 보게 된다. 자, 다음 문장을 보자.

- He lives. 그는 산다.

'live 살다'라는 동사는 어떤 대상에게 영향을 미쳐 변화를 초래하지 않는다. 그저 '주체'가 '삶을 살면'되는 것이다. 응? 잠시 필자가 했던 말을 다시 보자.

- 삶을 살다.

이게 배신자다. 가만히 생각해보라. 우리도 그냥 '나 이러고 산다'라고 할 때가 있지만 '걔는 되게 힘든 삶을 산다'라고 할 때도 있지 않은가? 애초에 'live 살다'가 절.대.무.조.건. 자동사로만 쓰인다고 믿지 않았다면 얘가 타동사로 쓰였을 때 배신감을 느낄 이유가 없다. 언어 공부에는 **관용**이 필요하다.

- I want to live a happy life. 나는 행복한 삶을 살고 싶다.

이런 문장을 보고 '아니 어떻게 live는 자동사인데 그 뒤에 목적어가 나오냐'라며 분노해서는 안 된다. 언어는 수학이 아니다. 방정식에 숫자를 대입하면 값이 나오는 게 아니라, 인간이 살아온 흔적이 언어에 담기는 것이라 아예 성격이 다르다. 우리가 '절대 타동사'나 '절대 자동사'라고 믿는 것들은 99% 그런 식으로 쓰일 뿐 1%의 예외도 없는 건 아니다.

- I run a small business. 나는 작은 사업체 하나를 운영하고 있다.

여기서 'run'은 '운영하다'라는 뜻에 가깝다. 이럴 때는 당연히 그 행위의 영향을 받는 대상 즉, '목적어'가 있어야 한다. '아니야! run은 달리다야! 절대 자동사야!'라고 믿는 사람에게는 그 어떤 축복도 없으리라.
자, 대략 필자의 말에 수긍하셨다면 다음을 보라.

- begin - 시작되다/시작하다
- change - 변하다/변경하다
- cook - 요리되다/요리하다
- open - 열리다/열다
- melt - 녹다/녹이다
- break - 깨지다/깨다
- close - 닫히다/닫다
- dry - 마르다/말리다
- improve - 향상되다/향상시키다
- move - 움직이다/움직이게 하다

이 단어들은 대표적으로 '자/타'로 모두 사용 가능한 동사들이다. 예문을 보도록 하자.

- She **began** the project last month. 그녀는 지난달에 프로젝트를 **시작했다**.
  → **begin**이 **타동사**로 쓰임
- The project **began** last month. 프로젝트가 지난달에 **시작되었다**.
  → **begin**이 **자동사**로 쓰임
- He **broke** the glass. 그는 유리잔을 **깼다**.
  → **break**가 **타동사**로 쓰임
- The glass **broke**. 유리잔이 **깨졌다**.
  → **break**가 **자동사**로 쓰임
- She **changed** the schedule. 그녀는 일정을 **변경했다**.
  → **change**가 **타동사**로 쓰임

- The schedule **changed**. 일정이 **변경되었다**.
  → **change**가 자동사로 쓰임
- He **closed** the door. 그는 문을 **닫았다**.
  → **close**가 타동사로 쓰임
- The door **closed**. 문이 **닫혔다**.
  → **close**가 자동사로 쓰임
- She **cooked** the meal. 그녀는 식사를 **요리했다**.
  → **cook**이 타동사로 쓰임
- The meal **cooked** for an hour. 식사가 한 시간 동안 **요리되었다**.
  → **cook**이 자동사로 쓰임
- He **dried** the clothes. 그는 옷을 **말렸다**.
  → **dry**가 타동사로 쓰임
- The clothes **dried** quickly. 옷이 빨리 **말랐다**.
  → **dry**가 자동사로 쓰임
- She **opened** the window. 그녀는 창문을 **열었다**.
  → **open**이 타동사로 쓰임
- The window **opened** with a creak. 창문이 삐걱거리며 **열렸다**.
  → **open**이 자동사로 쓰임
- He **improved** the design. 그는 디자인을 **향상시켰다**.
  → **improve**가 타동사로 쓰임
- The design **improved** significantly. 디자인이 상당히 **향상되었다**.
  → **improve**가 자동사로 쓰임
- She **melted** the butter. 그녀는 버터를 **녹였다**.
  → **melt**가 타동사로 쓰임
- The butter **melted** in the pan. 버터가 팬에서 **녹았다**.
  → **melt**가 자동사로 쓰임
- He **moved** the chair. 그는 의자를 **움직였다**.
  → **move**가 타동사로 쓰임
- The chair **moved** slightly. 의자가 조금 **움직였다**.
  → **move**가 자동사로 쓰임

이해가 되셨는가? 동사의 모양은 조금도 변하지 않지만 분명 타동사로도 자동사로도 쓰임을 알 수 있다. 이렇게 비교적 자주 쓰이는 동사들은 자주 접하다 보면 '뭐 그래 살다 보면 그럴 수도 있지' 하며 익숙해지게 된다. 반면, 조금 난이도가 높거나 학술적인 동사들은 '뭐 이런 일이!'라며 분노할 일이 생기곤 한다. 그럴 땐 반드시 사전을 찾아라. 엉뚱한 데 화를 내지 말고 사전에서 **'verb transitive 타동사'** 인지 **'verb intransitive 자동사'**인지 확인하라. 이를 줄여 **'vt 타동사/vi 자동사'**로 표기하는 경우도 많으니 참고하기 바란다.

아, 여러분이 '역시 영어는 부조리해! 불합리해!'라며 억울해 하실까 봐 선물을 준비했다. 한국어는 그러면 과연 얼마나 합리적인지 보시기 바란다.

- 아기를 울리다 / 종이 울리다
- 책상을 움직이다 / 마음이 움직이다

이걸 보고 '응? 그게 왜?'라는 생각이 든다면 귀하께서는 전형적인 '모국어 화자의 오류'에 빠져 있는 것이다. 외국인 입장에서 생각해보라.

- 아기를 울리다 → '아기'가 목적어임. 따라서 '울리다'는 타동사로 쓰였음
- 종이 울리다 → '종'이 주어임. 따라서 '울리다'는 자동사로 쓰였음
- 책상을 움직이다 → '책상'이 목적어임. 따라서 '움직이다'는 타동사로 쓰였음
- 마음이 움직이다 → '마음'이 주어임. 따라서 '움직이다'는 자동사로 쓰였음

자, 이걸 그냥 '외워야'하는 외국인들의 심정은 어떻겠는가? 너무 억울해 하지 마시라. 원래 **외국어를 배운다는 건 '어색함의 강'을 건너는 과정과 같다. 멈추지만 않으면 된다.**

이제 오해가 풀렸다! 그리고 John이 왜 '내 말이 그 말!'이라고 했는지도 이해된다. 자, 두 사람의 대화를 다시 읽어보자.

begin이 '자/타'로 모두 사용되는 동사인데 start라고 뭐 딱히 예외겠는가? 뜻이 비슷하면 성격도 비슷한 법. start역시 '시작하다'와 '시작되다'라는 뜻으로 모두 쓰일 수 있는 '배신자'에 속한다. 그래서 'The movie starts at 8'이라는 문장에서는 start가 '시작되다'라는 뜻의 자동사로 쓰였고, 'The theater will start the movie at 8'이라는 문장에서는 start가 '시작하다'라는 뜻의 타동사로 쓰였다. 타동사로 쓰였다는 것은 곧 수동태 표현도 가능하다는 말이 된다. 그래서 'The movie will be started at 8 by the theater'이라고 바꿀 수 있다는 점! 모두 기억해두자.

review TEST

CHAPTER 5 태

※ 주어진 단어들을 올바른 순서로 배열하시오.

01 그 동물들은 그 사냥꾼에게 죽임을 당했다.

by / the animals / killed / the hunter / were

→ _____

02 이 건물은 너에 의해 지어졌다.

Built / you / this building / was / by

→ _____

03 편지가 그에 의해 쓰여진 상태다.

Is / him / written / a letter / by

→ _____

04 집이 그들에 의해 청소된 상태다.

Cleaned / the house / them / is / by

→ _____

05 그들이 웃고 있다.

Laughing / they / are

→ _____

※ 주어진 보기 중 빈칸에 알맞은 것을 고르시오.

06 도너츠가 그에 의해 구매되었다.

Doughnuts were _____ by him.

bought / buy / buying

07 컴퓨터가 그들에 의해 사용된다.

Computers are _____ by them.

use / used / using

08 그는 의자를 움직였다.

He _____ the chair.

moves / moved / is moved

09 그 의자가 움직였다.

The chair _____.

moves / is moving / moved

10 그가 유리잔을 깼다

He _____ the glass.

breaks / broke / is broken

정답 및 해설

CHAPTER 5

01
The animals were killed by the hunter.

'죽임을 당했다'라는 말이 조금 애매하긴 하다. 한국어로는 이렇게 말하면 '현재 죽임을 당한 상태다'도 되고 '과거에 죽임을 당했다'는 말이 되기도 한다. 그러나 필자가 제시한 단어에 were밖에 없었으므로 올바른 순서로 쓰는 데 문제는 없었을 것이라 생각한다. '죽임을 당한'이라는 수동, 완료분사 killed를 be동사 were로 the animals와 연결하여 'the animals were killed'를 먼저 쓰고 뒤에 by와 행위자 the hunter을 쓰면 성공!

02
This building was built by you.

'지어졌다'라는 말은 '현재 지어진 상태다'라는 뜻도 되고 '과거에 지어졌다'는 뜻이 되기도 한다. 그러나 필자가 제시한 단어에 was밖에 없었으므로 올바른 순서로 쓰는 데 문제는 없었을 것이라 생각한다. '지어진'이라는 수동, 완료분사 built를 be동사 was로 this building과 연결하여 'this building was built'를 먼저 쓰고 뒤에 by와 행위자 you를 쓰면 성공!

03
A letter is written by him.

'쓰다'라는 뜻을 나타내는 동사 원형은 write이다. 주어가 3인칭 단수인 경우를 제외하면 현재형도 write이고 과거형은 주어에 상관없이 늘 wrote이다. Written은 이 동사의 '수동, 완료'분사 즉, 과거분사다. 이를 be동사 is로 a letter과 연결하여 'A letter is written'을 먼저 쓰고 뒤에 by와 행위자 him을 쓰면 성공!

04
The house is cleaned by them

'청소된'이라는 뜻을 가진 수동, 완료분사 cleaned를 be동사 is로 the house와 연결하여 'the house is cleaned'를 먼저 쓴다. 그리고 뒤에 by와 행위자 them을 쓰면 성공!

05
They are laughing.

'웃다'를 뜻하는 동사는 laugh이다. 과거형은 laughed이고 '수동, 완료'분사 즉, 과거분사는 laughed로 과거형과 형태가 같다. '능동, 진행'분사 즉, 현재분사는 laughing이다. 이를 be동사 are로 they와 연결하여 'they are laughing'이라고 쓰면 '그들은 웃고 있는 상태다'라는 말을 할 수 있다. 그리고 이게 바로 '현재진행형'의 원리다.

06
Doughnuts were bought by him.

도넛츠 입장에서 구매 당한 것이므로 보기에서 수동, 완료 분사를 찾으면 된다. 정답은 **bought**. 문장의 동사가 'were'인 것으로 보아 과거에 그에 의해 구매되었다는 말이다.

07
Computers are used by them.

컴퓨터 입장에서 '사용 당하는' 것이므로 보기에서 수동, 완료 분사를 골라야 한다. 정답은 **used**.

08
He moved the chair.

'그'라는 주체가 의자를 '움직였다'는 말이다. 즉, 주체의 능동적 행위를 묘사하고 있다. Moves와 moved중 과거형인 **moved**를 고르면 된다.

09
The chair moved.

Move는 '자/타동사'로 모두 쓰일 수 있는 대표적인 동사다. 'The chair 그 의자'라는 주체가 '움직였다'라는 표현만 하면 된다. Moves와 moved중 과거형인 **moved**가 정답!

10
He broke the glass.

'he 그'라는 주체가 유리잔을 깨는 행위를 했다는 뜻이다. 정답은 break의 과거형인 **broke**!

Chapter 6
완료

보 이 는 영 문 법  ENGLISH GRAMMAR

LESSON 1	충격적인 현재완료의 기원
LESSON 2	도둑 맞았다!
LESSON 3	'경.계.결.완.'
LESSON 4	더 충격적인 과거완료의 원리
LESSON 5	네가 내게 전화했을 때
LESSON 6	been 얘는 대체 무슨 뜻인가
LESSON 7	화룡점정 – 킹 메이커 ing

LESSON 1 충격적인 현재완료의 기원

hun이 지속적으로 John 의 말을 이해하지 못하고 있다. 무엇이 문제일까?

Min : When do you think you can finish the report?

John : Ah… I haven't thought about that.

Min : What?

John : I am just doing my best.

Min : You're running out of time.

John : I have done this before. Don't worry.

Min : You have done? What?

- I have finished the homework.

이 문장은 무슨 뜻일까? 아마 문법 공부를 많이 한 사람이라면 '현재완료' 라는 용어를 떠올림과 동시에 '나는 숙제를 끝냈다' 또는 '나는 숙제를 끝내왔다' 라고 해석할 것이다. 지금부터 여기에 대해 조금 진지한 얘기를 하겠다.

고대영어 (약 A.D. 500~1100) 시기에는

- I have the homework finished.

이렇게 수동, 완료분사(과거분사)가 늘 문장 끝에 왔다. 영어와 가장 가까운 언어 중 하나인 독일어는 오늘날도 이 어순을 지키고 있다. 현대 독일어로

- I have finished the homework 는
  Ich habe die Hauaufgaben fertig 정도 된다.

여기서 **finished**와 **fertig**가 **수동, 완료분사** 즉, 우리가 **과거분사**라 알고 있는 것이다. 보다시피 두 단어의 문장 내 위치가 다르다.

- I have [finished] the homework.
  Ich habe die Hauaufgaben [fertig].

옛 영어는 현대 독일어와 어순이 같았는데 역사의 어느 시점에서 수동, 완료 분사가 앞으로 이동했다. 옛 영어 어순으로 오늘날의 현재완료 문장을 쓰고 이를 직역해보자.

- I / have / the homework / finished
  나는 / 가지고 있다 / 숙제를 / 끝낸 상태로

'완료'라는 개념은 원래 '**어떤 대상을 ~한 상태로 가지고 있다**'라는 표현에서 기원한 것으로 추정되는데 영어와 독일어가 속한 '서 게르만어'에서는 완료, 수동분사가 뒤쪽으로 가는 것이 표준이었다. 영어의 완료 문장 어순이 오늘날처럼 바뀐 것은 프랑스어의 영향인 것으로 추정한다. 프랑스어로 I have finished the homework를 직역하면

J'ai fini les devoirs 정도 될 텐데

J'ai fini ← 이 부분이 I have finished에 해당한다.

중세 영국은 프랑스어와 영어가 함께 쓰이는 사회였기 때문에 이때 지배 계층의 언어인 프랑스어의 어순이 영어에 영향을 미친 것으로 보인다. 물론 이에 대해 여러 학설이 있지만 명확한 답은 없다.
조금 더 살펴보자.

- die 죽다 → **died 죽은**
  kill 죽이다 → **killed 죽임을 당한**
- died: 죽은 → '죽다'라는 행위가 완료되어 죽은 상태
  killed: 죽임을 당한 → '죽이다'라는 행위가 완료되어 죽은 상태

이것을 **have** 와 결합해 보겠다.

- He has **died**.
  그는 죽은 (상태)를 가지고 있다.
  = 그는 이미 죽었다.

- I have **killed** the man.
  나는 그를 **죽임을 당한** (상태)로 가지고 있다.
  = 나는 이미 그를 죽였다.

분명 **have**라는 동사의 시제는 '**현재**'인데 **died**와 **killed**라는 '**완료**'분사(과거분사)를 통해서 '**완료**'성을 표현할 수 있다. 이것이 '**현재완료 present perfect**'라는 용어의 기원이다.

오…! 현재완료가 이런 식으로 만들어졌다니! 배경을 알고 나니 그들의 사고에 조금 더 근접할 수 있게 된 것 같다. 두 사람의 대화를 다시 읽어보자.
John의 대사 중 현재완료가 쓰인 건 두 번이다. "I haven't thought about that(거기에 대해서 생각해 본 적이 없어요)."와 "I have done this before(이거 전에 해봤다)." 조금 어색하더라도 이 두 표현을 완전히 한국어로 직역하면 각각 '나는 거기에 대해서 생각한 상태/경험을 가지고 있지 않다'와 '나는 그것이 전에 끝내진 상태/경험을 가지고 있다'가 된다. 이렇게 보니 직관적이지 않은가? 한번 제대로 이해를 하면 이후 연습을 통해 익숙해지기가 더 쉽다.

LESSON 2 도둑 맞았다!

외근 후 사무실로 돌아온 John과 Min. 낌새가 이상해서 자세히 사무실을 살펴보니 주요 서류들이 다 사라졌다! 충격에 휩싸인 Min이 탄식과 함께 "We were robbed!"라고 외친다. 이에 "We have been robbed!"라고 답하는 John. 분명 한국어로 보면 같은 말인데 왜 두 사람 표현이 다르지?

> John : What is this?!
>
> Min : I think someone stole everything!
>
> John : Oh my god! You're right!
>
> Min : We were robbed!
>
> John : Yes, we have been robbed!

현재완료를 배우고 나면 마음 속 한 구석이 불편해진다. '음... 원리는 알겠어. 그런데 굳이 그런 걸 왜 쓰는 거야?' 혹시 마음을 들켰는가? 축하한다. 그러게! 그들은 굳이 그런걸 왜 쓰는지 설명하려고 한번 찔러 봤다. 자, 이제 집중하라.

- "지후야 밥해 놨어."

필자가 학창 시절 가장 많이 들었던 대사. 대사의 주인공은 어머니. 그리고 저 대사가 10여 차례 반복된 뒤, 날라왔던 등짝 스매시를 생생히 기억한다. 학창 시절 게임에 몰두하다가 "밥해 놨다니까!"라는 불호령과 함께 등짝 맞아본 사람이 나 혼자는 아닐 것이다. 이제부터 다음 두 문장을 가만히 읽어보라.

- 지후야 밥했어.
- 지후야 밥해 놓았어.

당신의 이야기라고 생각해야 몰입이 될 테니 내 이름은 삭제하겠다.

- 밥했어.
- 밥해 놓았어.

혹시 이 두 말 사이에 묘한 차이가 있는가? 한 언어를 쓰는 집단 내에서도 '뉘앙스'라는 것은 개인별 차이가 난다. 어떤 사람은 '그게 그거 아니야?'라고 할 수도 있지만 어떤 사람들은 '어떻게 그게 그거냐?! 다르잖아!'라고 할 수도 있다. 그래서 여러분에게 내 의견을 강요할 생각은 없다. 그러나 언어를 전문으로 공부한 사람으로서 '모범 답안'을 제시하는 게 의무라 생각한다.

> **보조 동사** 補助動詞
> 언어 본동사와 연결되어 그 풀이를 보조하는 동사. '감상을 적어 두다.'의 '두다', '그는 학교에 가 보았다.'의 '보다' 따위이다.
> [출처 : 국립국어원 표준국어대사전]

한국어에는 '보조 동사'라는 게 있다. 별거 아니다. '적어 두다'라는 말을 생각해 보시면 된다. 이 단어는 '적다'와 '두다'라는 두 동사가 결합된 것인데, '적다'가 주 의미를 나타내고 '두다'는 돕는 역할을 한다. 바로 이럴 때 '두다'를 '보조 동사'라 하는 것이다. 아니... 혹시?!

> **놓다**
> 보조 동사
> 1. (동사 뒤에서 '-어 놓다' 구성으로 쓰여) 앞말이 뜻하는 행동을 끝내고 그 결과를 유지함을 나타내는 말.
>   - 더우니 문을 열어 놓아라.
> 2. (형용사나 '이다' 뒤에서 '-어 놓다', '-라 놓다' 구성으로 쓰여) 앞말이 뜻하는 상태의 지속을 강조하는 말. 주로 뒷말의 내용에 대한 이유나 원인을 말할 때 쓰인다.
>   - 그는 워낙 약해 놓아서 겨울이면 꼭 감기가 든다.
> [출처 : 국립국어원 표준국어대사전]

국어 사전에서 '놓다'를 검색하면 '보조 동사'로 쓰이며 '앞말이 뜻하는 행동을 끝내고 그 결과를 유지함을 나타내는 말'이라는 설명이 나온다. 여기서 제 1차 결론을 내리겠다.

- 해 놓다
  보조동사

"지후야 밥해 놨어."에 쓰인 '놨어(놓았어)'가 바로 보조동사다. 그리고 이는 무슨 뜻을 나타낸다 하였는가?

- '앞말이 뜻하는 행동을 끝내고 그 결과를 유지함'

한 마디로 "지후야 밥해 놨어."를 어머니 시점에서 길게 풀어 설명하면 다음과 같다.

- "지후야 내가 요리 행위를 끝냈고 그 결과 음식이 나와 있으니 빨리 와라."

이건 "지후야 밥했어."만으로는 다 표현할 수 없는 뉘앙스다. 그래서 우리가 "밥해 놨어!"라는 말에 더 빨리 가야 할 것 같은 조바심을 느끼는 것이다. 이제 다음 두 영어 문장을 보자.

- We were robbed!
- We have been robbed!

rob은 '(사람·장소를/에서]) 털다, 도둑질하다'라는 뜻을 가진 단어다. 그래서 rob 뒤에 대상이 나오면 그 대상은 '털린다'.

- We were robbed! 우리 도둑맞았어!

그래서 수동태 문장에 rob을 쓰면 '도둑맞다'라고 흔히 번역된다. 자, 그럼 이건 어떤가?

- We have been robbed! 우리 도둑 맞았어!

오...? 잠시만? 한국어 번역이 똑같은데?

- We were robbed! 우리 도둑 맞았어!
- We have been robbed! 우리 도둑 맞았어!

이래서 '현재완료(뿐만 아니라 '완료')'라는 개념 자체가 우리에게 어렵다. 우리는 굳이 과거와 현재완료를 구분해서 표현하지 않기 때문이다. **그.러.나!**

- We **were** robbed! **(과거)**
  우리 도둑맞았어! **(과거)**
- We **have** been robbed! (**현재**완료)
  우리 도둑맞았어! (**현재**완료)

영어권 화자들에게 이 두 문장은 다른 뜻이다. '과거' 시제로 썼을 때는 정말 과거 어느 시점에 그 일이 발생 했다는 뜻이라고 생각한다. 그러나 '현재완료'로 쓰게 되면

- We **have** **been** robbed! (현재완료)
  우리 도둑맞았어! (현재완료)

'도둑질하다'라는 행동이 끝났고 그 결과가 현재 유지되는 상황이라 생각한다. 즉, 당신이 외출 후 집에 돌아왔는데 집이 초토화되어 있고 온갖 귀금속과 현금이 사라졌다면 당신은 '현재완료'로 외쳐야 한다.

- We have been robbed!
  우리 도둑 맞았어! (그래서 지금 물건이 다 없어진 상태가 유지 중!)

비록 한국어와 영어가 '현재완료'라는 카테고리에서 일치하지는 않지만, 사람 사는 건 다 비슷하다. 우리에게 '밥했다'와 '밥해 놨다'가 다른 뜻이듯, 그들에게도 'We were robbed'와 'We have been robbed'는 다르다. '과거'와 '현재완료'를 명확히 구분할 수 있는 개념을 소개하면서 본 내용을 마치겠다.

- 과거 = 점
  현재 완료 = 선

물론 영어를 쓰는 사람들이나 한국어를 쓰는 사람들이나 개개인의 언어 생활에 따라 언어 입자도가 다르겠지만, 다수가 공감하는 그 무언가에는 동의할 수 있을 것이다.

- We were robbed! 우리 도둑 맞았어!

뻔히 도둑맞은 걸 보고 있으면서도 상대가 이렇게 과거시제로 말했다고 해서 "그래? 언제 도둑 맞았니? 2년 전이니?"라고 묻는 사람은 없을 것이다. 그러나

- We have been robbed! 우리 도둑 맞았어!

애초에 그런 오해를 1%도 만들기 싫다면 '현재완료'를 써라. 바로 경찰에 신고부터 해줄 것이다. 와 속 시원하다! 지금 이 상황에서 어떤 말이 더 적절한지 이제 알겠다!

자, 두 사람의 대화를 다시 읽어보자.
물론 사무실에 서류가 없어진 상태를 둘이 목격해 놓은 상태이기 때문에 어떤 시제를 썼느냐에 따라 오해가 생기거나 그러진 않는다. 하지만 엄밀히 말해 지금 이 처참한 결과를 탄식과 함께 표현하려면 누구의 표현이 더 적절한가? 당연히 John이다. "We have been robbed!"라고 외쳐라. 옆 사람이 바로 경찰에 신고부터 해줄 것이다.

LESSON 3 '경.계.결.완.'

> Mary는 요즘 영어 과외를 하고 있다. 그런데 한국 사람에게 영어 문법을 가르치던 중 난관에 부딪혔다. 바로 '경.계.결.완.'이라는 녀석인데… 분명 한국 학생들은 '경험, 계속, 결과, 완료'라는 말로 뭔가를 확실히 구분하는 듯하다. 원어민도 이해 못하는 이 말들은 대체 뭘까?
>
> Mary : I don't… understand this.
> Hun : What is it about?
> Mary : How do you distinguish all of these?
> Hun : Hahaha… actually we don't. They are hard to understand.
> Mary : Have you ever doubted these?
> Hun : Yes, I have. Oh, what kind of usage is this?

나는 학창시절 현재완료를 완전히 이해하지 못했다. 그 원인을 꼭 공교육 제도 탓으로 돌리고 싶지는 않다. 나의 부족함이 컸을 것이다. 그러나 죽기 전에 꼭 한 마디 해 주고 싶은 녀석이 있다. 그 친구의 이름은 '경계결완'이다.

필자가 중학생이던 1990년대, 영어 수업 시간은 곧 암호 해독 시간이었다. 알아들을 수 없는 한자어에 주눅 들었고 '용어 암기'에 많은 시간을 할애했다. 그 중 나를 가장 많이 괴롭힌 용어가 바로 '경험, 계속, 결과, 완료'였다. 교과서에서 일반적으로 제시하는 현재완료의 네 가지 용법은 다음과 같다.

- I have met John before. 나는 John을 만난 적이 있다.
  → **경험** : 과거에서부터 지금까지의 경험을 말할 때 쓰며, '~한적이 있다'라고 해석한다.
- I have known him for 10 years. 나는 그를 10년째 알고 지낸다.
  → **계속** : 과거에 일어난 일이 현재까지 계속되고 있는 것을 나타낼 때 쓴다.
- I have lost my phone. 나는 폰을 잃어버렸다.
  → **결과** : 과거의 일이 원인이 되어, 그 결과가 현재에 영향을 미칠 때 쓴다.
- I have already finished my homework. 나는 이미 숙제를 끝냈다.
  → **완료** : 과거에 시작한 일이 현재에 끝난 것을 나타낼 때 쓴다.

나는 이 용어들이 모두 틀렸다는 말을 하고 싶은 게 아니다. 가만히 생각해보면 모두 합리적이다. 그런데 그게 문제다. 우리는 '법'이란 틀릴 수 없는 절대적인 무언가라고 생각한다. 그러나 '문법'은 해당 언어의 실 사용 예들을 모아 분석한 뒤, 인간이 임의로 정리한 것이다. 문제는 언어의 복잡성과 모호성에 있다. 언어는 물질이 아니기 때문에 물리 법칙을 따라 작동하지 않는다. 언어는 인간이라는 불완전한 존재가 만든 표현 체계, 표현 방식일 뿐이다. 즉, 100% 완벽한 작동법이란 존재하지 않는다.

- I have met John before. 나는 John을 만난 적이 있다.

지금 이 문장을 '경험'이라 정의하는 것은 옳다. 그리고 해석 방법도 문제가 없다. 그러나 이 문장을 이렇게 바꾸어 보면 어떨까?

- I have met John. 나는 John을 만났다.

이제 여러분은 혼란에 빠지게 된다. 분명 주어, 동사, 목적어가 똑같은데 '경험'이라는 용법을 적용하기 어렵게 되었기 때문이다. I have met John을 기존 분류법에 따라 정의하면 어느 용법에 가까울까?

- I have met John. 나는 John을 만났다.

  → 과거에서부터 지금까지의 경험을 말할 때 쓰며, '~한 적이 있다'라고 해석한다.
  → 과거에 일어난 일이 현재까지 계속되고 있는 것을 나타낼 때 쓴다.
  → 과거의 일이 원인이 되어, 그 결과가 현재에 영향을 미칠 때 쓴다.
  → 과거에 시작한 일이 현재에 끝난 것을 나타낼 때 쓴다.

여기서 문제는 첫 번째를 제외한 나머지가 모두 '어느 정도' 말이 된다는 것이다.

- I have met John. 나는 John을 만났다.

    → 과거에서부터 지금까지의 경험을 말할 때 쓰며, '~한적이 있다'라고 해석한다.
    → **과거에 일어난 일이 현재까지 계속되고 있는 것을 나타낼 때 쓴다.**
    → **과거의 일이 원인이 되어, 그 결과가 현재에 영향을 미칠 때 쓴다.**
    → **과거에 시작한 일이 현재에 끝난 것을 나타낼 때 쓴다.**

내가 John을 막 만나서 지금 함께 있다면 그것은 '계속'이고, 특정 맥락에서는 '결과'로 볼 수도 있다. 또한 다음 문장에 '그리고 돌아왔다'나 '그리고 돌려 보냈다'라는 말이 나오면 '완료'라 볼 수도 있다.
즉, '경험, 계속, 결과, 완료'라는 네 가지 용법은 현재완료라는 체계를 설명하기에 적합하지 않다. 영어에서 이 네 가지 중 어떤 식으로 쓰였는지는 철저히 '동사의 성격'과 '부사'의 사용에 달려있다.

- I have met John **before**. 나는 전에 John을 만나본 적이 있다.
- I have **just** met John. 나는 막 John을 만났다.

두 문장에서 before과 just만 빼면 모두 같은 단어다. 그리고 똑 같은 현재완료다. 그러나 'before 전에'와 'just 막'이라는 부사만으로 전혀 다른 뜻이 된다. 그래서 나는 이것을 '용법'으로 볼 게 아니라고 생각한다. 완전히 같은 말이 다른 뜻으로 쓰일 때 '용법'이라는 말은 적절하다. 그러나 지금 보고 있는 현재완료 문장들은 단순히 서로 다른 단어가 각 문장의 뜻을 바꾼 경우다. 이는 지극히 당연하지 않나?
그러나 시중 문법서 대부분이 다음과 같은 설명을 싣고 있다.

- 현재완료의 '완료'용법은 just, already, yet 등과 함께 쓰인다.
  현재완료의 '경험'용법은 ever, never, once, before 등과 함께 쓰인다.

이는 '결과에 대한 해설'일 뿐이다. 특정 단어가 들어가서 문장의 뜻이 변하는 것을 '현재완료'라는 체계에 여러 '용법'이 있다고 주장하는 게 옳은가? 논리에 맞지 않다. '계속'용법에 대한 설명도 문제가 있다.

과거에 일어난 일이 현재까지 계속되고 있는 것을 나타낼 때 쓴다.

이 말은 '사후 해석'일 뿐이다. 다음을 보라.

- I have known him for 10 years. 나는 그를 10년 째 알고 지낸다.

이 문장이 '계속' 용법에 해당하는 이유는 두 가지다. 'know 알고 있다'라는 동사가 쓰였고, 'for 10 years 10년 째'라는 부사가 쓰였기 때문이다. 다음을 보라.

- I have known him several times. 나는 그를 몇 차례 알고 지낸다. (???)

'for 10 years'를 'several times'로 바꾸는 순간, 이 문장은 괴상한 뜻이 되어 버린다. 생각해보라. '몇 차례 알고 지낸다'라는 언어 논리가 애초에 인간에게 가능한지를. 즉, 'know'라는 동사의 특성 때문에 그런 문장을 만들 수 없을 뿐이다. 그럼 이건 '어휘'영역이 아닌가? '결과'용법이라 설명하는 문장도 보도록 하자.

- I have lost my phone. 나는 폰을 잃어버렸다.

이 문장도 마찬가지다. 뒤에 말을 덧붙이면 얘기가 달라진다.

- I have lost my phone a few times. 나는 폰을 몇 차례 잃어버렸었다.

자, 당신의 직관을 시험해 보겠다. 이 문장은 '경험'을 나타내는가 '결과'를 나타내는가? 여러분이 만약 '나는 폰을 몇 번 잃어버렸었어'라는 말을 누구한테 할 때는 '그래서 결과적으로 제가 지금 폰이 없어요'라는 뜻을 전달하고자 하는가, 아니면 '제가 그만큼 좀 건망증이 심합니다'라는 뜻을 전달하고자 하는가?

- I have lost my phone a few times. I know I am a bit clumsy.
  제가 폰을 몇 차례 잃어버렸었어요. 제가 좀 칠칠치 못해요.

당신이 이 대사를 휴대폰 가게에 가서 머리를 쥐어 박으며 새 폰을 살 때 말한다면 당신은 그런 '경험'을 표현함과 동시에 '결과'적으로 당신이 지금 폰이 없음을 상대에게 전달하게 된다. 즉, 이 문장은 아무 용법에도 속하지 않는다. 내가 무슨 말을 하려는지 알겠는가? 우리는 공교육을 손가락질 하면서도 거기에서 세뇌 당한 '그 어떤 기준'에 의해 사유한다. 이게 전부 다 문제가 되는 것은 아니다. 어떤 것은 추후 학습과 삶에 있어 큰 도움이 되기도 하지만, 어떤 것은 아무 짝에도 쓸모 없기도 하다.

당신의 언어 직관으로 충분히 해결할 수 있는 문제들을 억지로 '틀'에 가두려 하지 말라. 현재완료의 네 가지 용법은 전부는 아니더라도 상당 부분 허상에 불과하다. 속을 다 들여다보고 나니 원어민들이 과연 이걸 얼마나 구분할 수 있을지 의문스럽다. 뭐 나의 경험에 의거해서 말씀 드리면 그들에게 이 용법들은 외계어나 다름없다. 한번도 그런 생각을 안 해봤기 때문이다.

자, 두 사람의 대화를 다시 보자.
엄밀히 따지면 John의 마지막 대사 "Have you ever doubted these?(얘네를 의심해 본 적은 없어?)"는 '경험' 용법에 해당한다. 문제는 이런 용법 구분에 무슨 실익이 있냐는 것이다. 결국 뉘앙스를 결정짓는 것은 동사와 부사다.

ENGLISH GRAMMAR

LESSON 4 더 충격적인 과거완료의 원리

> 뭐든 갑자기 터뜨리는 사람이 있다. Min과 John이 근무하는 회사에도 그런 사람이 하나 있었던 모양이다. 사전 협의도 없이 갑자기 퇴사해 버리고 밖에 나가 사고를 친 인물에 대해 이야기 하고 있다. 대화 중 John이 매우 긴 대사를 내뱉는다. "I had known him before he left…"라는 말이 잘 이해되지 않는 Min. 그러게? John은 무슨 말을 이렇게 복잡하게 하는 것일까?
>
> Min : Did you see the notice on the board?
> John : Yes, what a terrible news!
> Min : I didn't even know he left.
> John : I had known him for years before he left… but now I think I knew nothing about him.
> Min : You had known… for what?
> John : Ah… simply put, he is a hypocrite.

현재완료를 이해한 우리에게 '과거완료'는 너무 쉽다. 정말이다. 내가 바로 증명해 보이겠다.

- I have finished the homework. 나는 그 숙제를 끝냈다.

여기서 이 문장의 시제가 '현재'임을 나타내는 단어는 어느 것인가?

- I **have** finished the homework. 나는 그 숙제를 끝냈다.

정답은 'have'다. 많은 사람들이 'have'가 현재형으로 쓰였음을 잊곤 한다. 현재완료는 과거 어느 시점에 발생한 사건이 현재와 밀접한 연관이 있음을 나타낸다. 따라서 'have'를 반드시 현재형으로 써줘야 한다.

CHAPTER 6 완료 145

- I **have finished** the homework.
  현재 완료

그럼 이를 '과거 완료'로 바꾸려면 어떻게 해야 하겠는가? Have를 과거형으로 쓰면 된다.

- I **had finished** the homework.
  과거 완료

이게 끝이다. 허무하지 않은가? 다시 말하지만 원래 별거 아닌 것을 어렵게 배워서 허무한 것이다. 처음부터 이렇게 배웠다면 허무할 것도 없다. 그러면 '과거완료'는 정확히 어떤 개념일까? 단순하다. '과거 어느 시점에서 발생한 사건이 그보다 덜 과거인 시점에 영향을 미침'.

화를 내시기 전에 내 말을 잘 들어보라. 개념 이해라는 게 쉽지가 않다. 어차피 여러분과 나는 언어라는 것을 통해 서로의 머리를 연결하는 것일 뿐, 데이터를 직접 주고 받을 수는 없다. 그러나 나는 언어에 데이터를 잘 담는 편이다. 아래 그림을 보라.

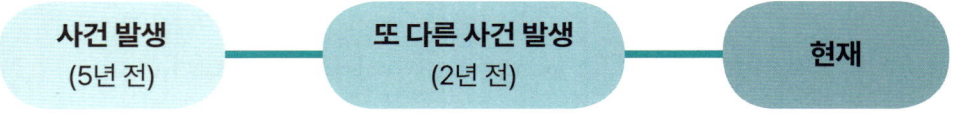

자, 현재 기준으로 2년 전은 과거다. 현재 기준으로 5년 전도 과거다. 그러나 두 과거에 '순서'를 부여하게 되면 얘기가 달라진다.

현재 기준으로 2년 전은 과거이지만 5년 전은 그보다 더 과거다. 여러분이 현재 기준으로 2년 전, 사랑하는 사람을 만났다고 치자. 그런데 현재 기준으로 5년 전, 여러분은 누군가와 헤어져서 다시는 연애를 하지 않기로 결심했다. 이를 그림으로 정리하면 다음과 같다.

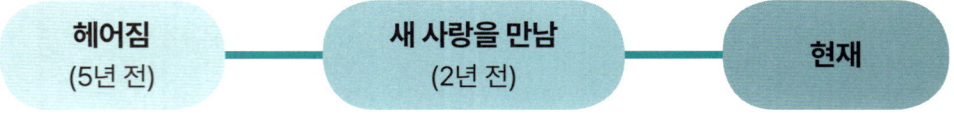

그리고 2년 전에 만난 그 사람에게 당신은 말한다. 2년 전 당신을 만나기 전에는 다시는 누구를 사랑하고 싶지 않았다고. 왜냐하면 5년 전 그 이별이 너무 아파서!

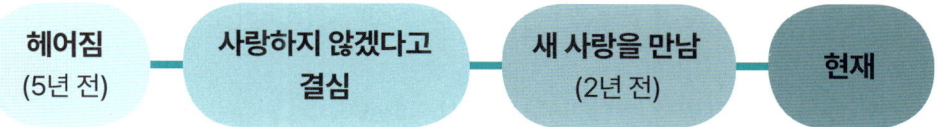

지금 당신 옆에 있는 그 사람을 만난 것은 2년 전이다. 그러니 다음과 같이 말해보자.

- I met you two years ago. 나는 너를 2년 전에 만났다.

여기까진 쉽다. 그러면 '나는 누구를 사랑하고 싶지 않았다'는 영어로 어떻게 할까?

- I didn't want to love someone. 나는 누구를 사랑하고 싶지 않았다.

그런데 '누구를 사랑하고 싶지 않았다'는 건 언제 얘기인가? 5년 전 헤어지고 나서 그런 생각을 하기 했을 테니 어쨌든 '너를 만나기 전'이야기다. 그래서…

- I didn't want to love someone (더 과거) → I met you two years ago (덜 과거)

시간 순서대로 배열하면 이렇게 된다. 이제 두 문장의 '전후 관계'를 잡아주자. 매우 쉽다.

- I didn't want to love someone before I met you two years ago.
  2년 전 너를 만나기 전에는 누구를 사랑하고 싶지 않았다.

사실 여기까지만 해도 영어권 화자들은 대부분 알아 듣는다. 그리고 실제 이렇게 쓰는 원어민들도 많다. 'before ~전에'라는 말이 있는데 굳이 더 전후 관계를 밝혀줄 필요가 있겠는가? 그런데 '그래도 밝히고 싶다!'라고 생각하는 사람들은 늘 있게 마련이다. 그들은 이 문장을 이렇게 바꿔 쓴다.

- I **had not wanted** to love someone before I met you two years ago.
  2년 전 너를 만나기 전에는 누구를 사랑하고 싶지 않았다.

분석해보자. 'had'라는 동사의 시제는 '과거'다. 그리고 wanted는 '완료'를 나타내는 분사다. 그러면 이런 표현법의 이름은?

- I **had** not wanted to love someone before I met you two years ago.
  　과거　　완료

이게 과거 완료다. 어떤 과거보다 더 과거에 있었던 일을 나타낸다. 그리고 '너를 만나는 그 순간까지' 그 상태가 유지되었음을 나타낸다. 즉, 과거완료는 어떤 과거와 그보다 더 과거의 점을 연결해주는 '선'과 같다.

이제 사건의 전모가 밝혀진 것 같다. 둘의 이야기를 다시 읽어보자.
John의 대사가 어렵긴 어렵다. "I had known him for years..."라는 말은 '내가 그를 수년간 알고 지내왔었다'라는 뜻이다. 바로 뒤에 "...he left(그가 퇴사했다)"라는 특정 시점이 나오니, 바로 그 시점 기준으로 'before 그 전' 몇 년간 그를 알고 지냈던 게 된다. 그리고 다시 시제가 바뀌어 "...now I think(지금 생각하니)"라며 '현재' 자신의 의견을 밝히고 "I knew nothing about him(그에 대해 나는 아는 게 하나도 없었어)"라며 과거 사실을 정정한다. 시제가 이렇게 '더 과거'와 '과거' 그리고 '현재'에서 다시 '과거'로 날뛰니 Min 입장에서 얼마나 이해하기 어려웠겠는가?

LESSON 5 네가 내게 전화했을 때

> 퇴근 후 급한 일이 있어 전화를 걸었건만 받지 않았던 John. 부재중 전화를 보았을 텐데 다시 전화 주지 않은 것에 대해 서운했는지 아침부터 Min이 쏘아붙인다. 이에 "…I had driven for hours when you called…" 라고 대답하는 John. 그러나 Min은 잘 못 알아들었는지 "you had what? 뭘 했다고요?"라며 되묻는다. John은 무슨 말이 하고 싶었을까?
>
> Min : Hey, what happened last night?
> John : What do you mean?
> Min : You didn't call me back.
> John : Ah! I'm really sorry… I had driven for hours when you called. I just…
> Min : You had what?
> John : I mean I was tired.

과거 완료를 그래서 언제 써야 하는지 알고 싶은가? 나도 그 설명을 좀 길게 하고 싶다. 대체 과거완료 따위를 배워서 뭐 하냐는 볼멘소리를 듣고 살아 온지가 십 수년이기 때문이다.

- 네가 내게 전화했을 때 나는 운전 중이었어.

영작을 위해 다소 한국어를 어색하게 써놨지만 쉽게 말해 '아까 나 운전 중이었어'라는 말이다. 운전 중일 때 전화가 오면 목적지 도착 후 차를 세우고 다시 전화해서 여러분은 이런 말을 하게 될 가능성이 높다.

- When you called me, I was driving. 네가 내게 전화 했을 때, 나는 운전 중이었어.

'When you called me'가 '네가 내게 전화 했을 때'라는 뜻이고, 'I was driving'은 '나는 운전 중이었다'라

CHAPTER 6 완료 149

는 말이다. 간단하지 않은가? 물론 양 절의 순서를 바꿔 써도 된다.

- I was driving when you called me. 나 운전 중이었어 네가 내게 전화했을 때.

자, 이제 이런 상상을 해보자. 당신은 장거리 운전을 마치고 집에 들어왔다. 녹초가 되어 침대에 누웠는데 전화벨이 울린다. 이미 운전은 완료했지만 너무 힘들어서 받기 힘든 상황. 에라 모르겠다 하고 돌아누워 잠을 청한 뒤 일어나 보니 다음날 아침이다. 아차 싶어서 전화를 걸고 이렇게 말한다.

- I had driven for a long time when you called me.
  내가 장시간 운전을 했었어 네가 내게 전화했을 때.

오…! 과거완료 표현이 눈에 들어오는가? 자, 보다 이해하기 편하게 살짝 손을 볼 테니 집중하시라.

- **I had driven for a long time** (그 과거 시점에 완료) /
  when you called me (과거 시점).
  내가 장시간 운전을 했었어 (그 과거 시점에 완료) /
  네가 내게 전화했을 때 (과거 시점).

어떤가? 한결 보기 편하지 않은가? 즉, 과거 완료는 '특정 과거 시점'에서 보았을 때 그보다 더 과거에 시작되어 이미 완료 된 무언가를 나타내기 위한 표현법이다. '네가 내게 전화했을 때, 나는 장시간 운전을 완료한 상태였다'라고 번역하면 영어 원문의 느낌에 더 가깝다. 그리고 '그러니 내가 얼마나 피곤한 상태였겠냐'는 암시가 살짝 들어있다고 보면 된다. 즉, 과거 완료는 현재완료와 원리는 똑같으나 시점만 하나 과거로 내려간 것에 불과하다.

- I had known him for 10 years, when he betrayed me.
  나는 그를 10년간 알아왔었어, 그가 나를 배신했을 때.

이 문장을 통해서 우리가 알 수 있는 건 다음과 같다.

- 그를 알게 됨 → 10년 후 → 그가 나를 배신함 → 그 이후 → 이 사실을 전달함

내가 그 사실을 전달하는 시점에서 그가 나를 배신한 것은 과거다. 그러나 내가 그를 알게 된 시점은 그 과거보다 10년 더 전이다. 그러니 배신당한 시점에서 나는 그를 10년간 알아 왔던 게 된다. 바로 이럴 때 과거 완료를 쓴다. 매우 간단하지 않은가?

이제 보니 Min이 좀 눈치 없게 굴은 것 같다. 자, 두 사람의 대화를 다시 읽어보자!
John이 다시 전화도 못할 만큼 피곤했다는 말을 하고 싶었던 걸 Min이 못 알아 들은 모양이다. "I had driven for hours when you called... (당신이 전화했을 때 나 몇 시간 동안 운전을 했어서요...)"라는 말 자체에서 '오죽 피곤했을까'라는 느낌을 받아야 한다. 과거 그 시점에 내가 어떤 상태였는지 간접적으로 전달하는 대사다.

LESSON 6 been 얘는 대체 무슨 뜻인가

ENGLISH GRAMMAR

> John이 뭔가 중요한 내용이 담긴 이메일을 받은 모양이다. 다짜고짜 'the email 그 이메일' 이라며 묻지 않는가? 그런데 Min은 아무것도 모르는 눈치다. 무슨 이메일이냐는 말에 "the one that has been sent to us…"라고 답하는 John. 가만, 지금 이게 무슨 말이지? Min만큼 혼란스러우실 독자 여러분을 위해 일부러 이번 대화를 준비했다. 잘 들여다보고 본문으로 들어가시길!
>
> John : Have you read the email?
> Min : Ah…? What email?
> John : The one that has been sent to us this morning.
> Min : We sent an email?
> John : No, I mean…

완료를 배우고 나면 완료를 능동태, 수동태로 모두 써보는 연습을 해야 한다.

- My essay has been reviewed twice. 내 에세이는 두 번 검토되었다.

지금 이 문장이 현재완료 수동태인데

- My essay has **BEEN** reviewed twice.

여기서 유독 이 been을 어려워하시는 사람들이 많다. 원래 수동태라는 것은 '완료, 수동분사(과거분사)'를 주어에 연결해주어야 만들 수 있다.

- my essay 내 에세이
- reviewed 검토된

이 두 단어를 그냥 나란히 쓰는 것이 아니라 중간에 be동사를 넣어야 '수동태 문장'이 만들어진다.

- My essay is reviewed. 내 에세이가 검토된다.
- My essay was reviewed. 내 에세이가 검토되었다.

여기까지는 쉬운데 이런 문장에 '조동사'가 들어가기 시작하면

- My essay will be reviewed. 내 에세이는 검토될 것이다.

슬슬 헷갈리기 시작한다. 그나마 일반적인 조동사들은 모두 뒤에 '동사원형'이 온다는 규칙을 우리 모두 잘 알고 있기 때문에

- My essay will BE reviewed.

이 문장을 보고 '저 be는 뭐지?' 이렇게 생각하는 사람은 거의 없을 것이다. 현재완료는 have라는 현재형 동사가 마치 조동사처럼 쓰이면서 그 뒤에 '완료, 수동분사(과거분사)'가 붙어서 만들어진다. 그런데 문제는 have 뒤에 그냥 reviewed 만 붙이면

- have reviewed = 검토했다

주어가 검토를 한 것이 된다. 즉, 이것은 능동태다. 수동태는 늘 be동사가 필요하다. 그러면 그냥 reviewed 가 아니라 be reviewed를 넣어야 하는데 have 뒤에 '완료형'이 나오는 것이 현재완료의 규칙이기 때문에 be도 완료형으로 그 모습을 바꾸어 등장해야 한다.

- be의 완료형이 바로 been이다.

지금 '완료, 수동분사(과거분사)'라는 용어를 쓰지 않고 been을 '완료형'이라고만 하는 이유가 있다. '수동'이라는 것은 '능동'의 반대인데 '수동분사'를 만들 수 있으려면 원래 동사가 '능동'적으로 어떤 대상에게 영향을 미쳐야 한다. 즉, 'review ~를 검토하다'처럼 어떤 대상에게 그 행위가 가해질 때 이것을 뒤집어서 'reviewed 검토된'이라는 '수동'분사라는 것을 만들 수 있다.

그런데 be라는 동사는 그냥 '이다, 있다'라는 뜻이다. 즉, 어떤 대상에게 가해지는 행위가 아니다. 그래서 been이라는 단어는 그저 '완료'라고 표현할 수 있을 뿐 애초에 '능동'이 없기 때문에 '수동'이라는 말을 쓸 수는 없다.

- My essay has been reviewed

이 문장을 분석해보면 has라는 '현재'형 동사에 be동사의 완료형 been + reviewed 완료, 수동분사(과거분사)가 붙었다. 이를 완전 직역하면

- My essay has been reviewed. 내 에세이는 검토가 된 상태를 가지고 있다.

정도가 된다. 이것을 적절히 의역한 것이 '내 에세이는 검토되었다'이다. 자, 이제 이것을 과거 완료로도 바꾸어 보자. 방법은 간단하다. HAS만 HAD로 바꾸면 된다.

- My essay had been reviewed.
  내 에세이는 검토된 상태를 가지고 있었다. (직역)
  내 에세이는 검토되었었다. (의역)

이렇게 보면 알겠지만 과거완료는 혼자 돌아다니기에 부적합하다. 저 말을 듣거나 보는 순간 '언제 어떤 일이 있었길래 저 말을 하는 거지?'라는 생각을 직관적으로 하게 된다. 즉, 과거완료는 어쩔 수 없이(?) 과거와 짝을 이루어 다닌다.

- My essay had been reviewed when he received it.
  내 에세이는 검토되었었다 그가 그걸 받았을 때.

이 문장은 '그가 내 에세이를 받은 시점에 내 에세이는 검토가 끝난 상태였다'는 말이다. 과거 완료는 늘 **과거 특정 시점 기준으로 그보다 더 과거에 시작되어 그 시점에는 완료된 것을 나타낸다**는 점을 기억하라.

아, 이제 알겠다. 진짜 John의 저 대사가 한번에 알아듣기 힘들긴 하겠다. 자, been에 주목하여 둘의 대화를 다시 읽어보자.
John이 한 말을 분석해보자. "The one that has been sent to us…"에서 'the one'은 'the email'을 대신하는 말이다. 이렇게 한번 나온 명사를 다시 반복할 때는 one을 쓰는 경우가 많다. 그리고 이어지는 that은 관계대명사 주격이다. 이제 그 뒤가 문제인데 만약 'has sent'라고만 써 있으면 이건 괴상한 말이 된다. 'the email that has sent…' 라는 말은 '~를 발송한 이메일'이라는 뜻이다. 즉, 이메일이 자아가 생겨 뭘 스스로 보내셨다는 말이 되어버린다. 이런 디스토피아를 막기 위해 been이 개입한 것! 'the email that has been sent…'가 되는 순간 '수동태'로 바뀐다.

ENGLISH GRAMMAR

LESSON  화룡점정 - 킹 메이커 ing

John이 끝내줘야 Min이 할 수 있는 일이 있는 모양이다. 아침부터 계속 해오고 있는 중이라는 John의 말에 한숨을 쉬는 Min. 이에 John은 "Have you been waiting for this?"라고 묻는다. Min은 "I am waiting 지금 기다리는 중이잖아"이라고 답하는데… John은 "That's what I said."라며 핀잔을 준다. 음… 이 분위기는 뭘까?

Min : How long will it take to finish your task?

John : I think… I just need about an hour. I have been working on this since this morning.

Min : Ah… okay.

John : Have you been waiting for this?

Min : I am waiting.

John : That's what I said.

지금까지 우리가 다루었던 문법 요소들은 다음과 같다.

- 현재완료
- 과거완료
- 현재완료 능동태와 수동태
- 과거완료 능동태와 수동태

영어의 중추를 이루는 거물들(?)을 다루었다는 게 한 눈에 보이는가? '분사'와 '태'를 이해한 뒤 '완료'를 만나면 이 모든 게 한번에 정리가 된다. 그래서 책의 목차를 일부러 이 순서로 잡았다. 이제 화룡점정에 해당하는

CHAPTER 6 완료 155

존재를 다룰 때가 되었다. 바로 킹 메이커 '-ing'다. 이미 우리는 '분사'에서 '-ing'를 다룬 바 있다. '수동 완료 분사'와 '능동 진행 분사'를 기억하는가? 그 중 '능동 진행 분사'에 해당하는 '-ing'를 이제부터 자세히 볼 것이다. 이미 자세히 봤다고? 아니, 아직 시작도 안 했다.

- I have taught English for 11 years.
  나는 11년 동안 영어를 가르쳐왔다.
- I had taught English when I decided to change jobs.
  직업을 바꾸기로 결심했을 때 나는 영어를 가르쳐 왔었다.

이 두 문장은 이제 이해하는데 어려움이 없을 것이다. 전형적인 현재완료, 과거완료 문장이다. 그리고...

- English has been taught by me for 11 years.
  영어가 11년 동안 나에 의해 가르쳐져 왔다.
- English had been taught by me when I decided to change jobs.
  직업을 바꾸기로 결심했을 때 영어가 나에 의해 가르쳐져 왔었다.

이 두 문장은 각각을 수동태로 바꾼 것이다. 물론 우리말 해석이 좀 기괴하긴 하지만 문법 구조에만 집중하기 위해 일부러 그냥 두었다. 수동태로 바뀐 모습과 원리에만 집중하라. 이제 다소 충격적인 문장들을 마주할 때다.

- I have been teach**ing** English since 2013.
  나는 2013년 이래로 영어를 가르쳐오고 있는 중이다.
- I had been teach**ing** English when I decided to change jobs.
  직업을 바꾸기로 결심했을 때 나는 영어를 가르쳐 오고 있던 중이었다.
- English has been be**ing** taught by me since 2013.
  영어가 2013년 이래로 11년 동안 나에 의해 가르쳐 오고 있는 중이다.
- English had been be**ing** taught by me when I decided to change jobs.
  직업을 바꾸기로 결심했을 때 영어가 나에 의해 가르쳐 오고 있는 중이었다.

지금 필자가 표시한 '-ing'에 주목하라. 저들이 모두 '능동 진행 분사'다. 하나씩 살펴보겠다.

- I have been teach**ing** English since 2013.

나는 2013년 이래로 영어를 가르쳐오고 있는 중이다.

이 문장에서 teaching은 '능동 진행 분사'로서 앞에 있는 been과 연결되어 '진행중인 행위'를 나타낸다. 그리고 그 been은 다시 앞에 있는 have와 결합되어 '완료'를 나타내고 있다. 이 문장은 '**현재 완료 진행형 능동태**'다.

- I had been teach**ing** English when I decided to change jobs.
  직업을 바꾸기로 결심했을 때 나는 영어를 가르쳐 오고 있던 중이었다.

이 문장에서 teaching은 '능동 진행 분사'로서 앞에 있는 been과 연결되어 '진행중인 행위'를 나타낸다. 그리고 그 been은 다시 앞에 있는 had와 결합되어 '완료'를 나타내고 있다. 이 문장은 '**과거 완료 진행형 능동태**'다.

- English has been be**ing** taught by me since 2013.
  영어가 2013년 이래로 11년 동안 나에 의해 가르쳐져 오고 있는 중이다.

이 문장에서 being은 '진행 분사'다. 그 뒤에 있는 taught은 '수동완료(과거완료) 분사'다. being도 결국 be동사를 변형하여 만든 것이기 때문에 taught 같은 '수동완료(과거완료) 분사'와 결합되면 '수동태'를 나타낸다. being은 다시 앞에 있는 been과 결합하여 '완료 진행'임을 나타내며, been이 다시 앞에 있는 'has'과 결합하여 '현재 완료'임을 나타낸다. 이 문장은 '**현재완료 진행형 수동태**'다.

- English had been be**ing** taught by me when I decided to change jobs.
  직업을 바꾸기로 결심했을 때 영어가 나에 의해 가르쳐져 오고 있는 중이었다.

이 문장에서 being은 '진행 분사'다. 그 뒤에 있는 taught은 '수동완료(과거완료) 분사'다. being도 결국 be동사를 변형하여 만든 것이기 때문에 taught 같은 '수동완료(과거완료) 분사'와 결합되면 '수동태'를 나타낸다. being은 다시 앞에 있는 been과 결합하여 '완료 진행'임을 나타내며, been이 다시 앞에 있는 'had'와 결합하여 '과거완료'임을 나타낸다. 이 문장은 '**과거완료 진행형 수동태**'다.

자, 이제 끝났다. 여러분이 '완료'에 대해 알아야 할 90%는 여기까지다. 지금은 'being'이라는 말이 좀 어색할 것이다. 그러나 영어는 단어 하나를 구부리고 접고 뒤틀어서 새로운 형태로 만든 후 재사용하는 언어다. being은 be동사가 들어가야 말이 되는 자리에 '진행성'을 부여하기 위해 만들어낸 기괴한 단어다.

왜 내가 이 '-ing'를 '킹 메이커'라 부르는 지 아는가? 라틴어나 그리스어에도 '완료'와 '진행'은 따로 있지만 '완료 진행'이라는 기괴한 표현법은 없다. 영어가 그토록 열등감을 느꼈던 바로 그 언어들에도 이 정도로 분화된 표현법은 없는 것이다. 게다가 영어는 여기에 '태'를 더해 '완료 진행 능동태'와 '완료 진행 수동태'라는 유례 없는 표현 방법을 만들어 냈다.

- The room **had been being cleaned** when I entered.
  내가 들어갔을 때 그 방은 **청소되어 오고 있는 중이었다**.

CHAPTER 6 완료 157

새삼 한국어가 참 대단하다. 저 정도로 정교한 표현에 대응하는 체계가 있다니. **'청소되어 오고 있는 중이었다'**라는 말 자체가 얼마나 어려운가? 그 '시점과 상태'를 참 맛깔 나게 표현하고 있다. 서구 주요 언어들 중 오직 영어만이 저 표현법이 정식 문법 체계에 편입되었다. 그래서 내가 '-ing'를 '킹 메이커'라고 부르는 것이다.

한낱 천한 것들(?)의 언어에서 라틴어와 그리스어도 갖지 못했던 최고 수준의 정교한 표현 방식을 갖게 된 영어. 말 그대로 21세기의 'king'이 되었다. 그리고 이를 가능하게 한 '킹 메이커'가 바로 '-ing'다.

아...! 이제 보니 Youngho의 말이 좀 기분 나쁘게 들렸을 수도 있겠다. 둘의 대화를 다시 보자.

가만히 보면 John이 처음부터 "I have been working on this since this morning(오늘 아침부터 해오고 있는 중이다)"라며 자기도 지금 힘들다는 식으로 말을 한다. 여기에 Min이 핀잔 주듯이 답을 하자 John이 "Have you been waiting for this?(이거 기다리고 있었던 거에요?)"라고 묻는다. John의 질문에 이미 '지금도 네가 기다리는 상태'라는 말이 들어가 있는데 여기에 "I am waiting(기다리는 중이다)"라고 답을 했으니... 약간 "몰라서 물어요? 안 보여요?"라는 말처럼 들렸겠다. 서로 오해 풀고 얼른 일이나 잘 마무리 하길!

review TEST CHAPTER 태

※ 주어진 영어 단어들을 알맞은 순서로 배열하시오.

01 상이 차려졌다.

been / the table / set / has

→

02 나는 그녀를 8년째 알고 지낸다.

her / 8 years / known / for / have / I

→

03 나는 그를 전에 만나 본 적이 있다.

have / I / before / him / met

→

04 우리는 막 도착했다.

arrived / just / have / we

→

05 그들은 이미 프로젝트를 끝냈다.

have / already / they / the project / finished

→ _____

※ 보기 중 빈칸에 들어가기에 가장 적절한 것을 고르시오.

06 나는 40년째 서울에 살아왔다.

I (have been lived / have lived / lived) in Seoul for 40 years.

07 그는 자신의 숙제를 아직 못 끝냈다.

He (has not finishing / does not finish / has not finished) his homework yet.

08 그들은 이미 죽었다

They (have dead / have been died / have died) already.

09 그들은 이미 죽임을 당했다.

They (have killed / have been killed / have been killing) already.

10 나 지갑 잃어버렸어!

I (have lost / have been lost / have been losing) my wallet!

11 너를 만나기 전에는 나는 누군가를 사랑하지 않았었다.

> I (had not been loved / have not loved / **had not loved**) someone before I met you.

12 미국으로 이주했을 때 나는 오랫동안 영어를 공부해왔었다.

> When I moved to the U.S., I (have studied / **had studied** / had been studied) English for a long time.

13 이 보고서는 세 번 검토되었다.

> This report (**has been reviewed** / has reviewed / had reviewed) three times.

14 내가 만났을 때, 그들은 오랫동안 다퉈오고 있는 중이었다.

> When I met them, they (had been fought / have been fighting / **had been fighting**) for a long time.

15 내가 결정을 내렸을 때, 내 차는 오랫동안 수리되어 오고 있는 중이었다.

> When I made the decision, my car (has been fixing / **had been being fixed** / had fixed) for a long time.

정답 및 해설

01
The table has been set.

set the table은 '상을 차리다'라는 뜻이다. 따라서 이를 수동태로 적절히 바꾸어야 '상이 차려졌다'라는 말을 표현할 수 있는데, 보기에 'has'와 'been'을 제시하여 현재완료 수동태 문장을 만들 것을 유도하였다. 단어를 알맞게 배열하면 **'The table has been set'**이라는 문장이 나온다. 참고로 'set 놓다'는 과거형과 과거분사형이 모두 set이다. 비슷한 동사로는 put이 있다. 이 역시 동사원형과 과거형, 과거분사형이 모두 put이다.

02
I have known her for 8 years.

많은 사람들이 'know'를 '알다'라고 인식하는 것 같다. 아예 틀린 말은 아니지만 필자는 'know'를 '알고 있다'라는 뜻으로 기억할 것을 권한다. 이게 훨씬 더 영어 원어민들이 가지고 있는 'know'의 어감에 가깝다. 그렇다면 '알고 지낸다'라는 말을 어떻게 할 수 있을까? 한국어로는 '알다'와 '지내다'라는 두 가지 말을 결합해 표현해야 하지만 영어로는 know를 현재완료로 써 주면 된다. 주어진 단어를 이에 맞추어 적절히 배열하면 **I have known her for 8 years**라는 문장이 나온다. know가 '알고 있다'라는 뜻이라서 현재완료로 쓰면 '과거 어느 시점에 알기 시작하여 지금도 알고 있다'라는 말이 되며 이는 한국어의 '알고 지내다'라는 말에 가깝다.

03
I have met him before.

기존 문법서에서 현재완료의 '경험' 용법으로 분류하는 대표적인 문장 중 하나이다. 단어를 알맞은 순서로 배열하면 **'I have met him before'**이 된다. 물론 before은 부사로 쓰여 상대적으로 위치가 자유롭지만 원어민들 대다수가 이 문장 형태를 자연스럽게 여긴다. 부사는 위치가 자유롭다는 게 무슨 말인지는 이 책의 후반부에서 '부사'를 공부하면 자연스럽게 알게 될 것이다.

04
We have just arrived.

기존 영문법서에서 현재완료의 '완료' 용법으로 흔히 분류되는 문장이다. 어찌보면 just가 이 문장의 실세(?)나 다름 없다. 'just 막'이라는 말이 들어가서 느낌이 뭔가 '완료!'에 가까운 것이다. 올바른 순서대로 배열하면 **We have just arrived**가 적절하다. 참고로 just는 '부사'인데 부사의 문장 내 이상적인 위치는 보통 '조동사 뒤, be동사 뒤, 일반동사 앞'이다. 이 문장에서는 'have'가 사실상 뜻은 없고 문법적 기능을 하는 조동사라고 보아 just가 그 뒤로 갔다. 이런 부사의 위치에 대해서는 이 책의 후반부 '부사'에서 보다 자세히 다루도록 한다.

05
They have already finished the project.

기존 영문법서에서 현재완료의 '완료' 용법으로 흔히 분류되는 문장이다. 4번 문장의 just가 그랬듯, 'already'가 이 문장의 실세나 다름 없다. 각 단어를 알맞은 순서로 배열하면 **They have already finished the project**가 적절하다. already는 '부사'다. have 뒤쪽에 자리 잡은 게 보이는가? 앞서 말씀 드렸다시피 부사의 위치에 대해서는 이 책의 후반부 '부사'장에서 보다 자세히 다루도록 하겠다.

06
I (have been lived / **have lived** / lived) in Seoul for 40 years.

'살아왔다'라는 술어를 보고 현재완료임을 알 수 있으면 제일 좋다. 여기서 'lived 살았다'를 고르면 한국어로는 어찌어찌 말이 되겠지만 영어로는 틀린 문장이 된다. 아무런 시점에 대한 단서 없이 'for 40 years 40년 째, 40년 동안'이라는 말이 나왔다면 '현재'가 기준이다. 따라서 'have lived 살아 왔다'를 골라야 한다. 전체 문장은 **'I have lived in Seoul for 40 years 나는 40년째 서울에 살아왔다'**가 된다.

07

He (has not finishing / does not finish / **has not finished**) his homework yet.

현재 완료를 부정문에 쓸 경우, have 뒤에 'not'을 붙인다. 문장의 주어가 'he'이므로 have가 아닌 'has'가 뒤에 오고 그 다음에 not이 온다. 'finish 끝내다'의 과거분사 즉, 수동 완료 분사는 'finished'다. 따라서 정답은 '**has not finished.**' 전체 문장은 '**He has not finished his homework yet 그는 자신의 숙제를 아직 못 끝냈다**'가 된다. 물론 'has not'을 'hasn't'로 줄여 써도 괜찮다.

08

They (have dead / have been died / **have died**) already.

die는 '죽다'라는 뜻을 가진 자동사다. 과거형은 'died 죽었다'이고 과거분사형도 'died'인데 뜻은 '죽은'에 가깝다. 자동사는 애초에 수동태에 쓸 수 없으므로 보기에서 두 번째 'have been died'라는 말은 영어에 존재하지 않는다. 'dead 죽은'이라는 단어는 그 자체가 형용사다. 'have dead'라는 표현 역시 영어에 존재하지 않는다. 정답은 '**have died**'이며 전체 문장은 '**They have died already 그들은 이미 죽었다**'가 된다. '죽다'라는 말의 특성상 '죽어 왔다'라고 한국어 번역문을 쓰기가 어렵다는 점도 기억하라. 또한, 편의를 위해 already를 문장 끝에 썼지만 'already 이미'가 '부사'이므로 'They have already died'처럼 have 뒤에 쓸 수도 있다는 점도 주목하시기 바란다.

09

They (have killed / **have been killed** / have been killing) already.

'죽임을 당했다'라는 술어를 보고 수동태임을 직감할 수 있어야 한다. 물론 한국어 문장만 보고는 이것이 과거인지, 현재완료인지는 알 수 없다 (심지어 한국어로는 이것이 현재 상태를 나타내는 것으로 보이기도 하지만 그 논의는 생략하겠다.) 그래서 보기에 'were killed'를 넣지 않았다. 실제 이런 문장을 영작 할 때는 문맥에 맞추어 과거로 쓸 것인지, 현재완료로 쓸 것인지 결정해야 한다. 보기 중에 정답은 '**have been killed**'이고 전체 문장은 '**They have been killed already 그들은 이미 죽임을 당했다**'가 된다.

10

I (**have lost** / have been lost / have been losing) my wallet!

당신이 만약 영어권 국가에 있고 지갑을 잃어버려 신세를 져야 하는 상황이라면 '**I have lost my wallet 나는 내 지갑을 잃어버렸다**'라고 하라. 'lose ~를 잃다'라는 동사의 과거형은 lost이고 과거분사형도 역시 lost이다. 그냥 과거형을 써서 'I lost my wallet'이라고 해도 상황, 맥락에 따라 뜻이 통하겠으나, 현재 내가 지갑이 없다는 '결과'를 강조하고 싶다면 현재완료를 쓰는 게 상책이다. 그래서 정답은 have lost이다.

11

I (had not been loved / have not loved / **had not loved**) someone before I met you.

'내가 너를 만났다'라는 말이 'I met you' 즉, 과거시제로 써 있다. 그렇다면 그 전은 '과거보다 더 과거'가 되고 영어는 이를 '과거완료'를 통해 표현한다. 정답은 **had not loved**이며 전체 문장은 '**I had not loved someone before I met you 내가 너를 만나기 전에는 나는 누군가를 사랑하지 않았다**'가 된다. 보기에서 첫 번째로 나오는 'had not been loved'는 과거완료 **수동태**라는 점도 기억해두라.

12

When I moved to the U.S., I (have studied / **had studied** / had been studied) English for a long time.

'~로 이주했다'라는 말이 'moved to~'로 표현되어 있다. move는 '이사, 이주하다'라는 뜻으로 이렇게 종종 쓰이곤 한다. 내가 미국으로 이주한 것은 과거이며 그때 기준으로 영어를 공부했었다는 말을 하려면 과거보다 더 과거로 가야 한다. 따라서 과거완료이며 English를 대상으로 하는 능동태 표현 **had studied**가 정답이다. 전체 문장은 '**When I moved to the U.S., I had studied English for a long time 미국으로 이주했을 때 나는 오랫동안 영어를 공부해왔었다**'가 된다.

13

This report (**has been reviewed** / has reviewed / had reviewed) three times.

'검토되었다'라는 술어를 보고 수동태임을 직감해야 한다.

'review ~를 검토하다'라는 동사의 과거형은 reviewed이고 과거분사형도 reviewed이다. 따라서 'have + 과거분사'형태로 쓰면 have reviewed가 되는데 '수동태'이기 때문에 반드시 be동사가 개입해야 한다. be동사가 have 뒤에 들어가므로 완료형으로 바뀌어 been이 된다. 정답은 has been reviewed이며 전체 문장을 완성하면 **'This report has been reviewed three times'**가 된다.

14

When I met them, they (had been fought / have been fighting / **had been fighting**) for a long time.

한국어 문장에는 '내가 만났을 때'라고만 되어 있지만 문맥상 당연히 '그들'을 만났을 것이기 때문에 영어로는 When I met them이라 되어 있다. 내가 그들을 만난 것은 과거인데 그 과거 기준으로 그보다 더 과거에 다툼이 시작되어 계속 진행되어 오고 있었던 상황이다. 그래서 정답은 **had been fighting**이며 전체 문장은 **'When I met them, they had been fighting for a long time'**이 된다.

15

When I made the decision, my car (has been fixing / **had been being fixed** / had fixed) for a long time.

'수리되어 오고 있는 중이었다'를 보고 수동태임을 직감할 수 있어야 한다. 'fix ~를 고치다'라는 동사의 과거형은 fixed이며 과거분사형도 역시 fixed다. 이를 have과 결합하면 have fixed가 되는데, 수동태이므로 반드시 be동사가 개입해야 한다. 그리고 'when I made the decision 내가 결정을 내렸을 때'라는 과거를 기준으로 더 과거에 시작되어 그때까지 진행되어 오고 있는 중이었던 무언가를 표현하므로 과거 완료로 쓰되 진행성도 표현해 주어야 한다. have fixed에 be동사가 개입하면 have been fixed가 된다. 이를 과거완료로 바꾸면 had been fixed인데, 여기에 '진행성'을 표현하기 위해서는 being을 써야 한다. 따라서 정답은 **had been being fixed**이고 전체 문장은 **'When I made the decision, my car had been being fixed for a long time'**가 된다.

Chapter 7
조동사와 가정법

보 이 는 영 문 법

ENGLISH GRAMMAR

LESSON 1	너 내일 죽었어
LESSON 2	If I could, I would
LESSON 3	시간을 달리는 사람들
LESSON 4	조동사의 과거형
LESSON 5	have to와 must
LESSON 6	should와 shall
LESSON 7	생략된 should라는 참을 수 없는 농담

LESSON 1 너 내일 죽었어

> 마감 시간이 다가오는 상황이다. John은 시간이 없다며 Min을 재촉하고 있다. 거의 다 끝났다며 좀 기다리라는 Min에게 John은 이렇게 말한다. "You will have to hurry." 이에 Min은 "When?"이라고 답하고 John은 혼란스러워한다. 왜 그럴까?
>
> John : Ah… we are running out of time.
> Min : Can you wait a bit? I am almost done.
> John : You'll have to hurry.
> Min : When?
> John : …what?

'시제'라는 것을 보통 사건의 발생 시점을 나타내는 언어장치로만 생각하기 쉽다. 허나 언어는 사고를 투영한다. 시제는 단순히 물리적 시점만을 나타내지 않고 인간의 심리를 표현하기도 한다. 영어 원어민들이 종종 'you will have to…'라고 말하는 것을 볼 수 있다. 'you will have to'는 사실 'you have to'보다 조금 '정중'하거나 '여유로운' 표현이다. 한국어로 굳이 번역하면

- You will have to~ ~하셔야 할 겁니다.

정도가 된다.

- You have to go now.
- You will have to go now.

한 눈에 봐도 두 번 째가 덜 긴박한 느낌을 준다. 언뜻 보면 전자는 현재시제, 후자는 미래시제로 써 놓은 것 같지만 두 문장 모두 now로 끝나는 것을 보면 그렇게 쉬운 문제가 아니라는 것을 알게 된다. 자, 여기서 질문이 있다. 다음 둘 중 현재와 더 가까운 것은 무엇일까?

- 현재
- 미래

뚱딴지 같은 질문 같지만 현재와 현재가 가깝고 현재와 미래는 멀다. 그런데 이게 핵심이다.

- 가깝다
- 멀다

우리가 사람들과 관계를 맺을 때도 '가까운' 사이와 '먼' 사이가 있다. 보통 '가까운' 사이끼리는 '직설적'으로 말하고 '먼' 사이끼리는 '덜 직설적'으로 말하는 경향이 있다. 그런데 이런 '사람과 사람 간의 거리'는 매우 추상적이다. 실제 그 사람과 나의 물리적 거리를 의미하는 것이 아니다. 이것은 '심리적 거리'다. 이것은 '시점'을 표현할 때 언어에서도 나타난다. 어떤 말을 '현재형'으로 하면 대부분 '사실'이 된다.

- 비가 온다 → 지금 비가 온다는 말이다.
- 비가 올 것이다 → 나중에 비가 올 것이라는 말이다.

그런데 우리는 이렇게 말하기도 한다.

- 내일 비가 온다.

이 말은 무슨 뜻인가? 내일 '틀림없이' 비가 온다는 말이다. 실제 사건 발생 시점은 '내일'이지만 말을 '현재형'으로 하고 있다.

- 넌 내일 죽었어.

괴상한 말이다. '내일'이라는 미래 시점과 '죽었다'라는 과거형이 공존하고 있다. 이렇게 미래에 있을 일을 과거형으로 표현한다는 것은 그 일이 이미 벌어진 듯 '기정사실화'하는 효과가 있다.

- 너 이제 오늘 밤에 잠은 다 잤다!

여기서도 마찬가지로 '잤다'는 과거 시제이지만, 문장 전체를 보면 미래 시점에 네가 잠을 자기가 힘들 것임을 나타낸다. 이것이 바로 '시점'을 혼재시켜서 화자의 '심리상태'를 표현하는 언어 기법이다. 영어도 마찬가지다.

- You will have to go now.

비록 now라는 말이 있지만 will have to 즉, '앞으로 해야 한다'라는 듯이 말을 하면서 '지금 이 순간 바로 즉각!' 이런 긴장감을 덜어주고 상대에게 심리적 여유를 준다. 다음 문장들을 보자.

> - You will have to come to the meeting now if you want to stay on the project.
>   프로젝트에 계속 참여하고 싶으시다면 지금 회의에 참석하셔야 할 겁니다.
> - You will have to be patient if you want to get the job.
>   그 일을 얻으시려면 인내심이 필요할 겁니다.

한국어 번역문을 보면 '~할 겁니다'라고 되어 있다. 우리가 일상에서 종종 쓰는 표현이다. "시간이 얼마 남지 않았으니 지금 바로 일에 집중해야 할 겁니다." 직장인 입장에서 매우 겁나는 말이지만 언어학자에게는 흥미로운 문장이다. "곧 시험이 종료되니 이제 마킹을 시작해야 할 겁니다" 수험자 입장에서는 청천벽력 같은 말이지만 역시 언어학자의 얼굴에 미소를 띄우는 흥미로운 문장이다.
이 '시점'과 '심리상태'를 제대로 이해하면 드디어 영어의 '가정법'을 이해할 수 있다.

사랑은 지식을 남기고

필자가 싸이월드를 하던 시절 일명 '브금(BGM)'으로 많이 썼던 노래가 있다. 바로 나윤권의 '나였으면'이다. 사실 당시에 짝사랑하던 여자 아이가 있었는데 아직 사랑에 서툴러서 그녀가 다른 남자와 사귀게 되는 모습을 바라볼 수밖에 없었다. 그래서 '나였으면'을 노래방에서 정말 많이 불렀다.
그리고 10여년 뒤, 언어학도가 된 나는 이 노래를 전혀 다른 관점에서 접근하게 된다. 나윤권은 나에게 '가정법'을 알려준 사람이다. 잠시 이 노래 가사의 일부를 공개한다.

> 나였으면 너를 이별시키지 않았을 텐데
> 나였으면 널 두고 가지 않았을 텐데
> 나였으면 행복하게 만들어줄 텐데
> 나였으면 너를 사랑했을 텐데
> 나였으면 괜찮은 남자가 될 텐데   (나윤권, 2004)

이 모두가 현재 다른 남자를 만나고 있는 사람에게 하는 말이다. 문장이 모두 과거 시제로 써 있어서 과거를 회상하는 것으로 착각할 수 있으나 전체적인 맥락을 보면 이는 모두 현재 사실에 대한 불가능한 상상이다. 이제 시제를 비튼다는 말이 조금씩 이해되는가? 2007년의 필자라면 이 노래를 듣고 하염없이 눈물만 흘렸겠지만 지금의 필자는 이 노래를 들으면 이런 내용이 실린 논문을 쓰고 싶어진다.
"가수 나윤권의 노래 '나였으면'의 가사는 가정법(조건법)의 형태 중 하나인 가정형(조건부가능법)을 나타내는 문장들을 담고 있으며, 현재 상황과는 상반된 가상의 상황을 상상하며 표현한다. 이에 연구가치가 높다고 판단한다."

오늘 바로 유튜브에 들어가서 이 노래를 들어보라. 이전에는 단순히 가사가 슬프다는 생각을 했겠지만 이제는 가정법이 들릴 것이다.

아, 이제 이 두 친구의 고통을 덜어줘야 할 때다. 어디가 이상한지 찬찬히 생각해보자.
이제 John의 대사 중 "You'll have to hurry…"라는 말의 정확한 뜻을 아셨으리라 본다. 아무래도 Min을 배려해서 한 말 같다. will 없이 그냥 "You have to be hurry."라고 하면 "서둘러야 해."라는 말에 가까워진다. '서둘러야 해'와 '서둘러야 할 거야' 중 어느 쪽이 듣기 편한가? 물론 둘 다 듣기 좋은 말은 아니지만 아무래도 후자가 낫지 않은가?

LESSON 2 If I could, I would

도무지 해석할 수 없는 영어 문서를 받아 든 Min은 John에게 도움을 요청한다. 이를 본 John이 "I could help you if I finished my work early."라고 답하자 Min은 지금 당장 도 와준다고 생각하며 기뻐한다. 이에 John은 다시 한번 "I said I COULD..."라 하며 말 끝을 흐리는데...!

Min : Can you help me, John?

John : What is it about?

Min : I can't understand this document.

John : Oh, I could help you if I finished my work early.

Min : Thanks a lot! Do it now!

John : Ah… I said I could if I…

앞 내용을 다시 떠올려보자.

- You have to~
  You will have to~

이 두 가지를 '현재'에 대한 일에 쓸 경우 두 번째 'you will have to~'는 의도적으로 현재에서 미래로 살짝 도망을 가서 상대에게 '여유'를 주는 효과가 있다고 했다. 이처럼 언어에서 '시제'라는 것은 '화자의 심리상 태'를 나타내는 효과가 있다. 그런데 이것은 현재에서 '과거'로 도망을 가는 경우도 마찬가지다. 아마 학창 시절 '조동사의 과거형'을 쓰면 정중하고 공손한 표현이 된다는 말을 한 번쯤은 들어보았을 것이다.

Will you help me보다는 Would you help me가 더 공손, 정중하고

Can you help me보다는 Could you help me가 더 그러하다.

이것 또한 '시제'를 이용한 '화자의 심리상태'를 보여주는 표현기법이다. 예를 들어

- I will go to the party tonight.
- I would go to the party tonight.

이렇게 두 문장이 있으면 어떤 차이를 발견할 수 있을까? will은 '앞으로 ~을 하겠다'라는 뜻의 조동사다. 즉, 그 본연의 뜻에 따라

- I will go to the party tonight. 나는 오늘밤 그 파티에 가겠다.

'확실'한 화자의 의지를 표명한다. 그런데 여기서 will의 과거형 would가 등장하는 순간

- I would go the party tonight. 나는 오늘밤 그 파티에…

발을 하나 빼면서 이렇게 마무리하는 것과 같다.

- (별일 없으면) 갈 것 같아.

다시 한번 비교해보자.

- I will go to the party tonight. 나는 오늘밤 그 파티에 갈 거야.
- I would go to the party tonight. 나는 오늘밤 그 파티에 (별일 없으면) 갈 것 같아.

이게 바로 의도적으로 조동사의 과거형을 쓸 때 얻는 효과다. 다른 예시를 보도록 하자.

- I will visit my grandparents. 나는 할아버지, 할머니를 방문할 것이다.
- I would visit my grandparents. 나는 할아버지, 할머니를 (별일 없으면) 방문할 것 같다.
- I can go to the party tonight. 나는 오늘밤 그 파티에 갈 수 있어.
- I could go to the party tonight. 나는 오늘밤 그 파티에 (상황이 되면) 갈 수도 있어.

그래서 조동사의 과거형을 쓴 경우 '조건'이 붙으면 더 자연스러워지는 경향이 있다.

- If I had a car, I would go to the party tonight.
  만약에 나에게 차가 있었다면, 나는 오늘밤 그 파티에 갈 것 같아.
- If my grandparents were healthier, I would visit them more often.
  만약 할아버지, 할머니가 더 건강하셨다면 더 자주 방문했을 것 같아.
- If I had time, I could go to the party tonight.
  만약 내가 시간이 있었다면, 오늘밤 그 파티에 갈 수 있었을 것 같다.

잠깐! 여기서 If로 시작하는 절만 따로 떼어서 보자.

- If I had a car
  If my grandparents were healthier
  If I had time

여기서도 동사가 모두 과거형으로 쓰인 것을 볼 수 있다. 즉, 현재 '사실이 아니지만' 반대로 현재 그렇다고 가정한다는 말이다. 여기서 동사를 모두 현재형으로 바꾸면 어떻게 될까? 즉,

- If I **have** a car
  If my parents **are** healthier
  If I **have** time

이렇게! 이 둘을 대비시켜 정리해보겠다.

현재형: 현재 사실의 여부와 관련이 없음

- If I **have** a car. 내가 차가 한 대 있으면
  (꼭 내가 지금 차가 없어서 하는 말이 아니다.)
- If my parents **are** healthier. 우리 할머니 할아버지께서 건강하시면
  (꼭 그분들이 지금 안 건강하셔서 하는 말이 아니다.)
- If I **have** time. 내가 시간이 있으면
  (꼭 지금 내가 시간이 없어서 하는 말이 아니다.)

과거형: 현재 그렇지 않음

- If I **had** a car. 내가 차가 한 대 있었다면
  (내가 지금 차가 없어서 하는 말이다.)
- If my parents **were** healthier. 우리 할머니 할아버지께서 건강하셨다면
  (그분들이 지금 안 건강하셔서 하는 말이다.)
- If I **had** time. 내가 시간이 있었다면
  (지금 내가 시간이 없어서 하는 말이다.)

자, 그렇다면 당신은 다음 내용도 이해할 수 있을 것이다.

- If I could, I would.

이게 무슨 말일까? 조금 전까지 배웠던 조동사의 과거형이 갖는 뉘앙스를 살려서 해석해보면

- If I could, I would

'만약 내가 (상황이 되어) 할 수도 있다면 나는 (별 일이 없으면) 할 것 같아'라는 뜻이 된다. 즉, '사실'을 말하는 것이 아니라 '상상'하는 것과 비슷하다. 우리는 이렇게 실제가 아닌 것을 얘기할 때 '가정'한다는 말을 쓰곤 한다. 그렇다. 바로 이것이 '가정법'의 원리다.

다시 보니 Min이 무엇을 모르고 있는지 확실히 보인다. 둘의 대화를 들여다보자.
John은 'can'을 쓰지 않고 'could'로 발을 빼고 있다. 'I could help you if I...' 라는 말은 사실 '내가 ~하면 도와줄 수도 있다'는 뜻에 가깝다. 이 말이 어떻게 들리는가? 거기에 'Do it now! 지금 해줘!'라며 기뻐하다니! Min이 단단히 오해한 모양이다.

LESSON 3 시간을 달리는 사람들

Min은 제시간에 프로젝트를 끝내지 못했다. 이에 John은 너무 자책하지 말라며 위로하는데… Min이 그래도 참지 못하고 "I had to do that on time!"라고 외치자 John이 이를 살짝 바꾸어 이렇게 말한다 "…you should have done that on time…" 이에 "I should what?" 이라고 묻는 Min! 뭔가 의사소통에 문제가 생긴 것 같다!

> Min : Ah! I couldn't finish the project on time!
>
> John : Don't blame yourself too much.
>
> Min : I had to do that on time!
>
> John : I know that you should have done that on time but it's okay.
>
> Min : I should what?
>
> John : Ah… I mean…

역사상 가장 위대한 영문법학자로 꼽히는 오토 예스퍼슨 (Jens Otto Harry Jespersen, 1860년~1943년)은 자신의 저서 《문법의 철학 *The Philosophy of Grammar*》에서 이렇게 말한다.

> "시간 관계를 나타내는 문법적 기호가 때로는 '비시간적 용법'으로 사용된다. 예를 들어 미래시제는 현재시제에 대한 단순한 추측이나 짐작을 나타낼 수 있다."
>
> 그리고 프랑스어와 영어, 그리고 독일어에서 발견되는 독특한 표현법을 예시로 든다.

- (프) Il dormira déjà. 그는 잠들었을 것이다.
  (영) He will already be asleep. 그는 잠들었을 것이다.
  (독) Er wird schon schlafen. 그는 잠들었을 것이다.

또한 '과거시제'에 대해서는 이런 특성을 언급한다. '과거시제는 종종 비현실성이나 불가능성을 나타낸다. 기원문이나 조건문에서 흔히 발견된다.' 그리고 다음 문장을 예로 든다.

- I wish he had money enough. 그가 돈을 충분히 가지고 있으면 좋을 텐데
  If he had money enough. 그가 돈을 충분히 가지고 있다면

이 두 문장의 특징이 뭘까? 바로

- He has money enough. 그는 돈을 충분히 가지고 있다

이 명제와 대립하고 있다는 것이다.

---

* 이 부분은 오토 예스퍼슨의 "문법의 철학" (한국문화사, 2014, 442~443페이지)을 인용했다.

어떤 명제가 현재시제로 참일 때 과거시제로 바뀌면 거짓이 된다. 매우 단순한 원리지만 인간의 언어에서 이는 중요한 역할을 한다. 그리고 이런 표현 기법은 비단 영어뿐만이 아니라 대다수의 유럽어와 한국어에서도 발견된다.

현재 참인 명제를 미래시제로 바꾸어 추측으로 만든다는 발상은 이를 조금 응용한 것에 지나지 않는다. 이제 여기서 한발 더 나가보자.

'과거시제'를 쓰는 것이 '현재의 사실'에 반대되는 상상을 하는데 쓰인다면 '과거의 사실'에 반대되는 상상 또한 할 수 있지 않을까? 과거의 사실에 반대되는 상상? 어려운 개념 같지만 사실 우리가 일상에서 종종 하는 말에 숨어있다.

- 내가 그때 그 땅을 샀더라면…
  내가 그걸 그때 알았더라면…
  내가 그날 그 자리에 없었더라면…
  내가 그날 그 말만 안 했더라면…

내가 하지 않았거나 또는 했던 일들에 대해 후회하는 맥락에서 많이 볼 수 있다. 이 중 한 문장을 선택하여 '과거의 사실'에 반대되는 상상을 언어로 나타내는 과정을 보도록 하자.

- 내가 그때 그 땅을 샀더라면…

많은 이들의 공감을 얻을 수 있는 문장을 선택했다. 자, 이제 이 문장을 자세히 들여다보자. 과거에 나는 그 땅을 실제로 샀는가? 아니다. 그랬다면 이런 대사는 나올 수 없다. 여기부터가 정말 중요하다. 우리는 특정 시점의 사실을 상상이나 추측으로 바꾸기 위해 그 시점을 기준으로 한 단계 과거나 미래로 움직이곤 한다. 즉,

- I bought the land then. 나는 그때 그 땅을 샀다.

이렇게 말하면 내가 과거 그때 실제 땅을 샀다는 말이 되지만

- I had bought the land then.

이렇게 과거 그때보다 한 단계 더 과거로 시제를 바꾸는 순간 이것은 '상상'이 된다. 생각보다 논리가 단순하지 않은가? 자, 그리고…

- If I had bought the land then… 내가 그때 그 땅을 샀었더라면…

접속사 if를 붙이는 순간 화자가 과거 사실에 반대되는 상상 즉, '가정'을 하고 있음을 나타내게 된다. 이제부터 우리는 판타지를 쓸 수 있다. '실제 결말'이 아닌 '다른 가능한 결말'을 떠올려 볼 수 있는 것이다. 혹시 영화 〈나비효과〉를 본 적이 있는가? 과거의 사실이 바뀌면 이후의 결과가 상응하여 바뀌는 것이 이 영화의 테마다. 과거 사실에 반대되는 가정이라는 것은 바로 이 영화의 스토리 전개법을 떠올리면 쉽게 이해가 된다.

이제 나의 과거를 (상상 속에서) 바꾸었으니 실제와는 다른 결말을 써보도록 하자.

- If I had bought the land. 내가 만약 그 땅을 샀더라면/샀었더라면…

한국어로는 어떻게 해석하셔도 좋다. 영어에 비해서 덜 까다로운 언어니까. 이제부터는 실제와 다른 결말을 써보자. 다만, 이 작업을 하기 위해서 먼저 되새겨야 할 내용이 있다. 바로 조동사의 속성이다.

> will의 과거형 would와 can의 과거형 could는 문장 내 전체 내용이 과거시점에 매어있을 경우 바로 그 과거 시점에서 본 미래를 나타낼 수 있다.
> - I thought I would do that. 나는 내가 그걸 할 거라고 생각했어.
> - I thought I could do that. 나는 내가 그걸 할 수 있을 거라고 생각했어.

자, 그런데 여기서 굳이 should를 언급하지 않는 이유는 오늘날 현대 영어에서 shall의 과거형이 should라고 규정하기 어렵기 때문이다. 여기에 대한 자세한 설명은 뒤에서 다룰 예정이니 먼저 should를 규정해보자. should는 사실상 shall을 거의 대체했다. 즉, should는 현재형도 should고 과거형도 should라고 볼 수밖에 없는 특이한 조동사다. 이제부터 우리는 오로지 상상력으로 결말을 써야 한다. 그래서 창의력이 필요하다.

- If I had bought the land. 내가 만약 그 땅을 샀더라면/샀었더라면…

이후 어떤 가능한 결말이 있었을까?

1. 나는 돈을 많이 벌었을 텐데
2. 나는 돈을 많이 벌 수 있었을 텐데

뭔가 써 놓고 보니 내가 원하는 결말 같다. 어쨌든 이 두 가지 모두 한번 써보겠다. 이 두 문장을 영어로 쓰기 위해서 먼저 한국어를 분석하겠다.

1. 나는 돈을 많이 벌었을 텐데
   → 물론 언어체계가 너무 달라서 딱 떨어지게 번역하기는 어렵지만, 이 말은 그 이후 내가 돈을 많이 버는 행위를 했을 것이라는 뜻이다. 그러면 would가 들어가면 좋다.
2. 나는 돈을 많이 벌 수 있었을 텐데
   → 이 말은 이후 그럴 가능성이 있었을 것이라는 말이다. 그러면 could가 들어가면 좋다.

이제 한번 진짜 저런 문장을 만들어보자. 일단

- I made a lot of money. 나는 돈을 많이 벌었다.

이렇게 말하면 내가 과거에 실제로 돈을 많이 벌었다는 뜻이 된다. 그러나 지금 우리가 하려는 것은 '상상'이다. 시제를 하나 더 과거로 바꾸어 보자.

- I had made a lot of money. 나는 돈을 많이 벌었었다.

이제 여기 어딘가에 would와 could를 넣어보자. 가장 일반적인 조동사의 위치를 고려하여 두 문장을 써보겠다.

- I would had made a lot of money.
- I could had made a lot of money.

그러면 이제 다 된 것일까? 한 가지 문제가 남았다. 영어뿐 아니라 모든 유럽어 문법의 대원칙 '조동사 뒤에는 동사원형을 쓰라'에 의거하여 문장을 조금 변형해야 한다. 그럼 이렇게 바뀐다.

- I would **HAVE** made a lot of money.
- I could **HAVE** made a lot of money.

어라?

- I would have made a lot of money. 나는 돈을 많이 벌었을 것이다.
- I could have made a lot of money. 나는 돈을 많이 벌 수 있었을 것이다.

그 유명한

- would have p.p.
- could have p.p,

시리즈가 나왔다! 매우 행복한 (가짜) 결말이다. 아, 그런데 여기서 두 가지 의문점!

1. 그럼 should는 어떻게 쓰는가?
2. 결말의 시점을 현재로 옮긴다면?

앞서 설명한대로 현대영어에서 should는 shall의 과거형이라고 규정하기 어렵다. **오늘날 (최소한 미국영어에서는) should는 shall을 거의 대체했다고 말해도 과언이 아니다.** 물론 여전히 shall의 과거형으로서의 역할을 수행하고 독자적 뉘앙스를 갖지만 should가 마치 독립된 단어인 것처럼 사용되어 should의 과거형이 따로 있을 것 같은 착각이 들 지경이다. 그러나 should는 그 자체가 과거형임을 유념하자. 즉,

- I had made a lot of money. 나는 돈을 많이 벌었었다.

이 문장에 would와 could를 넣어 실제 벌어진 일과 반대되는 결말을 지어냈던 방식 그대로 should를 사용하면 된다.

- I should have made a lot of money.

그러면 이런 문장이 나오는데 정확히 어떤 뜻일까? **should는 '~해야 한다'**라는 뜻으로 자주 쓰인다. 그러니 이를 과거로 돌려보면 '~해야 했다' 정도가 된다.

- I should have made a lot of money. 나는 돈을 많이 벌었어야 했다.

그러니 이런 뜻이 완성되는 것이다. 그런데 내가 굳이 should를 따로 다룬 이유가 여기에 있다. 언어는 논리인데, 우리가 앞서 설정했던 '조건'은

- If I had bought the land. 내가 만약 그 땅을 샀더라면

바로 이것이다. 이 조건과 자연스럽게 연결이 된다면 써도 좋다.

- If I had bought the land. 내가 만약 그 땅을 샀더라면,
  I should have made a lot of money. 나는 돈을 많이 벌었어야 했다.

그러나 이는 인간사회에서 일반적으로 통용되는 논리가 아니다.

- I should have made a lot of money. 나는 돈을 많이 벌었어야 했다.

이 말은 어떠한 상황과 조건이 조성되어서 자연스레 발생하는 결과를 의미하지 않는다. 대신 '내가 실제로는 돈을 많이 벌지 않았지만/못했지만, 그 반대로 했어야 한다고 생각한다'라는 말에 가깝다. 즉,

- I should have made a lot of money. 나는 돈을 많이 벌었어야 했다.

이 말은 과거에 내가 했던 잘못된 선택, 결정 그리고 과거에 내가 결국 지키지 못했던 의무 등에 대한 아쉬움의 표현에 가깝다. 그래서 보통 '과거 사실에 대한 후회'를 나타낸다고 규정된다. 이것이 우리가 흔히 공식적으로 외우던 should have p.p.(과거분사) 의 정체성이다. 이에 맞게 조건을 바꾸어 보겠다.

- If I really wanted to buy the land, 내가 만약 정말로 그 땅을 사고 싶었다면,
  I should have made a lot of money. 나는 돈을 많이 벌었어야 했다.

매우 자연스럽다. 언어는 '논리'를 가진 자를 위한 무기다. 공식을 암기하는 것으로 임기응변은 할 수 있으나 창조는 할 수 없다. 모두 '원리'에 집중하자. 복습을 위해 아래 문장을 한번 읽어보도록 하자.

- If I had wanted to master English, 내가 만약 영어를 정복하고 싶었다면,
  I should have taken Jihu Ju's English class.
  나는 주지후 선생님 영어 강의를 수강했어야 했다.

지금까지 만들어 본 '과거 사실에 반대되는 가정과 결말'들을 모아 보았다.

- If I had bought the land, I would have made a lot of money.
  만약 내가 그 땅을 샀더라면, 나는 돈을 많이 벌었을 것이다.
- If I had bought the land, I could have made a lot of money.
  만약 내가 그 땅을 샀더라면, 나는 돈을 많이 벌 수 있었을 것이다.
- If I wanted to buy the land, I should have made a lot of money.
  만약 내가 그 땅을 사고 싶었다면, 나는 돈을 많이 벌었어야 했다.

뭔가 속이 시원하다. 그렇게 지금까지 속을 썩여왔던 '가정법 과거완료'라는 끔찍한 터널을 통과한 느낌이다. 그리고 이 터널의 끝에 최종 관문이 하나 당신을 기다리고 있다. 내가 질문을 던지겠다.

- If I had bought the land, 내가 만약 그 땅을 샀더라면,

이 전제조건의 결말이 꼭 과거에 국한될 필요가 있을까? 즉, 과거에 대한 상상만 가능할까? 자, 이해를 돕기 위해서 아래 문장을 다섯 번 읽어보도록 하자.

- 내가 만약 1970년대에 강남에 땅을 사났더라면

자연스럽게 감정 이입이 된다. 여러분 입에서 무슨 말이 나오려 하는가?

- 지금 나는 아마도…

정답이다. 당신은 현재에 대한 상상을 하게 된다. 만약 평행우주가 있다면 그 또다른 나는 지금 어떻게 살고 있을까? 이런 생각을 하는 것이다. 앞서 조동사에 대해 설명 드린 내용을 다시 한번 보고 도전하기로 하자.

- will: ~할/일 것이다
- would: ~할/일 것 같다
- can: ~할/일 수 있다.
- could: ~할/일 수도 있다.

조동사의 과거형은 실제 과거를 묘사할 때도 쓰이지만, 그 조동사의 약한 버전 즉, 추측이나 상상을 나타내기도 한다.

- I will go there. 거기에 갈 것이다.
- I would go there. 거기에 갈 것 같다.

이 내용 모두 기억이 나셨으면 좋겠다. 그런데 이 '추측'과 '상상'은 반드시 미래에만 국한되지는 않는다. 생각해 보면 어차피 추측과 상상이라는 것은 시공간을 초월한 것이다. 과거는 기억된 현재이고 미래는 현재를 바탕으로 한 예측일 뿐이다. 즉,

- I would be happy now. 내가 지금 행복할 텐데.
- I would be sad now. 내가 지금 슬플 텐데.

이렇게 추측과 상상을 나타내는 조동사의 과거형을 쓰고 시점을 현재로 명시해 주면 현재에 대한 상상을 할 수 있다. 여기까지 이해하셨다면 이제 이 문장이 자연스러워 보일 것이다.

- If I had bought the land 내가 그 땅을 샀더라면
- I would be rich now 나는 지금 부자일 텐데

이렇게 전제조건이 과거더라도 그 결말은 현재일 수 있다. 이런 표현 방식을 우리는 두 시점을 혼합하였다 해서 '혼합 가정법'이라 부른다. 다시 한번 복습을 위해 아래 문장을 다섯 번 읽고 넘어가기로 하자.

- 내가 주지후 선생님 영어 강의를 수강했었더라면, If I had taken Jihu's English class,
- 나는 지금 영어를 매우 잘할 텐데. I would be very good at English now.

이제 우리는 should have p.p. 라고 무작정 외웠던 녀석의 정체를 안다. 다시 두 사람의 대화를 읽어보자. John의 대사를 다시 보자. 'I know that you should have done that on time... 네가 그걸 맞추어 끝냈어야 했다는 건 알고 있다...'는 말이 어떻게 들리는가? 이미 벌어진 일이라 되돌릴 수는 없지만 유감을 표할 뿐이다. 이를 'should ~해야 한다'라는 단어에 꽂혀 오해하면 안 된다.

LESSON 4 조동사의 과거형

ENGLISH GRAMMAR

> Min과 John은 차를 타고 미팅 장소로 가고 있다. 제 시간에 도착할 수 있다고 생각한다는 Min에게 John은 이렇게 답한다 "...I thought we could..." 이에 자기가 운전을 더 빨리 할 수 있다고 말하는 Min! 위험을 감지한 John의 말이 인상적이다. "I know you can, but we could die!" 이 마지막 문장을 어떻게 이해해야 할까?

> Min : I think we can arrive on time.
> John : Ah… I thought we could but…
> Min : I can drive faster.
> John : I know you can, but we could die!

옥스퍼드 영한사전은 can의 첫 두 정의를 다음과 같이 명시하고 있다

1. <가능> ~할 수 있다
2. <능력> ~할 줄 알다

여기서 <가능>과 <능력>을 잘 구분해야 한다. 한국어로 '~할 수 있다'라는 표현은 사실상 '가능하다'와 '그럴 능력이 있다' 둘 다를 의미하기 때문에 혼동하기 쉽다.

- Can you call back tomorrow? 내일 다시 전화해 주시겠어요?

이 경우 can은 <가능> 이다. '내일 다시 전화주실 능력이 됩니까?'라고 바꿔 보면 바로 <능력>이 아니라는 것은 알 수 있을 것이다. 그렇다면 '능력'은 무엇일까?

- I can swim across the river. 나는 수영해서 그 강을 건널 수 있다.

이 경우 can은 <능력> 이다. 내가 물에 들어가서 팔 다리를 이용해 전진하여 그 강 끝에서 끝으로 이동할 수 있다는 뜻이니까. 이 '능력'을 과거형으로 말할 때, 즉 과거의 능력을 이야기할 때 could를 쓸 수 있다.

- When I was young, I could swim across the river.
  젊었을 때, 나는 그 강을 수영해서 건널 수 있었다.

그런데 아래 문장은 무슨 뜻일까?

- I could eat a horse.

이걸 '나는 말 한 마리를 먹을 줄 알았다'라고 해석하면 곤란하다. 상식에 의거하여 이것은 과거의 일반적 능력일리가 없다고 판단하고 '비현실적인 상상'으로 봐야 한다. 그러니 이 could는 이전에도 설명했듯 can을 구부려서 만든 '약한 can'에 불과한 것이다. 즉, I could eat a horse라는 문장은 다음과 같은 뜻에 가깝다.

- I could eat a horse. 나는 말 한 마리를 먹을 수도 있다.

이것은 일종의 '과장법'으로 보면 된다. 말 한 마리를 다 먹을 만큼 배가 고파 죽겠다는 말이다. 이렇게 could의 쓰임이 엉망이 되어버린 현대 영어는 그래서 이런 규칙을 두고 있다.

> **could**는 누가 과거에 대체로 할 수 있던 어떤 일에 대해 쓴다.
> Our daughter **could** walk when she was nine months old.
> 우리 딸은 생후 9개월 됐을 때 걸을 줄 알았다.
>
> **was/were able to**나 **manage**는 과거 어느 특정한 경우에 가능하던 어떤 일에 대해 쓴다.
>
> **could**는 이런 뜻으로 쓰이지 않는다)
> I **was able to**/managed to find some useful books in the library.
> 나는 도서관에서 유용한 책을 좀 찾을 수 있었다.
> I could find some useful books in the library.　　　　　[출처 : 옥스퍼드 영한사전]

그런데 영어 원어민들이 이 규칙을 부정형 couldn't에는 적용하는 걸 깜빡했나 보다.

> 부정문에서는 **could not**도 쓸 수 있다.
> We **weren't able to/didn't manage to/couldn't** get there in time.
> 우리는 시간 안에 거기에 도착하지 못했다.

이쯤 되면 '현대 영어는 변해가는 과정에 있는 과도기적 언어에 불과하다'라는 학자들의 말이 이해가 된다.

will

지금까지의 긴 설명을 통해 여러분들 중 대부분은 이제 조동사는 원래 독립된 동사였고 각자 고유한 뜻이 있었다는 것을 잘 알고 계실 것이다. 예를 들어, will은 원래 '~를 원하다'라는 뜻을 가진 동사였다는 것 등 말이다. 오늘날 will은 '~일/~할 것이다'라는 보조 역할 즉, '조동사' 역할을 맡는 경우가 99%다. 그러다 보니 원래는 자연스럽게 존재했던 will의 과거형 would를 현대영어 관점에서 이해하기가 상당히 어렵다. 그리고 이는 또한 수많은 선무당들이 "조동사는 과거형이 없다!"는 둥 헛소리를 하며 사람을 잡는 계기가 된다.

전문가로서 혼란을 종식하고자 한다.

일단 would는 will의 과거형이다. 그렇다면 원칙상 would는 어떤 뜻이 되어야 하겠는가? will 이 '~할 것이다'이므로 would 는 '~할 것이었다'라는 뜻이 되어야 한다. 그리고 놀랍게도 실제 이 뜻이다. 다음 두 문장을 보자.

1. I will go to his wedding this weekend.
2. I thought I would go to his wedding that weekend.

이 두 문장은 문법과 의미 어느 면에서도 문제가 없다. 이제 두 문장의 한국어 번역을 자세히 보도록 하자.

1. I will go. 나는 갈 것이다.
2. I thought I would go. 나는 갈 것이라고 생각했다.

시점이 과거이면 will이 would로 바뀌는 영어와 달리 한국어는 '갈 것이다'를 과거 시점에 쓴다고 '갈 것이었다'라 바꾸지 않는다. 이건 그냥 언어 체계가 다른 것이다. 거꾸로 영어가 모국어인 사람에게

> **영어에 알맞은 우리말을 괄호에서 고르시오.**
> I thought I would go.
> [갈 것이/갈 것이었]라고 생각했다.

이런 한국어 시험 문제를 내면 엄청 괴로워할 것이다. 분명히 어학당에서 '-었'이 과거를 뜻하는 선어말어미라고 배웠는데 왜 답이 아닌가! 생각만 해도 꿀잼 아닌가? 이렇게 언어체계가 달라서 벌어지는 오해는 더욱 정확히 이해하려 애쓰고 합리적으로 인정하고 받아들여야 한다.

앞서도 언급했듯이 오토 예스퍼슨 Otto Jespersen은 《문법의 철학 *Philosophy of Grammar*》에서 '시제의 비시간적 용법' 이라는 주제를 다룬다. 이 주제의 내용을 한 문장으로 요약하자면 다음과 같다.

> • "시간 관계를 나타내는 문법적 기호가 때로는 다른 개념적 목적에 사용될 때가 있다."

예스퍼슨의 말을 조금 쉽게 풀어서 설명하자면 이렇다.

> '미래는 불확실한 것이다. 따라서 미래시제로 표현하는 것은 추측이나 짐작을 나타낼 수도 있다.'
>
> • **He will already be asleep.** 그는 이미 잠들었을 것이다.
>   → 미래 시제를 통한 현재에 대한 추측

흥미롭게도 예스퍼슨의 이 설명은 한국어에도 들어맞는다. 한국어에서 '-겠-'은 미래의 일과 추측, 짐작을 모두 나타낸다. 그리고 과거시제 역시 비시간적 용법에 사용된다는 점을 고려하면 would를 이해할 수 있는 길이 열린다. 어떠한 사실을 과거시제로 쓰면

> • **Back then, he was very kind.** 그때는, 걔가 참 착했다 (지금은 착하지 않다)

현재는 그렇지 않다는 논리를 내포하고 있는 경우가 많다. 이 원리에 의해 과거시제로 현재 사실에 대한 반대의 상상을 표현할 수 있게 된다. 현대영어의 가정법이 바로 이 논리로 움직이고 있다.

> • **If he had a lot of money** 그가 (지금) 돈을 (없지만) 많이 가지고 있다면

안 그렇지만 그렇다고 상상해보자는 것이 바로 오늘날의 가정법이다. 그래서 가정을 할 때는 늘 시제가 하나씩 과거로 후퇴한다. 그렇다면 우리는 이렇게 결론 내릴 수 있다.

> 미래를 나타내는 단어를 과거형으로 쓰면 그만큼 그 미래가 실현될 가능성이 떨어진다.
>
> • **I think he will come.** 그가 올 것이라고 생각한다.
> • **I think he would come.** 그가 올 것 같다고 생각한다.

바로 이렇게 '~것이다'와 '~것 같다'라는 의미 차이를 만들어 낼 수 있다. 즉, would는 두 가지 역할을 겸하고 있다.

- 1. will의 과거
    → I thought he would come 그가 올 것이라 생각했다.
- 2. will의 가능성 낮은 버전
    → I think he would come 그가 올 것 같다고 생각한다.

자, 이제 다 함께 다음 과제에 도전해보도록 하자.

A: 걔한테 우리랑 저녁 같이 먹자고 해 봤니?
B: 걔는 싫다고 하겠지!
A: 걔가 싫다고 할 것 같아?

이 대화에서 "싫다고 하겠지!"와 "싫다고 할 것 같아?"라는 말을 영어로 하면? 이 과제를 수행하기 위해서 먼저 한국어의 '-겠-'과 '-것 같다'라는 말이 정확히 어떤 뜻인지 알아보겠다. '-겠-'은 흥미롭게도 '미래의 일'과 '추측'을 모두 나타낸다. 이는 예스퍼슨이 말한 것과 결이 같다.

- "미래시제는 현재시제에 관한 단순한 추측이나 짐작을 나타낸다."

한국어에서 미래시를 나타내는 또 다른 표현은 '-ㄹ 것이다'인데 여기에 '-같다'라는 말이 더해지면 불확실한 단정을 나타내는 효과가 있다. 이는 예스퍼슨이 과거시제에 대해 한 설명과 상당히 유사하다.

- "과거시제는 비현실성, 불가능성 등을 나타내는 효과가 있다"

영어에서 미래시를 나타내는 말을 과거형으로 바꾸어 쓰면 추측, 짐작에 비현실성이 가미된다. 이것이 바로 would가 맡고 있는 역할이다. 즉, 한국어의 미래시를 나타내는 어미 '-겠-'과 그것의 불확실한 버전인 '~것 같다'는 would와 아주 진~한 교집합이 있다. 자, 그러면…! 직접 확인해보도록 하자.

- 걔는 싫다고 하겠지!
- 걔가 싫다고 할 것 같아?

먼저 "걔가 싫다고 한다"라는 단순 현재형 평서문을 영어로 하면

- "He says no." 정도가 된다.

그리고 "걔가 싫다고 할 것이다"라는 단정적인 미래 표현은

- "He will say no." 정도가 될 것이다.

그러면 '걔는 싫다고 하겠지!'라는 말을 영어로 옮기면? 그렇다.

- "He would say no!" 이 정도 될 것이다.

"걔가 싫다고 할 것 같아?" 이 말을 영어로 옮기면?

- "Would he say no?" 그렇다! 이 정도 될 것이다.

자, 이제 would와 could를 엮어서 정리해보도록 하자.

- will: ~일/~할 것이다 → would - ~일/~할 것 같다
- can: ~일/~할 수 있다 → could - ~일/~할 수도 있다

일반적으로 과거시제를 쓰면 사실과 멀어지는 경향이 있다. 그래서 조동사의 과거형은 불확실성을 나타낼 수 있다. 그래서 다음과 같은 뉘앙스를 풍기게 된다.

- It could shorten his career. 그것이 그의 경력을 단축시킬 수도 있을 것이다.
- If you like, we could go out this evening.
  괜찮으시면 오늘 저녁에 함께 데이트할 수도 있어요.

우리가 흔히 보는 가정법 문장들은 모두 이렇게 만들어진다.

- I would feel guilty if I did it. 만약 내가 그걸 한다면 죄책감을 느낄 것 같아요.

또한 조동사와 조동사를 결합하여 또 다른 느낌을 만들어 내기도 한다.

- I would have to admit it. 나는 그걸 인정해야 할 것 같다.

영어 회화에서 이런 구문이 자주 쓰인다.

- It would be nice to... ...하면 좋을 것 같다

꽤나 완곡하고 젠틀한 표현이기 때문이다. 여기까지 제대로 이해한 사람이라면 다음과 같은 문장의 뉘앙스를 이해할 수 있다. 친구의 말에 속이 상한 사람에게

- "A true friend wouldn't say that."

이렇게 말한다면 어떤 뜻이 될까?

> - A true friend wouldn't say that.
>   진정한 친구는 그런 말을 하지 않을 것 같다/하지 않겠지.
>   → 그러니 걔는 진정한 친구가 아니다.

이것이 소위 말하는 if 없는 가정법이다. 이해가 되었는가? 그러면 다음과 같은 문장의 뉘앙스도 이해할 수 있다. 자녀의 시험 성적 발표 전이라고 가정해보자. 여기서

- "He could surprise us all."

이렇게 말한다면?

> - He could surprise us all. 걔가 우리 모두를 놀라게 할 수도 있다.
>   → 아주 시험을 잘/못 봤을 수도 있다.

그렇다. 역시 소위 말하는 if 없는 가정법이다. 자, 이제 당신은 다음과 같은 문장의 뉘앙스도 이해할 수 있다. 전 재산을 비트코인에 투자하겠다는 친구에게

- "I wouldn't do that!"

이렇게 말하면?

> - I wouldn't do that! 나는 그렇게 안 할 것 같아!
>   → 내가 너라면 그렇게 안 할 것이다.

If I were you 가 없어도 가정법인지 바로 알아볼 수 있지 않은가? 이게 진짜 영어다.
이제 두 사람의 대화를 다시 읽어보자. Can과 could의 향연이다!
Min의 첫 대사에 답한 John의 말을 다시 보자. 'I thought we could... 그럴 수 있을 거라 생각했다...'는 말에서 could는 단순히 can의 과거형이다. Thought이 think의 과거형이니 시제 일치를 위해 can을 could로 바꾼 것 뿐이다. 그러나 마지막 대사에서 John이 쓴 could는 다르다. 'we could die 우리가 죽을 수도 있다'는 말은 추측, 암시, 가능성을 나타낸다. 이를 'we can die'라고 하면 험악한 말이 되어버린다.

ENGLISH GRAMMAR

LESSON 5　have to와 must

> 뭔가 안 좋은 일이 생긴 것 같다! 공지를 읽어보았냐고 물어보는 John. 아직 읽어보지 않았다고 답하는 Min에게 이렇게 전한다 "...we must wear formal clothes only." 그리고 이에 놀라 Min이 되묻는다 "We must?" 과연 must는 어떤 느낌일까?
>
> John : Did you read the notice on the board?
> Min : Oh, I haven't read it yet.
> John : As of tomorrow, we must wear formal clothes only.
> Min : What? We must?
> John : Yes

앞서 살펴본 문장 중 would have to가 나왔었다. have to 라는 표현은 어떻게 나오게 되었을까? 그리고 must와 어떤 차이가 있을까? 일단 must를 사전에서 찾으면 이런 내용이 나온다.

> **must**
> 1. 법조동사 (필요성·중요성을 나타내어) …해야 하다
> 2. 법조동사 (추정·논리성을 나타내어) (틀림없이) …일 것이다[…임에 틀림없다]
> 3. 명사 비격식 꼭 해야[봐야/사야 등] 하는 것, 필수품
> [출처 : Oxford Advanced Learner's English-Korean Dictionary]

have to를 사전에서 찾으면 이런 내용이 나온다.

CHAPTER 7　조동사와 가정법　189

> **have to**
>
> 1. 법조동사 ('의무'를 나타내어) …해야 한다(부정문에서는 '…하지 않아도 되다[…할 필요 없다]')
> 2. 법조동사 ('충고·권고'를 나타내어) …해야 한다
> 3. 법조동사 ('확신'을 나타내어) 틀림없이 …일[할] 것이다
>
> [출처 : Oxford Advanced Learner's English-Korean Dictionary]

대체 뭐가 다르지? 이런 질문이 나올 법도 하다. 둘 다 '~해야 한다'라는 의미와 '틀림없이 ~일 것이다'라는 의미를 가지고 있다. 여러분이 이미 배워서 알고 있는 차이점은 다음 두 가지일 가능성이 높다.

> 1. 부정형으로 쓰이면 뜻이 다르다
>   - must not: ~하면 안 된다.
>   - do not have to: ~할 필요 없다.
> 2. 과거형의 유무
>   - must: 과거형 없음
>   - have to: 과거형 Had to

다들 고개를 끄덕이실 거라 믿는다. must와 have to의 부정형은 의미가 완전히 다르다.

> - You must not go there. 너는 거기에 가면 안 된다.
> - You don't have to go there. 너는 거기에 갈 필요가 없다.

그런데 이쯤에서 이런 의문이 든다. 원래 뜻이 비슷한데 부정형으로 바뀌면 왜 뜻이 달라질까? 이걸 이해하기 위해서는 먼저 'have to'라는 변종(?)에 대한 기초 지식이 필요하다. have to가 어떻게 탄생했는지에 대한 유력한 설은 이렇다.

> - have(가지고 있다) + to 동사원형(동사하기/할 것)

처음에는 이렇게 조합되어 쓰였던 것 같은데 이 말을 가만히 들여다보면 '~하기/할 것을 가지고 있다'라는 뜻에 가깝다. 그러면 곧 '~해야 한다'라는 뜻에 가까워진다. 조금 이해가 어려운가? 잘 생각해보시라. 이는 마치 한국어에서 '내가 거기 갈 일이 있다'나 '당신을 만날 일이 있다'등의 표현이 '가야 한다'나 '만나야 한다'라는 뜻이 되는 것과 비슷한 원리다. 그러니 'don't have to~'는 '~할 것/일이 없다'라는 말이 된다. 그러니

'~하면 안 된다'와 전혀 다른 뜻이 된다. have to는 비교 언어학적 관점에서도 상당히 흥미롭다. 영어와 가장 가까운 언어인 독일어에는 이런 표현이 없는 반면 프랑스어에는 있다.

- avoir à (프랑스어) = have to (영어)

avoir가 have와 뜻이 같고 à는 to와 같다. 두 언어 모두 이 뒤에 동사원형을 붙여 쓴다. 그리고 정확하게 같은 뜻으로 쓴다. 추정컨대 중세를 거치면서 프랑스어의 영향을 받아 영어에서도 have to라는 단어 조합이 쓰이게 된 것 같다. 물론 이는 하나의 가설일 뿐이다. must는 그보다 더 오래 전부터 게르만어에서 쓰이던 단어다. 따라서 게르만 계열의 언어들에는 모두 이와 대응하는 단어가 있다.

그런데 must와 have to의 뜻은 정말 같을까? 사실 사전을 보면 거의 같아 보인다. 그리고 실제로도 미국영어에서는 이 둘의 구분이 쉽지 않은 경우가 많다. have to가 더 구어체에 더 가까울 뿐이다.

잠깐! 이런 내용을 다룰 때 늘 덧붙이는 내용이 있다. 미국이라는 나라는 정말 말도 안 되게 크고 매우 다양한 사람들이 엄청나게 많이 모여 사는 곳이다. 즉, 미국 영어가 딱 무엇이다 또 어떻다고 규정하는 것은 불가능하다. 그래서 최대한 검증된 학술기관의 자료만을 참고, 인용하고 있음을 독자 분들이 알아 주시길 바란다. must와 have to의 차이가 영국영어에서는 보다 명확한 편이다.

- must: 화자가 의무를 부여하는 주체
- have to: 외부에서 부여되는 의무를 언급

예문을 보시면 쉽게 이해가 될 것이다.

- I must stop drinking. 나는 술을 끊어야 한다. (나의 바람)
- I have to stop drinking. 나는 술을 끊어야 한다. (의사의 지시)

딱 감이 오지 않는가?

- You must go there. (내가 생각하기에) 너는 반드시 거기에 가야 한다
- You have to go there. (규정상, 상황 때문에) 너는 반드시 거기에 가야 한다.

그리고 격식, 비격식의 관점에서 보면 규정이나 법을 얘기할 때는 must를 쓰는 것이 일반적이다.

- All the applicants must submit their resumes.
  모든 지원자는 이력서를 제출해야 한다.

이는 영/미 영어 차이를 떠나서 보다 더 보편적인 구분법이라 할 수 있다. 나는 개인적으로 현대 미국 영어에서 have got이나 have got to같은 표현이 많이 쓰이는 것이 참 흥미롭다. 현대 미국 영어에서 get의 과거분사는 gotten이 표준이다. 즉, have got이나 have got to 는 사실 영국 영어의 '현재완료'에 해당하는데 대다수의 미국인들은 그 기원은 모른 채 이를 그냥 '구어체'로 인식하고 있다.

아참…! 그건 그렇고 must는 왜 과거형이 없을까? 현대 영어의 '조동사'들은 모두 예전에는 그냥 '동사'였다.

- will 바란다
- would 바랐다
- can 안다
- could 알았다
- may 가능하다
- might 가능했다

이런 식으로 현재-과거 짝으로 17세기 까지도 쓰였다. 그런데 이 중에 정말 특이하게도 아주 오랫동안 오로지 현재형만 가지고 있는 녀석이 must이다. 왜 그럴까? 지금부터 다음 단어들을 가만히 들여다보자.

- bought
- built
- caught
- dealt
- taught
- kept

혹시 공통점이 보이는가? 그렇다. 이 단어들은 모두 '과거형'이다.

- bought 샀다
- built 지었다
- caught 잡았다
- dealt 다루었다
- taught 가르쳤다
- kept 유지했다

그리고 모두 마지막이 t로 끝난다. 설마…?! 충격적이겠지만 must는 원래 '과거형'이다. 그런데 이 과거형이 현재형보다 활용도가 높아서 워낙 많이 사용되다가 어느 순간 현재형은 사라지고 얘만 남게 되었다.

> 아주 먼 옛날 motan이라는 단어가 있었다. 뜻은 '해야 한다'였다. 그런데! 이 단어의 과거형 moste가 현재형 motan보다 조금 약하고 정중한 뜻으로 여겨져 사용빈도가 높아졌다. 그러다가 아예 현재형을 대체해 버렸다. 이것이 바로 오늘날의 must다.

와… 속 시원하다. 영어의 설계도를 들여다보면 별거 아닌 게 참 많다. 앞서 필자가 언급한 바로 이 부분

> "나는 개인적으로 현대 미국영어에서 have got이나 have got to같은 표현이 많이 쓰이는 것이 참 흥미롭다. 현대 미국영어에서 get의 과거분사는 gotten이 표준이다. 즉, have got이나 have got to 는 사실 영국 영어의 '현재완료'에 해당하는데 대다수의 미국인들은 그 기원은 모른 채 이를 그냥 '구어체'로 인식하고 있다."

여기에 대해서 상세히 설명을 하고자 한다. 그러기 위해서는 먼저 have와 have got의 차이점을 알아야 한다. 현대 미국 영어에서 have와 have got은 사실상 같은 뜻이다. have got이 영국에서 더 많이 쓰일 뿐이다. 허나 둘은 분명히 차이가 있다. 미세하지만 확실한 차이! 그것을 문법적, 의미적 차이로 나누어 설명 드리고자 한다.

먼저 have와 have got을 '~를 갖다, 소유하다'라는 뜻으로 쓴다면 둘은 완전히 호환 가능하다. 그냥 have got이 have와 같은 '하나의 동사'라고 생각하시면 편하다.

- My brother has a red car. 우리 형은 빨간 차를 가지고 있다.
- My brother has got a red car. 우리 형은 빨간 차를 가지고 있다.

여기서 '감'을 논하는 것은 매우 어렵다. 원어민들끼리도 서로 의견이 갈리기 때문이다. 다만! '문맥'이 주어지면 이 둘은 서로 다른 어감을 가질 수 있다. 만약 누군가가 이렇게 물었다고 치자.

- Does your brother have a blue car? 너희 형이 파란 차를 가지고 있니?

그런데 내 형이 사실 빨간 차를 가지고 있다면? 여기에 대한 답으로

- No, he's got a red car.
  (He's got = He has got)

이렇게 대답할 수 있다. 이 때 뉘앙스는 '아니 우리 형의 차는 (파란 게 아니라) 빨간 차야'에 가깝다. 즉, 특정 질문에 대한 답으로 '누구 has got 무엇'은 '언급된 그것' 말고 '(다른) 무엇'을 가지고 있다는 말에 가깝다. 이제 문법적 차이를 보도록 하자.

- He has a red car. 그는 빨간 차를 가지고 있다.
- He has got a red car. 그는 빨간 차를 가지고 있다.

이 둘은 부정문, 의문문으로 바뀔 때 서로 전혀 다른 방식을 따른다. 사실 여기서부터는 이 둘의 차이를 넘어서 영국, 미국 영어의 차이와 영어의 역사를 논해야 하는데… 그건 뒤에서 다시 다루도록 하자.

- He has a red car. 그는 빨간 차를 가지고 있다.

이 문장을 부정문으로 만들 때는

- He does not have a red car. 그는 빨간 차를 가지고 있지 않다.

이렇게 do 동사의 도움을 받는다. 그런데!

- He has got a red car.

이 문장을 부정문으로 만들 때는...

- He has not got a red car.

이렇게 do가 들어가지 않고 has 뒤에 바로 not을 붙인다. 물론 이렇게 다 풀어서 쓰는 경우는 거의 없다. 대부분 has 와 not을 축약하여

- He hasn't got a red car. 그는 빨간 차를 가지고 있지 않다.

이렇게 말하고 쓴다. 아니 그러니까... 그런데 도대체 왜 그러냐니까?

우리는 흔히 영국 영어가 전통에 가깝고 미국영어는 현대적이라 생각한다. 과연 사실일까? 선입견이라는 게 참 무섭다. 다들 아시겠지만 미국은 영국인들이 건너가서 세운 나라다. 그리고 영국인들이 미국에 처음 도착한 건 무려 1600년대 초반이다.

이 당시 영국의 표준 영어는 런던과 런던에서 60마일 이내의 지역에서 사용된 방언을 기준으로 했다. 그런데 이 당시 미국으로 이주한 영국인의 상당수가 바로 런던 근교 지역 출신이었다. 그러므로 미국 영어는 1600년대 영국 표준 영어에서 출발했다고 할 수 있다.

즉, 미국 영어는 17~18세기 영국 표준 영어의 특징을 많이 가지고 있다. 조금 충격적이지 않은가? 가령 현대 영국, 미국 영어의 차이로 'r' 발음을 예시로 드는 경우가 많은데, 17~18세기 영국 영어에서는 work, bird, lord 등의 단어에서 r이 모두 발음되었다. 이것이 당시 영국 영어의 표준이었고 현대 미국 영어의 표준이기도 하다.

미국 영어에서 get의 과거형은 got이고 과거분사는 gotten이다. 그런데 이것이 원래 17~18세기 영국 표준 문법이다. 이후 영국 영어가 변화를 겪어서 get의 과거형과 과거분사가 모두 got이 되어버렸다. 그리고 이것이 바로 have와 have got의 차이에 숨겨진 비밀이다. have got은 영국 영어 식으로 have gotten을 표현한 것이다. 그러다 보니 당연히 이런 차이가 생긴다.

- He has got a red car. 그는 빨간 차를 가지고 있다.

이 문장을 부정문으로 만들 때는 do동사의 도움 없이 has뒤에 바로 not을 붙여야 한다. 왜냐하면 이건 원래 현재완료의 부정형이기 때문이다. 그래서

- He hasn't got a red car. 그는 빨간 차를 가지고 있지 않다.

이런 문장이 나오는 것이다. 그리고 의문문을 만들 때는 다음과 같은 규칙이 적용된다.

- He has got a red car. 그는 빨간 차를 가지고 있다.

이 문장을 의문문으로 만들 때는 do동사의 도움 없이 has가 주어 앞으로 나온다.

- Has he got a red car? 그는 빨간 차를 가지고 있습니까?

이게 원래 현재완료의 의문문 형태이기 때문이다. 아, 참고로 영국 영어에서는 그냥 have가 쓰인 문장도 do동사 없이 활용하는 경우가 많다. 예를 들면

- He has a red car. 그는 빨간 차를 가지고 있다.

이 문장을 질문으로 바꿀 때

- Has he a red car? 그는 빨간 차를 가지고 있습니까?

이렇게 말하고 쓰기도 한다는 것이다. 셰익스피어도 이런 문장을 많이 썼다.
이렇게 영어의 가면을 벗기다 보면 이런 생각이 든다. '정말 체계 없는 언어구나…' 나도 동의한다. 그래서 다른 유럽어들에 비해 영어가 유독 설명하기 어렵다. 그러다 보니 세상에는 '그럴싸한 말'만 있을 뿐 '제대로 된 설명'이 거의 없다.
과거형이 없는데 알고 보니 자신이 과거형이었던 must를 비롯해 미국인들이 현재완료인 줄 모르고 쓰고 있는 have got까지… 영어는 대체 왜 이 모양일까?

격식, 비격식 관점에서 보면 must는 '법, 의무'를 강제하는 말에 가깝다. 두 사람의 대화를 다시 읽어보자. 이제 Min이 놀란 이유를 알 것 같다. '자, 이제 여러분은 격식 있는 옷만 입습니다'라는 식으로 강제해놓았으니 얼마나 당황했겠는가?

LESSON 6 should와 shall

직장인들이 가장 기다린다는 퇴근시간을 앞둔 상황인 것 같다. 일찍 퇴근하고 싶다는 Min에게 John이 경고(?)한다 "You shouldn't do that."이라고. 여기에 Min은 "I know I don't have to do that."이라 답하는데 이게 엄청난 오해를 불러 일으키는 말이다. 아…! 어서 이 문제를 해결하자.

> Min : I want to leave work early.
> John : You shouldn't do that.
> Min : I know I don't have to do that.
> John : No…no! you should not do that.
> Min : I just said that!

과거형이 없는데 자신이 과거형인 또 다른 녀석 should에 대해 알아보도록 하자. should는 크게 다음과 같이 두 가지 뜻을 갖는다.

1. ~해야 한다
2. (아마) ~일 것이다

먼저 이 중 1번 즉, '~해야 한다'라는 뜻으로 should를 쓰면 어떤 뉘앙스를 전달할 수 있는지 상세히 보도록 하자. 다음은 옥스퍼드 영한사전 예문이다.

- You shouldn't drink and drive. 음주 운전을 하지 말아야 한다.
- You should take the baby to the doctor's.
  그 아기를 의사에게 [병원에] 데리고 가야 한다.

일단 이렇게만 봐서는 should 가 must, have to 등과 뭐가 다른 지 알기 힘들다. 그런데, 옥스퍼드 Usage Note(용법) 에는 이런 내용이 실려있다.

"어떤 일이 하기에 가장 좋거나 옳은 일임을 나타낼 때 should 가 쓰인다."

오호...! 그런데 여기서 '하기에 가장 좋거나 옳은 일' 이라는 게 무슨 뜻일까? 영영사전에서 should에 대해 강조한 부분을 다 함께 보자.

- Show what is right, appropriate, etc. 무엇이 옳고 적절한지 보여준다.

  (옥스퍼드)

- Talk about moral obligation. 도의적 의무에 대해 이야기한다.

  (콜린스코빌드)

- Talk about what is the ideal or best thing to do in a situation.
  어떤 상황에서 이상적이거나 최선의 일이 무엇인지 이야기한다.

  (케임브리지)

이번에는 should 가 들어간 영어 예문들을 살펴보겠다.

- We should try to save water. 우리는 물을 아껴 쓰도록 해야 한다.
  (그렇게 함이 옳다)   출처: Oxford Advanced Learner's English-Korean Dictionary

- You should go see a dentist. 치과의사에게 가보는 게 좋겠어.
  (그렇게 하는 것이 최선이다)   출처: YBM English-Korean Dictionary

- Should junk food be taxed? 정크 푸드에 세금이 부과되어야 할까?
  (옳은가? 최선인가?)   출처: Neungyule

여기까지 보고 나니 드디어 이 말이 이해가 되는 것 같다.

- Should is used for giving or asking for advice.
  Should는 조언, 충고를 하거나 구할 때 쓴다.

생각해 보면 '조언, 충고'라는 것은 어떤 상황에서 무엇이 최선이고 옳은지에 대한 견해라 할 수 있다. 자, 이제 필자와 함께 머릿속을 정리해보자.

- should의 뉘앙스: ~하는 게 좋겠다, 최선이다, 옳다
  - You shouldn't drink and drive. 음주 운전은 해서는 안 된다 (옳지 않다)
  - You should take the baby to the doctor's.
    당신 그 아기를 병원에 데리고 가 보는 게 좋겠어요 (최선이다)

어떤가? 이제 should만의 고유한 느낌이 무엇인지 감을 잡았을 것이다. 아, 물론 이건 should의 주요 뜻 두 가지 중 첫 번째 경우만 다룬 것이다. 앞서 보신대로 should의 두 번째 용법은 다음과 같다.

- (아마) …일 것이다 → 예상·추측을 나타냄

예를 들면 이런 식이다.

- We should arrive before dark. 어두워지기 전에 도착할 것이다.
- The roads should be less crowded today. 도로가 오늘은 덜 복잡할 것이다.

그런데 '~일 것이다'라는 뜻은 아무리 봐도 첫 번째 뜻인 '~해야 한다'와 상충하는 것 같다. 왜 should에 '~일 것이다'라는 뜻이 있는지 제대로 이해하기 위해서 우리가 꼭 알고 넘어가야 할 녀석이 있다. 바로 shall이다. 먼저 shall의 정확한 정의를 살펴보자.

> **Shall**
> 명사
> 1. (in the first person) expressing the future tense.
>   "this time next week I shall be in Scotland"
> 2. expressing a strong assertion or intention. "they shall succeed"   [출처 : Oxford Languages]

대략 번역하면 다음과 같다.

> Shall
> 1. (1인칭으로) 미래 시제를 표현
> 2. 강한 주장이나 의도를 표현

그런데 문제는 현대영어에서 shall은 구식이 되어가고 있어서 정작 원어민들도 shall의 정확한 뉘앙스가 무언지 설명하기 어려워한다는 것이다. 이를 해결하기 위해 필자는 shall이 아주 활발히 쓰이던 17세기로 돌

아가 보았다. 다음은 1611년 발행된 킹 제임스 성경 (The King James Version, 약칭 KJV)에서 찾은 shall의 용례(?)다.

- They shall be greatly ashamed. 그들은 큰 치욕을 당하리라.
- Wickedness shall be broken. 불의가 꺾이리라.

17세기 초에 쓰인 shall이니만큼 한국어 번역문 또한 최대한 옛 투로 번역된 것을 인용했다. 이렇게 보니 shall의 본래 뜻이 뭔 지 점점 알 것 같다. 이건... 한마디로 '선언'이다. 중세를 다룬 영화를 보다 보면 가끔 이런 대사가 나온다.

"You shall die."

그러니까 이 말은 "너는 죽으리라"에 가깝다. 즉, '협박' 이다. 내가 그렇게 하리라! 라는 말이니 얼마나 상대 입장에선 무서웠겠는가? 자, 이쯤에서 이전에 설명 드렸던 조동사의 과거형이 갖는 뉘앙스를 다시 보도록 하자.

- Will - ~일/~할 것이다
- Would - ~일/~할 것 같다
- Can - ~일/~할 수 있다
- Could - ~일/~할 수도 있다

일반적으로 과거시제를 쓰면 사실과 멀어지는 경향이 있다. 그래서 조동사의 과거형은 불확실성을 나타낼 수 있다. 그렇다면...! 역시 Shall 과 Should의 관계도 예외가 아닐 것이다.
자, 한번 생각해보자 아래 문장이 어떻게 보이는가?

- We shall arrive before dark.
- The roads shall be less crowded today.

킹 제임스 성경까지 보고 나니 아마 이렇게 보일 것이다.

어두워지기 전에 도착하리라
도로가 오늘은 덜 복잡하리라

현대 영어에서 shall이 구식이 되어가는 이유가 바로 이것이다. 현대 사회에서는

- The roads shall be less crowded today. 도로가 오늘은 덜 복잡하리라.
- You shall go see a dentist. 너는 치과의사에게 가 보리라.
  (내가 너를 그렇게 하도록 할지니)

이런 '선언'과 '협박'을 하기가 힘들다. 과거 신분제 사회에서는 이런 말을 썼겠으나 오늘날은 쓸 일이 거의 없어졌고 이에 따라 언어가 변해가는 과정에 있다고 보면 된다. 그래서 shall의 과거형이 should를 써야

- The roads should be less crowded today. 도로가 오늘은 덜 복잡할 것이다.
- You should go see a dentist. 너는 치과의사에게 가 봐야 할 것이다.

선언과 협박이 아닌 '충고와 조언, 또는 추측'이 되는 것이다. 이게 바로 should가 사실상 shall을 몰아내게 된 이유다.

should의 뉘앙스가 어떤가? 참으로 도덕적이다. 왜 조언, 충고에 최적화되어 있는지 납득이 간다. 그러면 이제 대형사고를 수습하러 가자.
John이 아무래도 좀 어른스러운 사람일까? 자기도 똑 같은 생각일 텐데 충고하는 말의 뉘앙스가 상당히 성숙하다. Min의 대형 사고는 이전에 살펴본 don't have to와 must not을 혼동해서 일어났다. 한끝차이 같지만 절대 아닌 점을 이제는 아실 거라고 본다. 아마 should 와 have to를 구분하지 못해서 벌어진 해프닝일 수도 있다. 여기서 John이 "You shall not do that."이라고 하면 이제 이 상황은 '사극'이 된다.

LESSON 7 생략된 should라는 참을 수 없는 농담

이메일 확인을 잘 안 하는 분들이 있다. 아마도 거래처 직원 하나가 그런 모양이다. 바로 그 직원인 Jane이 둘의 이메일을 읽지 않은 상황! John은 묘수를 떠올린다. 궁금해서 읽을 수밖에 없는 문자를 하나 보낸 것이다. 그런데 이를 보고 당황하는 Min! 아니... 진짜 그렇네? Jane read this email... 이게 말이 되나...?

> John : Jane hasn't checked our email yet. I just sent her a text message.
> Min : Let me see!
> John : Look! I wrote "I urge Jane read the email ASAP.."
> Min : Let me see. Jane read…? What?

조동사와 가정법 장을 마무리하기에 이보다 더 좋은 주제가 있을까 싶다. 지금부터 내가 제시하는 영어 동사들을 잘 보시라.

- Order 명령하다
- Propose 제안하다
- Urge 촉구하다
- Require 요구하다
- Recommend 추천하다
- Dictate 지시하다
- Suggest 제안하다
- Demand 요구하다
- Request 요청하다
- Command 명령하다
- Insist 주장하다
- Ask 요청하다
- Advise 조언하다

어디서 많이 본 녀석들 아닌가? 흔히 '주장, 요청, 제안, 권고...등'을 나타내는 동사들이다. 그리고 이 동사들이 나오면 우리는 이런 일이 발생한다고 배웠다. order로 예시를 들어보겠다.

- He ordered that she should go there. 그는 그녀가 거기에 가야 한다고 명령했다.

CHAPTER 7 조동사와 가정법 **201**

여기에서 should를 생략할 수 있어서…

- He ordered that she go there. 그는 그녀가 거기에 가야 한다고 명령했다.

She 뒤에 goes가 아닌 go가 나온다. 이게 일반적으로 퍼진 설명이다. 허나 이는 근거 없는 이야기다. 지금까지 이 책을 잘 따라온 독자들은 '굴절'이라는 개념에 익숙해졌을 것이다. 이전 장에서 썼던 옛 영어의 동사 변화를 다시 한번 보도록 하자.

```
I sing   나는 노래한다
Thou singst  너는 노래한다
He/She singths  그/그녀는 노래한다
We singen  우리는 노래한다
You singt  너희는 노래한다
They singen  그들은 노래한다
```

이 옛 영어 문장들을

- The king ordered that… 그 왕은 …라고 명령했다

바로 이 that 뒤에 넣어보겠다.

```
The king ordered that I sing.
The king ordered that thou singst.
The king ordered that he/she singths.
The king ordered that we singen.
The king ordered that you singt.
The king ordered that they singen.
```

자, 그러면 이런 문장이 나오는데, 여기서 문제가 있다. 유럽어들은 '사실'과 '사실이 아닌 것'을 구분하여 표현하는 독특한 언어체계를 가지고 있다. 라틴어, 그리스어, 독일어, 프랑스어… 등등 대부분의 유럽어에서 공통적으로 발견되는 특징인데, 근대 이전의 영어도 예외가 아니었다.

- The king ordered that… 그 왕은 …라고 명령했다

지금 이 말을 잘 분석해보면 that 뒤에 나올 말은 '사실'이 아니라 그 왕의 '생각'이다. 즉, 왕의 제안, 권고, 요청, 명령…의 '내용'이 바로 that 뒤에 나오는 것이다. 즉,

I sing 나는 (실제로) 노래한다
Thou singst 너는 (실제로) 노래한다
He/She singths 그/그녀는 (실제로) 노래한다
We singen 우리는 (실제로) 노래한다
You singt 너희는 (실제로) 노래한다
They singen 그들은 (실제로) 노래한다

이렇게만 쓰면 실제 주어의 행위를 나타내는 게 된다. 그래서...
The king ordered that... 뒤에 저 문장을 쓰고 싶다면 무언가 '표시'를 해주어야 한다. 지금 이 내용은 실제 벌어지는 일이 아니라 the king의 명령 '내용'이올시다~ 라는 표시 말이다. 그게 바로

The king ordered that I sing.
The king ordered that thou sing.
The king ordered that he/she sing.
The king ordered that we sing.
The king ordered that you sing.
The king ordered that they sing.

이거다. 바로 이렇게 '딱 하나의 형태'로 동사를 통일해버리면 바로 동사의 형태를 보는 순간 '아 이건 that 뒤에 나오는 어떤 내용이구나'라는 추측이 가능하다. 바로 이것이 오늘날 우리가 잘못 알고 있는 'should가 생략되었다'라는 그 내용의 실체다.

그럼 대체 should가 생략된다는 괴담(?)은 왜 나왔을까? 그건 또 그 나름대로의 이유가 있다. 지금도 영어가 저렇게 굴절을 유지하고 있다면 전혀 상관이 없겠지만... 이미 현대영어는 이렇게 변했다.

I sing 나는 (실제로) 노래한다
You sing 너는 (실제로) 노래한다
He/She sings 그/그녀는 (실제로) 노래한다
We sing 우리는 (실제로) 노래한다
You sing 너희는 (실제로) 노래한다
They sing 그들은 (실제로) 노래한다

주어가 3인칭 단수일 때 동사 뒤에 '-s'라는 어미가 붙는 것을 제외하고는 다른 형태가 모두 똑같다. 게다가

> I sang 나는 (실제로) 노래했다
> You sang 너는 (실제로) 노래했다
> He/She sang 그/그녀는 (실제로) 노래했다
> We sang 우리는 (실제로) 노래했다
> You sang 너희는 (실제로) 노래했다
> They sang 그들은 (실제로) 노래했다

동사가 과거형으로 바뀌면 그마저도 없어진다. 즉, 영어는 마치 인간의 꼬리뼈처럼 '굴절의 흔적'만 간신히 남아있을 뿐 사실 '굴절'은 없는 언어가 되어버린 것이다. 사정이 이렇다 보니 영어 원어민들도 이런 문장을 보면 난감해하기 시작했다.

- The king ordered that she sing!
  왕께서 그녀에게 노래하라고 명령하셨도다!

왜 sings가 아니고 sing일까? 옛 문헌을 보면 저런 문장이 워낙 많이 나오니 그들도 헷갈리기 시작한다. 그러다가 어느 순간부터 영국인들이 이런 문장을 구사하게 된다.

- The king ordered that she should sing!
  왕께서 그녀가 노래해야 한다고 명령하셨도다!

어라? 이렇게 해보니 자연스러운데? ...라고 느끼게 된 영국인들은...

> The king ordered that I should sing.
> The king ordered that you should sing.
> The king ordered that he/she should sing.
> The king ordered that we should sing.
> The king ordered that you should sing.
> The king ordered that they should sing.

아주 대담하게 원래 이런 말일 것이라 생각하기 시작한다. 아무런 근거는 없지만 이렇게 해보니 말이 된다! 그러면 자신들이 본 옛 영어 문장들은 should가 생략된 것이다! 이렇게 생각하면 얼마나 마음이 편하겠는가! 이렇게 논리라곤 찾아볼 수 없는 단순한 추측에 의해 마치 이것은 정설인 양 입에서 입으로 전달되고 당당하게 영문법서에도 발을 들여놓게 되었다.

생략된 should따위는 원래 없었다.

이렇게 보니 한 번에 와 닿는다! Min은 당연히 Jane read the email이라는 말을 보고 왜 reads가 아닌지 의아했을 것이다. 아, 참고로 ASAP는 'as soon as possible'을 줄인 말이다. 원어민들이 그냥 '에이쌥'이라고 읽기도 하니 알아두시길.

review TEST CHAPTER 7 조동사와 가정법

제시된 상황 설정을 보고 괄호 안 보기 중 더 적절한 것을 고르시오

01
> 느려 터진 친구를 보며 답답해하는 상황. 그러나 평소 우정을 생각하여 너무 강압적으로 말하고 싶지는 않다. '너 서둘러야 해'보다는 '너 서둘러야 할 거야'라는 뉘앙스를 전달하고 싶은 당신의 선택은?

너 서둘러야 할 거야.
- you (have to / will have to) be hurry.

02
> 썩 내키지 않는 제안을 받은 상황. 당신은 어떻게든 이 제안을 거절하고 싶지만 대놓고 '하기 싫다, 할 수 없다'라고 말하기는 좀 그렇다. 상대가 알아서 알아들었으면 하는 당신의 선택은?

할 수 있으면 할게요.
- If I (can / could), I (will / would)

03
> 왜 주식 가격은 내가 사고 나면 떨어지고 팔고 나면 오르는가?! 이래 저래 돈만 까먹고 있는 당신에게 ○○기업의 주가가 하늘 높은 줄 모르고 치솟고 있다는 소식이 들려온다. 그 많은 호재에도 불구하고 당신이 끝까지 안 샀던 주식이 아닌가?! 이를 후회하는 당신이 할 말을 골라보시라.

내가 그 주식을 샀더라면 돈을 많이 벌 수 있었을 텐데
- If I (buy / bought / had bought) the stock, I (can / could) have made a lot of money.

04
> 아이고 왜 내가 이걸 팔았지?! 절대 팔지 말고 가지고 있으라 주변에서 충고하던 주식을 또 당신은 팔아버렸다. 팔고 나지 여지없이 치솟는 주가! 후회 막심한 당신의 대사로 적절한 것은?!

아… 그걸 절대 팔지 말았어야 했어!
- Ah… I (would / could / should) have never sold it!.

05
> 친구 결혼식에 참석한 당신이 친구의 하소연을 듣고 있다. 나름 친하다고 생각했던 한 친구가 결혼식에 오지 않아 서운해하는 상황! 당신이 여기서 눈치 없이 '나는 사실 걔 안 올 거라 생각했어'라고 하면 뭐가 좋겠는가?! 최대한 눈치껏 알아서 '나도 걔가 올 거라고 생각했어'라고 말해보자.

나도 걔가 올 거라고 생각했어
⊙ I (think / thought) that he (will / would) come too.

06
> 결혼식에 오지 않은 그 친구가 축의금도 한푼 보내지 않은 것을 알게 되었다. 그 사람을 진정한 친구라 믿었던 상대방에게 '진정한 친구라면 그러지 않을 것 같다'는 말을 하고 싶다. 결국 걔는 진정한 친구가 아니라는 말이다. 자, 이 미묘한 뉘앙스를 표현하려는 당신의 선택은?

진정한 친구는 그러지 않을 것 같아.
⊙ A true friend (will not / would not) do so.

07
> 친구가 무단횡단을 하려는 상황! 평소 공공질서 준수 의식이 강한 당신이 충고를 한다. '너 그러면 안 된다.' 옳지 않다는 뉘앙스를 전달하고 싶은 당신의 선택은?!

너 그러면 안 된다.
⊙ You (should not / don't have to) do that!

08
> 제 시간에 도착하지 못할까봐 안절부절하는 친구를 안심시켜야 하는 상황이다. 남은 시간과 교통량을 보니 제 시간이 도착할 가능성이 높다. 자, 이제 '우리는 제 시간에 도착할 것이다'라는 당신의 추측을 전달해보자.

우리는 제 시간에 도착할 것이다
⊙ We (shall / should) arrive on time.

정답 및 해설

CHAPTER 7

01
you (have to / **will have to**) be hurry.

한국어 문장도 중요하지만 제시된 상황을 잘 이해해야 한다. '너무 강압적으로 말하고 싶지는 않다'는 점에 주의하라. 이때는 당연히 'will have to'를 써서 상대에게 심리적 부담감을 덜 주는 것이 좋다. 미래든 과거든 어느 쪽으로든 '현재와 멀어지면' 약해진다는 점을 기억하라!

02
If I (can / **could**), I (will / **would**)

썩 내키지 않는 제안을 받은 상황에서 If I can, I will 이라고 하면 당신은 덥썩 미끼를 문 셈! 어떻게든 발을 뒤로 빼라. 도망가고 싶은 당신에게 주어진 선택은 한 가지! 과거형을 쓰는 것이다. If I could, I would... 라고 하면 상대가 알아서 알아 들을 것이다.

03
If I (buy / bought / **had bought**) the stock,
I (can / **could**) have made a lot of money.

그 많은 호재에도 불구하고 당신이 끝까지 안 샀던 주식이 올랐다면...?! 당신은 과거를 바꾸고 싶지 않은가? 즉, '과거 사실에 대한 반대의 가정'을 해야 한다. 그러니 If I bought이라고 그냥 과거형을 쓰는 게 아니라 한발 더 나아가 If I had bought라고 과거 완료를 써서 이를 나타내라! 두 번째 보기에서 can을 고르는 사람은 당연히 없기를 바라며 설명을 줄인다.

04
Ah... I (would / could / **should**) have never sold it!

'~해야 한다'라는 뜻을 가진 게 애초에 should 밖에 없다. 다른 문제보다 쉬웠을 것! 이 참에 이렇게도 기억해보자 '후회 막심하면 should have p.p.'

05
I (think / **thought**) that he (will / **would**) come too.

이 문제에서 가장 중요한 것은 '시제 일치'다. 먼저 '생각했어'라는 우리말을 보고 'thought'를 고를 수 있어야 한다. 그리고 두 번째에서 이에 맞추어 will이 아닌 과거형 would를 선택해야 하는데...! 여기서 많이들 실수를 한다. 한국어는 굳이 '나도 걔가 올 것이었다고 생각했어'라는 식으로 시제를 일치시키지 않기 때문이다. 그러나 영어는 시제 일치에 강박관념이 있는 언어라는 점에 주의하시길! (구어체에서는 원어민들이 will을 쓰는 경우도 있으나 그런 걸 가지고 기존 문법 체계를 흔들 필요는 없다. 거꾸로 생각해보라. 국립 국어원에서 아니라고 한 한국어 표현을 당신은 굳이 자존심 때문에 고수하고 싶은가?)

06
A true friend (will not / **would not**) do so.

'진정한 친구라면 그러지 않을 것 같다'는 말은 어디까지나 '상상'이다. 상상의 기본이 무엇인가? 현실과 거리가 멀어지는 것이다. Will not이라고 하면 진짜 '~하지 않을 것이다'라는 '사실'을 나타내게 된다. Would not이 정답!

07
You (**should not** / don't have to) do that!

이 문제는 절대 틀리면 안 된다! Have to의 부정 do not have to는 '~하면 안 된다'가 아니라 '~할 필요가 없다'라는 뜻이라는 점에 주의! 아, 물론 '야 너 그럴 필요까지는 없잖아!'라는 식으로 비꼬아서 말했다고 우기면 필자도 할말 없지만... 설마 그러진 않으셨기를! 정답은 should not. (구어체에서는 거의 you shouldn't... 로 줄여 말한다.)

08
We (shall / **should**) arrive on time.

물론 shall을 써도 틀린 건 아닌데 그러면 당신의 말은 '우리는 제 시간에 도착하리라'처럼 들린다. 평소 사극 컨셉으로 산다면 말리지는 않겠지만 어지간하면 should를 골라주시길!

참고문헌
① 예스퍼슨, O. (2014). 문법의 철학 (전상범, 번역). 한국문화사.

Chapter 8
부정사와 동명사

보 이 는 영 문 법

ENGLISH GRAMMAR

LESSON 1	인류 최대의 사기극 '부정사'
LESSON 2	to부정사라는 돌연변이
LESSON 3	ing의 저주
LESSON 4	가주어의 탄생

ENGLISH GRAMMAR

LESSON 1
인류 최대의 사기극 '부정사'

거래처에서 확인을 해주었냐는 John의 질문에 대답하는 Min의 말투가 퉁명스럽다. "One of the team members still say no 팀원 중 한 명이 아직도 반대한다"며 불만을 표하는 Min. 이에 John은 'say'를 'says'로 고치며 되묻는다. 그 말을 듣고 화를 내며 "They don't say yes!"라 답하는 Min. 왜 say와 says가 계속 번갈아 나오는 걸까?

> John : did you get the confirmation from them?
> Min : one of the team members still say no.
> John : you mean… one of them SAYS no.
> Min : does it really matter now?! The one doesn't SAY yes!

수십 년 동안 너무 오해를 많이 받은 영문법 용어가 하나 있다.

- Infinitive

이 단어는 '부정사'를 뜻한다. 그런데 '부정사'가 무엇일까? '부정사'라는 말을 '국립국어원 표준국어대사전'에서 검색해 보았다.

> "인칭, 수, 시제에 대하여 제약을 받지 아니하는 동사형. 동사 원형 앞에 'to'가 붙기도 하고, 동사 원형 홀로 쓰이기도 한다."
> [출처 : 국립국어원 표준국어대사전]

사실 필자도 세 번 정도 읽어야 무슨 말인지 이해가 된다. 그런데 대다수의 문법서가 이 설명을 똑같이 반복하고 있다. 가장 문제가 되는 부분은 바로 여기다.

"인칭, 수, 시제에 대하여 제약을 받지 아니하는…"

정확하게 무엇을 '제약' 받는지 제대로 나와 있지 않고 또한 '제약을 받는다'는 게 구체적으로 무엇을 의미하는지도 전혀 설명되어 있지 않다.

자, 이제부터 이 말을 가장 쉽게 풀어서 설명드릴 테니 집중하시라. 다음은 현대영어의 동사변화 규칙이다.

- **love 사랑하다 (동사원형)**
    → I love 나는 사랑한다
    You love 너는 사랑한다
    You love 너희들은 사랑한다
    He loves 그는 사랑한다
    She loves 그녀는 사랑한다
    We love 우리는 사랑한다
    They love 그들은 사랑한다

이렇게 영어는 **주어의 인칭에 따라** 동사가 변한다.

- **love 사랑하다 (동사원형)**
    → I love 나는 사랑한다
    I loved 나는 사랑했다

    You love 너는 사랑한다
    You loved 너는 사랑했다

    You love 너희들은 사랑한다
    You loved 너희들은 사랑했다

    He loves 그는 사랑한다
    He loved 그는 사랑했다

    She loves 그녀는 사랑한다
    She loved 그녀는 사랑했다

    We love 우리는 사랑한다
    We loved 우리는 사랑했다

    They love 그들은 사랑한다
    They loved 그들은 사랑했다

이렇게 영어는 **시제에 따라** 동사가 변한다. 이 말을 조금 다르게 해보겠다. 지금부터 집중해서 보시라.

- 영어는 주어의 인칭에 따라 동사가 변한다.
  → **영어의 동사는 주어의 인칭에 의해 모양이 정해진다.**
- 영어는 시제에 따라 동사가 변한다.
  → **영어의 동사는 시제에 의해 모양이 정해진다.**

자, 집중!

- 영어는 주어의 인칭에 따라 동사가 변한다.
  → 영어의 동사는 주어의 인칭에 의해 모양이 정해진다.
  → 영어의 동사는 주어의 인칭에 의해 원래 형태가 아닌 특정 형태로 변하도록 제약을 받는다.
- 이렇게 영어는 시제에 따라 동사가 변한다.
  → 영어의 동사는 시제에 의해 모양이 정해진다.
  → 영어의 동사는 시제에 의해 동사가 원래 형태가 아닌 특정 형태로 변하도록 제약을 받는다.

그럼 이제 '부정사'의 정의를 다시 보도록 하자.

> "인칭, 수, 시제에 대하여 제약을 받지 아니하는 동사형. 동사 원형 앞에 'to'가 붙기도 하고, 동사 원형 홀로 쓰이기도 한다."
> [출처 : 국립국어원 표준국어대사전]

이제 감이 오는가? 즉, '부정사'는 **'환경에 의해 형태가 정해지지 않는 말'**이라는 뜻이다.

- 아닐 **부(不)** + 정할 **정(定)** + 말 **사(詞)**
  → 인칭, 수, 시제에 대하여 제약을 받지 아니하는 동사형

이제 퀴즈를 하나 낼 테니 맞혀보시라.

> 다음 중 '인칭, 수, 시제'에 대하여 제약을 받지 아니하는 동사형은?
>
> love 사랑하다 (동사원형)
> I love 나는 사랑한다 (1인칭 단수 현재형)
> I loved 나는 사랑했다 (1인칭 단수 과거형)
> He loves 그는 사랑한다 (3인칭 단수 현재형)

정답은 바로…

- **love 사랑하다 (동사원형)**

우리가 '동사원형'이라고 부르는 이 녀석이다. 응? 잠깐! 그러면?…

- **결국 '부정사'는 '동사원형'과 같은 말이다**

뭐?!!! 너무 허무하다. 결국 그 말이 그 말이었던 것인가? 필자도 당신의 허무함을 이해한다. 그런데 아직 슬퍼(?)하기는 이르다. 정말 충격적인 사실이 기다리고 있다. 다음을 보라.

- love 사랑하다 (동사원형)
- I love 나는 사랑한다 (1인칭 단수 현재형)

영어는 이렇게 동사원형과 그 동사의 '현재형'의 모양이 같은 경우가 많다. 음? 생각해보니 정말 그렇다.

- **love** 사랑하다 (동사원형)
  I **love** 나는 사랑한다
  You **love** 너는 사랑한다
  You **love** 너희들은 사랑한다
  He **loves** 그는 사랑한다
  She **loves** 그녀는 사랑한다
  We **love** 우리는 사랑한다
  They **love** 그들은 사랑한다

CHAPTER 8 부정사와 동명사 213

지금 보니 **주어가 3인칭 단수이고 시제가 현재인 경우 즉, 'He loves'와 'She loves'를 제외하면 나머지는 동사의 모양이 모두 같다!**

이 사태를 제대로 이해하려면 잠시 라틴어에 대해서 알아야 한다. **오늘날의 영문법은 사실상 라틴어 문법을 그대로 베낀 것**인데 이로 인해 우리가 이상한 고통과 시련을 겪고 있다.

베낀 것 자체가 문제가 아니라 말이 안 되는 게 문제다. 라틴어, 그리스어, 프랑스어 등은 언어 체계가 서로 비슷하다. 계열상 같은 언어들이기 때문이다. 즉, 서로 참고하여 문법을 정리해도 아주 큰 문제는 없다.

그런데 영어는 애초에 라틴어와 계열이 다르다. 게다가 영어는 중세를 거치며 아주 심각하게 변형되었다. 영어는 타 유럽어들이 공통분모로 삼고 있는 문법 체계를 심각하게 이탈했다.

영어의 문법 체계가 제대로 연구되기 시작한 것은 빨라야 17세기이는데, 이때의 영어는 다른 유럽어와 비교해 보면 이미 외계어 수준으로 변해 있었다.

이제부터 라틴어와 영어를 비교해보겠다.

다음은 **'사랑하다'**라는 동사를 원형부터 각 인칭 별 변화형 순서대로 정리한 것이다.

	라틴어	영어
사랑하다	amare	love
나는 사랑한다	amo	love
너는 사랑한다	amas	love
그(녀)는 사랑한다	amat	loves
우리는 사랑한다	amamus	love
너희는 사랑한다	amatis	love
그들은 사랑한다	amant	love

라틴어를 배울 때는 부정사라는 용어가 자연스럽고 직관적이다. 부정사는 주어의 인칭과 수에 의해서 형태가 정해지지 아니하는 말이라는 뜻인데 그 정의에 부합하는 형태가 딱 하나 밖에 없다.

	라틴어	영어
사랑하다	**amare**	**love**
나는 사랑한다	amo	love
너는 사랑한다	amas	love
그(녀)는 사랑한다	amat	loves
우리는 사랑한다	amamus	love
너희는 사랑한다	amatis	love
그들은 사랑한다	amant	love

그러니 'amare'가 '부정사'라는 사실을 쉽게 알 수 있다. 그런데 영어 문법을 다룰 때는 '부정사'라는 용어가 오히려 혼란을 일으킨다.

- 사랑하다 　　　　　　Amare / Love
  나는 사랑한다　　　　Amo/Love
  너는 사랑한다　　　　Amas/Love
  그(녀)는 사랑한다　　Amat/**Loves**
  우리는 사랑한다　　　Amamus/Love
  너희는 사랑한다　　　Amatis/Love
  그들은 사랑한다　　　Amant/Love

보시다시피 주어가 3인칭 단수인 경우를 빼면 모든 현재형이 부정사와 똑같이 생겼다. 사정이 이렇다 보니 '부정사'라는 용어에 대한 각종 '썰'이 탄생했다. "문장 내에서 어떤 품사로 쓰일지 정해지지 않아서 부정사다"라는 설명이 대표적이다.

결론을 내리자면 **'부정사'는 곧 '동사원형'을 뜻한다.** to부정사는 곧 'to + 동사원형'을 뜻한다. 그런데 부정사가 정확하게 뭔지 개념을 잡지 못하다 보니, 동사원형이 따로 있고 부정사라는 게 따로 있다고 착각을 한다 그래서 궁여지책으로 각종 설명이 개발 되었지만 **그 무엇도 사실이 아니다.**

와... 배경을 다 보고나니 드디어 이해가 된다. 자, 둘의 대화를 다시 읽어보자.

Min의 첫 대사에서 문법 오류가 있음을 눈치챘는가? 'One of the team members 팀 원들 중 한 명'이라는 말에서 동사의 형태를 결정하는 단어가 'one'이다. 팀 원들 중 한 명은 결국 3인칭 단수기 때문에 say가 아니라 says가 나와야 한다. John은 이를 교정한 것이다. 그런데 Min이 화를 내며 내뱉은 마지막 대사에는 다시 say가 나온다. 이는 부정문을 만들기 위해 'does not'을 썼기 때문이다. 영어에는 의문문과 부정문을 만들 때 이렇게 'do'가 개입하는데, 이럴 때는 뒤에 동사원형을 쓴다. 즉, 마지막에 Min이 쓴 'say'는 '부정사'다. 동사원형과 부정사가 같은 말이라는 것을 꼭 기억하라!

LESSON 2 to부정사라는 돌연변이

쉬는 날 지루하다고 투덜대는 Hun. 이에 John은 그럼 일이나 하라며 핀잔을 준다. 멋쩍은지 뭐라도 좀 먹자는 Hun에게 John은 "we don't have anything to eat."이라고 답하는데… 눈치를 보니 Hun에게 이해하기 어려운 부분이 있는 것 같다.

> Hun : I'm bored…
> John : you should work then. How come you feel bored when you are free?
> Hun : never mind. Let's eat something
> John : We don't have anything to eat.
> Hun : Anything to… what?

앞선 내용에서 이어가겠다. **부정사는 곧 '동사원형'을 뜻한다.** to부정사는 곧 'to + 동사원형'을 뜻한다. 그런데 부정사가 정확하게 뭔지 개념을 잡지 못하다 보니, 동사원형이 따로 있고 부정사라는 게 따로 있다고 착각을 한다 그래서 궁여지책으로 각종 설명이 개발 되었지만 **그 무엇도 사실이 아니다.**
아, 그런데 여기서 중요한 포인트가 나온 것 같다.

"문장 내에서 어떤 품사로 쓰일지 정해지지 않아서 부정사다."

이 괴담(?)은 to부정사에 한정해서는 꽤 말이 된다. 그러고 보니 우리는 to부정사가 뭔지 제대로 모르는 것 같다. 그리고 저 괴담이 꽤 말이 된다는 게 무슨 말일까?
먼저 독자 여러분은 'to'라는 단어의 뜻이 무어라 생각하는가? 물론 단어의 뜻을 딱 하나로 정의하기는 어렵지만 대부분 '~로, ~에' 정도가 떠오를 것이다. 틀린 말은 아니다. 그러나 단어의 뜻은 어떤 '그림'이나 '장면'과 연관되어 있는 경우가 많다. 필자가 제시하는 to의 그림은 이렇다.

- A 에서 → B 로

즉, 그 무엇이든 한 지점에서 다른 지점으로 이동하면 그것이 'to'가 가지고 있는 그림이다. 이동이라는 게 꼭 물질의 이동일 필요는 없다. 생각의 변화, 상태의 변화, 시간의 흐름 등 모든 것이 '이동'이니까.
그렇다면 to부정사는 정확히 무엇일까? 바로 이 '이동'을 표현하는 'to'라는 기호와 동사원형을 결합하여 새로운 그림을 만들어내는 것이라 할 수 있다. 다음을 보라

- to study

어려울 것 없다. 그냥 이렇게 써 놓으면 곧 'to부정사'인 것이다. to가 '이동'을 표현하니, to study는 'study 공부하다'라는 행위가 앞으로 일어날 가능성을 내포한다. 행위가 발생하지 않는 상태에서 발생한 상태로 변하는 그림을 상상하시면 된다.
그러면 왜 원어민들은 이런 걸 만들었을까? 아니, 사실 만들었다기 보다는 어쩌다 생겼겠지만... 그런데 그 질문이 중요하다. '왜 어쩌다 생길 만큼 저 표현을 쓸 일이 많았는가?'
답은 단순하다. 'to + 동사원형' 하나가 할 수 있는 역할이 여러 개 이기 때문이다. 다음을 보자.

- To study English is necessary.
- This is the best book to study English.
- I go to the library every morning to study English.

이 세 문장에서 'to + 동사원형' 부분만 따로 표시해보겠다.

- **To study** English is necessary.
- This is the best book **to study** English.
- I go to the library every morning **to study** English.

이 셋은 형태만 갖고 뜻은 서로 다르다. 이제 한국어 번역문과 함께 보시라.

- **To study** English is necessary.
  영어를 **공부하는 것은** 필수적이다.
- This is the best book **to study** English.
  이것은 영어를 **공부하는** 최고의 책이다.
- I go to the library every morning **to study** English.
  나는 매일 아침 영어를 **공부하기 위해** 도서관에 간다.

CHAPTER 8 부정사와 동명사

굵은 글자로 표시한 부분을 여러 번 읽어 보시기 바란다.

- **To study** 공부하는 것
- **To study** 공부하는
- **To study** 공부하기 위해

이 셋은 각각 명사, 형용사, 부사역할을 한다. 응? 뭐라고? 화내지 말고 잘 보시라.

- 공부하는 것
    → 이 말은 '공부하다'라는 동사에 '~는 것'이라는 말을 덧붙여 명사처럼 만든 것이다.
- 공부하는
    → 이 말은 '공부하다'라는 동사에서 '다'를 빼고 '-는'을 넣어 형용사처럼 만든 것이다.
- 공부하기 위해
    → 이 말은 '공부하다'라는 동사에서 '다'를 빼고 '-기 위해'를 넣어 부사처럼 만든 것이다.

이 세가지 역할이 잘 이해가 안 될 수도 있다. 그래서 준비했다. 다음을 보라.

- **공부하는 것**은 나에게 스트레스를 준다.

이 문장에서 '공부하는 것'은 '주다'라는 동사의 주체다. 즉, 문장의 '주어'로 쓰였다. 이렇게 '주어'자리에 올 수 있는 것은 주로 명사다. 이를 영작해보면 다음과 같다.

- **To study** gives me stress.

'give'라는 동사 앞에 주어로 'to study'가 온 것을 볼 수 있다. 즉, 'to + study'는 'study 공부하다'에 'to ~는 것'을 덧붙여 '공부하는 것'이라는 말을 만드는 것과 같다.
이렇게 만들어진 '명사'는 주어뿐 아니라 보어, 목적어 자리에도 올 수 있다.

- What I don't want to do is to study.
    내가 하기 싫은 것은 공부하는 것이다.

여기서 to study '공부하는 것'은 is라는 동사 즉, 'be동사' 뒤에 왔다. is는 '~이다'를 나타내는 일종의 연결 어일 뿐 어떤 행위를 나타내지 않는다. 이럴 때 뒤에 나타나서 전체 의미를 완성해주는 즉, '보충'해 주는 단어를 '보어'라고 부른다. 이를 보다 이해하기 쉽게 나타내면...

- What I don't want to do is _____.
  내가 하기 싫은 것은 _____ 이다.

이렇게 be동사 뒤가 비어 있으면 의미가 '완결'되지 않는다. 한국어 번역문을 보면 쉽게 이해가 될 것이다. 그렇다면 여기에 무언가를 보충해줘야 하는데...

- What I don't want to do is **to study**.
  내가 하기 싫은 것은 **공부하는** 것이다.

지금 그 역할을 'to study 공부하는 것'이 하고 있다. 이런 걸 '보어'라 한다.

- I like **to study**.
  나는 **공부하는** 것을 좋아한다.

이번에는 'like 좋아하다'라는 동사 뒤에 'to study 공부하는 것'이 나왔다. 이는 '좋아하다'라는 동사의 직접적 대상이 된다. 이런 경우를 '목적어'라 한다.

조금 정리가 되었는가? 'to study'가 문장 내에서 '주어, 보어, 목적어'로 쓰이면 그 덩어리가 하나의 '명사' 역할을 하고 있다는 얘기다. 이제 다음 문장을 보자.

- This is the best book **to study** English.
  이것은 영어를 **공부하는** 최고의 책이다.

여기에서 우리말로 '공부하는'이 '형용사'역할을 하고 있다는 점은 이해가 되었는가? 이를 보다 쉽게 나타내면 다음과 같다.

- 영어를 [**공부하는** → (책)]

가만히 보면 '책'이라는 명사 앞에 '공부하는'이라는 말이 나와 그 '책'의 성질을 나타낸다. 그냥 책이 아니라 '공부하는' 책이라는 것이다. 물론 한국어 번역은 다음과 같이 조금씩 다르게 나올 수도 있다.

- book **to study** English
- 영어를 공부하는/공부하기 위한/공부할 책

이 중 확실한 '정답'은 없다. 다만 우리말의 이 느낌들을 'to study' 하나가 모두 대신하고 있다는 사실을 아는 게 중요하다. 그래야만 매끄러운 영작과 독해가 가능하다. 그리고 우리가 이런 to부정사를 어려워하는 이유는 '꾸미는 말의 위치'가 다르기 때문이다.

- book ← (**to study**) English
  영어를 (공부하는/공부하기 위한/공부할) → 책

보시다시피 영어는 꾸미는 말이 명사 뒤에 가 있고, 한국어는 꾸미는 말이 명사 앞에 온다. 사소한 차이 같지만 실제 '어순'이 다른 언어를 습득하는 것은 정말 힘들다. 여러분께서 힘들어 하시는 게 이상한 일이 아니라는 점 꼭 기억하셨으면 좋겠다.

이제 마지막 '부사' 역할을 하는 경우를 보도록 하자. 먼저 '부사'라는 게 뭘까? 부사는 쉽게 말해 '뜻을 더해주는 말'이라 할 수 있다. 예를 들면, '나는 도서관에 간다'에 '공부하러'라는 말을 덧붙이면 뜻을 더해주지 않는가? 바로 이런 게 '부사'다. 내친김에 이걸 영어로 써보자.

- I go to the library **to study**.
  나는 **공부하러** 도서관에 간다.

꼭 이렇게 뒤쪽에 덧붙일 필요는 없다. 앞으로 와도 된다.

- **To study**, I go to the library.
  공부하러, 나는 도서관에 간다.

부사의 특징은 빼도 문장 전체의 의미가 어그러지지는 않는다는 것이다. 즉,

- I go to the library.
  나는 도서관에 간다.

부사가 없어도 문장은 온전한 하나의 의미를 갖는다. 이런 게 부사의 대표적인 특징이다.
확실히 이해가 되었다!

이제 둘의 대화를 다시 읽어보고 Hun의 고민을 해결해주자!
이제 우리는 안다! 'anything to eat'이 무슨 말인지! 'anything 무언가, 어떤 것 + to eat 먹을' 바로 이거 아닌가! 한국어로는 '먹을 무언가, 먹을 어떤 것'이라 하여 꾸미는 말이 앞쪽에 오겠지만, 영어로는 to eat이 뒤로 간다는 점을 반드시 기억하라!

LESSON 3 ing의 저주

> John이 아무래도 Min를 많이 챙기는 것 같다. 종이봉투에서 감자튀김 하나를 꺼내 보여보는 John. 정말 좋은 동료다. 감자튀김을 나눠 먹다니! 아, 그런데 John이 이렇게 얘기한다 "I love eating French fries." 그리고 Min은 여기에 반응을 보인다 "…love eating?"이라며. 왜일까?
>
> John : Do you want to eat French fries? Here, I bought some for you.
> Min : Oh! Thanks!
> John : I love eating French fries.
> Min : …love eating?
> John : Yes, why?

혹시 '분사'편에서 '-ing'를 무어라 배웠는지 기억 나시는가? '능동/진행'의 의미를 가진 형용사라 했다. 그런데 이쯤에서 꼭 짚고 넘어갈 것이 있다. 이것 말고 또 다른 '-ing'가 있지 않은가?
독자 여러분께서 지금은 이것만 기억하셨으면 한다. 한국어의 **'~음/~함/~임/~것'**과 비슷한 것이 '-ing'다. 이게 무슨 말인가 하면...

- '있다'(동사) → '있**음**'(명사)
- '공부하다'(동사) → '공부**함**'(명사)

이런 식으로 '동사'를 '명사'처럼 바꾸는 역할을 하는 게 한국어의 **'~음/~함/~임/~것'**등인데, 영어의 (또 다른) '-ing'가 이 역할을 한다. 예를 들면,

- be ~이다, 있다

이렇게 쓰면 동사고

- be**ing** ~임, 있음

이렇게 쓰면 명사처럼 쓰는 것이다. 함께 예문을 보도록 하자.

- My teacher defines 'friendship' as **being** there for each other.
  내 선생님은 '우정'을 서로를 위해 **있음**으로 정의한다.

어떤가? 한 방에 이해가 갔을 것이다. 그리고 이제 바로 '그 질문'이 나올 때가 되었다. 아니... '-ing'가 이런 '명사적'임을 표시하기도 하고 분사 편에서 보았다시피 '일시적 상태'를 나타내기도 하면... 이걸 어떻게 구분하지? 예를 들면

- study 공부하다 → study**ing** 공부하는

'-ing'가 이렇게 '일시적 상태'를 나타내는 일종의 '형용사'를 만드는 역할로 쓰였을 수도 있지만

- study 공부하다 → study**ing** 공부하는 것

이렇게 '명사'를 만드는 역할로 쓰였을 수도 있으니... 그러면 **'~것/~임'**인지 **'일시적 상태'**인지 '-ing'만 보고 어떻게 알 수 있을까?

정말 안타깝지만 그것만 보고는 알 수 없다. 당연히 문맥을 봐야 한다. 옛날에는 두 경우 형태가 서로 달랐는데 어느 순간 '-ing'로 같아졌다. 17세기에 영국에서 벌어진 일이다. 예시를 조금 더 보도록 하자.

- 여행하다(동사) → 여행하**기**(명사)
  travel(동사) → travel**ing** (명사)

  음악을 듣다(동사) → 음악을 듣는 **것**(명사)
  listen to music(동사) → listen**ing** to music(명사)

이런 경우는 '동사'를 '명사'로 바꾸었다고 해서 **'동명사'**라고 부른다. '동명사'인지 알 수 있는 방법은 딱 하나다. 문장 속에서 '명사처럼' 쓰였는지 확인하는 것이다.

- **Traveling** is fun. **여행하기**는 재미있다.
  → 명사처럼 쓰이고 주어 역할을 함
- I enjoy **traveling**. 나는 **여행하기**를 즐긴다.
  → 명사처럼 쓰이고 목적어 역할을 함

- My hobby is **traveling**. 내 취미는 **여행하기**다.
  → 명사처럼 쓰이고 보어 역할을 함
- **Listening to music** is fun. **음악을 듣는 것**은 재미있다.
  → 명사처럼 쓰이고 주어 역할을 함
- I enjoy **listening to music**. 나는 **음악을 듣는 것**을 즐긴다.
  → 명사처럼 쓰이고 목적어 역할을 함
- My hobby is **listening to music**. 내 취미는 **음악을 듣는 것**이다.
  → 명사처럼 쓰이고 보어 역할을 함

형태는 같지만 '형용사'역할을 하도록 바꾸는 경우를 보자.

- 여행하다(동사) → 여행하는(형용사)
  travel(동사) → travel**ing** (형용사)

  음악을 듣다(동사) → 음악을 듣**는**(형용사)
  listen to music(동사) → listen**ing** to music(형용사)

'분사'편에서 배웠다시피 이는 '동사'를 '형용사'처럼 바꾼 것이고 **능동/진행 분사**'라 한다. 확인하는 방법은 역시 문장 속에서 '형용사처럼'쓰이는지 보는 것이다.

- There are a lot of people **traveling** here. 여기 **여행하는** 사람들이 많다.
  → 형용사처럼 쓰이고 명사를 뒤에서 꾸며주고 있음
- They are **traveling** now. 그들은 지금 **여행을 하고 있다**.
  → 형용사처럼 쓰이고 보어 역할을 하며 현재진행형을 만들고 있음
- There are a lot of people **listening to music** here. 여기 **음악을 듣는** 사람들이 많다.
  → 형용사처럼 쓰이고 명사를 뒤에서 꾸며주고 있음
- They are **listening to music** now. 그들은 지금 **음악을 듣고 있다**.
  → 형용사처럼 쓰이고 보어 역할을 하며 현재진행형을 만들고 있음

마지막으로 점검할 것이 있다. 지난 to부정사 편에서 분명 to부정사가 '명사'역할을 할 수 있음을 배웠다. 그런데 생각해보니 '~ing'도 동사를 명사로 바꾸는 역할을 하지 않는가? 흠...

- study 공부하다
  - → to study 공부하는 것
  - → studying 공부하는 것

그럼 이 둘의 차이가 뭔가? 결론부터 말씀 드리면 둘은 비슷하다. 그러나 '미묘하게' 다르다. 같은 점과 다른 점을 차례로 설명하겠다. 집중하시라! 둘이 맡은 문법적 역할은 같다.

- to study 공부하는 것
- studying 공부하는 것

둘 다 동사를 명사역할을 할 수 있도록 바꾼 것이다. 명사라 함은 주어, 보어, 목적어 자리에 모두 쓸 수 있다는 것을 의미한다. 먼저 이 둘을 모두 주어 자리에 써보겠다.

- **To** study is enjoyable. 공부하는 것은 즐겁다
- Study**ing** is enjoyable. 공부하는 것은 즐겁다.

문법상 둘 다 허용되지만 현대 영어에서 더 보편적으로 쓰이는 건 두 번째 즉, '동명사'다. 왠지 원어민들은 'to부정사'를 주어 자리에 쓰면 '~하기 위해서'라는 부사적 뜻인지 '~하는 것'이라는 명사적 뜻인지 혼동된다고 생각하는 것 같다.

- to study…

이렇게 문장이 시작하면 저게 '공부하기 위해서…'인지 아니면 '공부하는 것'인지 바로 알기가 힘들다고 생각하는 것 같다. 물론 이는 통설일 뿐 과학적으로 검증된 것은 아니다. 여기까지만 보면 둘 사이에 무슨 차이가 있나 싶다. 그러나 반전이 있다. 주어 자리에는 동명사가 더 많이 쓰이는 게 일종의 '대세'이지만, 보어나 목적어 자리에는 딱히 무얼 더 쓴다는 통계가 없다. 그때 그때 다르다. 이때부터는 '의미'를 따져봐야 한다. 다음을 보라. 보어 자리에 to 부정사와 동명사가 쓰인 경우다.

- My hobby is **to** study.
  내 취미는 공부하는 것이다. (공부하는 것이 내게 잘 맞는다.)

- My hobby is study**ing**.
  내가 취미는 공부하는 것이다. (왜냐하면 공부할 때 느낌이 좋거든)

원어민들은 전자 즉, 'to study'는 일반적으로 '공부하기' 하면 떠오르는 그 행위 자체를 개념으로 표현했다고 받아들이는 듯하다. 개인의 감정이나 느낌이 투영되지 않은 순수한 '공부하기'라는 것 자체 말이다.

후자 즉, 'studying'은 '공부하기' 하면 떠오르는 그 행위 자체와 개인의 감정, 느낌의 조합에 가깝다. 그래서 **'내가 원하는 건 공부하기다 (왜냐하면 공부할 때 느낌이 좋거든)'**이라는 뉘앙스를 표현할 때는 'studying 공부하기' 즉, 동명사를 쓰는 편이 좋다. 이제 목적어 자리에 이 둘을 써보자.

- I like **to** study
  나는 공부하는 것이 좋다. (공부하는 것이 내게 잘 맞는다.)

- I like study**ing**
  나는 공부하는 것이 좋다. (왜냐하면 공부할 때 느낌이 좋거든)

자, 이 경우 역시 마찬가지로 순수하게 '공부하기'가 좋다면 전자 즉, to부정사로 표현하는 것이 일반적이고, 공부를 할 때 그 느낌이 좋다는 말일 때는 후자 즉, 동명사로 표현하는 것이 일반적이다.

이 차이를 익힐 수 있는 예문들을 준비했다. 여러 번 읽어보고 넘어가자.

- **To travel** is my passion. **여행하는 것**은 내 열정이다.
  → 여행 자체에 대한 열정을 나타냄

- I love **traveling**. 나는 **여행하는 것**을 사랑한다.
  → 여행하는 과정을 즐김

- **To cook** is a useful skill. **요리하는 것**은 유용한 기술이다.
  → 요리라는 행위의 유용함을 강조

- I enjoy **cooking**. 나는 **요리하는 것**을 즐긴다.
  → 요리하는 과정 자체를 즐김

- **To read** is to travel without moving. **독서**는 움직이지 않고 여행하는 것이다.
  → 독서의 추상적인 개념을 나타냄

- **Reading** helps me relax. **독서**는 나를 편안하게 해준다.
  → 독서를 통한 개인적인 경험을 나타냄

- **To exercise** daily is important for health. 매일 **운동하는 것**은 건강에 중요하다.
  → 운동의 중요성을 강조

- I find **exercising** enjoyable. 나는 **운동하는 것**을 즐겁게 여긴다.
  → 운동하는 과정에서의 즐거움을 나타냄

오! 알겠다! 이제 보니 John은 약간 다른 뉘앙스를 표현하고 있었구나! 둘의 대화를 다시 한번 읽어보자. John이 여기에서 "I love EATING French fries."라고 하는 걸 보면, 이건 분명 '먹을 때의 느낌'이 좋다는 뜻이 내포되어 있다. 아마도 바삭바삭한 그 식감 자체가 좋은 것 같다.

ENGLISH GRAMMAR

LESSON 4 가주어의 탄생

꼭 필요한 것이 있어 Jimin에게 부탁을 했던 Hun이 그를 찾고 있는 상황이다. 하루 종일 Jimin이 보이지 않았음을 John에게 확인한 후 "to run away is always easy 도망가는 것은 언제나 쉽다"라는 말을 하는 Hun. 이에 John은 동의하며 그 말을 반복하는데, 어딘가 조금 다르다.

> Hun : Have you seen Jimin today?
> John : No, I haven't. Is it about the thing that you requested?
> Hun : Yeah. To run away is always easy!
> John : It is easy to run away from things, but you can't hide from them forever.

이제부터 굉장히 중요한 개념이 나온다. 여러분은 다음 영어 문장에서 어떤 정보가 먼저 나오는 것이 편하다고 생각하는가?

- To study is always good.
  공부하는 것은 언제나 좋다.

이렇게만 질문하면 조금 모호하니 약간 편집해서 다시 보여드리겠다.

1. To study 공부하는 것은
2. Is always good 언제나 좋다

이 둘 중 몇 번이 이 문장의 '결론'에 해당하는가?

2. Is always good 언제나 좋다

CHAPTER 8 부정사와 동명사 227

바로 2번이다. '**언제나 좋다**'는 게 이 문장의 '**결론**'이다. 그런데 영어는 늘 '**결론**'이 먼저 나오는 것을 선호한다. 즉, 이 문장에서는 'is always good 언제나 좋다'가 먼저 나올수록 좋다는 말이다.

자, 한번 그렇게 써보자.

- Is always good to study

이렇게 쓸 수 있다면 정말 좋겠지만... 이건 안 된다. 지금 이 문장에 등장하는 첫 단어는 'is' 즉, 'be동사'다. 우리가 의문문 변형 규칙에서 배웠던 대로, be동사가 들어 있는 문장은 be동사가 주어 앞으로 나오면 바로 질문이 된다. 그러니...

- Is always good to study?

이렇게만 써 놓으면 원어민들은 이걸 의문문이라고 생각할 수밖에 없다. 아니 그러면 어떻게 '결론'부터 먼저 말하지?

- 주어 + is always good to study.

방법은 딱 하나다! is 앞에 주어를 넣어 이것이 의문문이 아님을 밝혀주는 것이다. 그러면 주어로 뭘 넣어야 할까? 그러고 보니 그게 문제네? 그 고민의 결과 영어는 바로 이 단어를 '가'짜로 '주어'자리에 집어넣게 된다.

- It + is always good to study.

그렇다. '**가주어 it**'의 탄생이다.

it이 간택(?)받은 이유는 짐작하건대 '중성'이었기 때문이 아닐까 한다. 옛 영어는 지금과 달리 모든 단어에 '남성, 여성, 중성'이 있었다. 예를 들면 책상은 남성, 가방은 여성... 이런 식이다. 그런데 가주어 자리에 '성'이 있는 단어를 넣으면 아무래도 '가짜'의 핵심인 '중립'과 '무의미'의 느낌을 살릴 수 없었을 것이다. 생각해 보라, 다음 세 단어 중 가짜로 그냥 주어 자리에 세워만 놓을 것이라면 어떤 걸 선택하겠는가?

- He / She / It

누구라도 저 중엔 '**It**'을 선택할 거라 생각한다. (실제 독일어의 가주어는 중성이다.) 가주어를 쓴 문장을 여럿 보기로 하자.

- To learn English is important. 영어를 배우는 것이 중요하다.
    → **It** is important to learn English.
- To make mistakes is easy. 실수를 하는 것은 쉽다.
    → **It** is easy to make mistakes.

- To eat healthy is necessary. 건강하게 먹는 것이 필요하다.
  → **It** is necessary to eat healthy.
- To play sports is fun. 스포츠를 하는 것은 재미있다.
  → **It** is fun to play sports.
- To wake up early is difficult. 일찍 일어나는 것은 어렵다.
  → **It** is difficult to wake up early.

그런데 의문이 하나 생긴다. 가주어를 쓴 문장에서 to부정사 자리에 동명사를 넣어도 말이 될까?

- 영어를 배우는 것이 중요하다. → It is important learning English.
- 실수를 하는 것은 쉽다. → It is easy making mistakes.
- 건강하게 먹는 것이 필요하다. → It is necessary eating healthy.
- 스포츠를 하는 것은 재미있다. → It is fun playing sports.
- 일찍 일어나는 것은 어렵다. → It is difficult waking up early.

이 문장들 중 어떤 것은 자연스럽기도 하고 어떤 것은 부자연스럽기도 하다. **유감이지만 여기에 '명확한 규칙'은 없다.** To 부정사와 동명사가 모두 명사역할을 하는 건 사실이지만 둘이 꼭 같은 뜻을 나타내지는 않기 때문이다. 앞서 배운 대로 to 부정사는 보통 그 행위 자체를 추상적으로 나타내고 동명사는 그 행위로 인한 경험과 느낌을 표현한다. 따라서 '영어를 배우는 것이 중요하다'라는 말을 둘 다로 나타낸 후

→ It is important **to learn** English. (영어 **학습 자체**의 중요성을 강조)
→ It is important **learning** English. (영어를 **배우면서 얻는 경험과 느낌**을 강조)

이런 식으로 구분할 수는 있다. 그러나 매번 이렇게 구분하기는 어렵고 원어민들도 이렇게까지 따지는 경우는 많지 않다. **아주 특별한 경우가 아니라면 가주어를 쓸 때는 뒤쪽에 to 부정사를 쓰는 게 일반적이다.**

이제 두 사람의 대화를 다시 읽어보자. 정확히 가주어가 보일 것이다.

Hun의 대사 중 "to run away is easy" 부분을 보자. '결론'을 먼저 내려면 'is easy'를 먼저 말해야 한다. 그러나 그대로 쓰면 영문법 원칙에 어긋나므로 주어 자리에 허수아비를 세워야 한다. 그게 it이다. John이 바로 이어 받은 문장을 여러 번 읽어보고 넘어가시기 바란다.

review TEST   CHAPTER 부정사와 동명사

※ 주어진 단어를 올바른 순서로 배열하여 뜻을 완성하시오.

01 그들 중 한 명이 싫다고 한다.

of / says / them / no / one

→

02 그 사람들이 싫다고 한다.

say / they / no

→

03 냉장고에 먹을 게 없다.

the fridge / is / nothing / eat / there / to / in

→

04 영어를 공부하는 것은 힘들다.

study / is / to / hard / English / it

→

05 나는 아이스크림을 먹는 게 좋다 (그 느낌이 좋다).

ice-cream / love / eating / I

→

06 내 취미는 요리하는 것이다.

hobby / is / cooking / my

→ _____

07 나는 요리하는 것을 좋아한다.

love / cooking / I

→ _____

08 무언가를 배우는 것은 늘 즐겁다.

enjoyable / learn / something / to / is / it / always

→ _____

09 나는 내 사무실에서 일하는 것이 좋다 (그 느낌이 좋다).

love / I / my / working / in / office

→ _____

10 진실을 알고 싶다.

know / want / the truth / I / to

→ _____

정답 및 해설

01
One of them says no.

'One of them'만 보고 '여러명'이라 생각하면 곤란하다. 그들 중 '한 명'이니 주어가 3인칭 단수인 셈이다. 이럴 때는 동사 뒤에 s가 붙어야 한다. 올바른 문장은 **One of them says no**.

02
They say no.

이 문장에서 **say**는 주어 they와 짝을 이룬 동사의 현재형이다. 그런데 say의 동사원형도 say다. 이 문장 속 동사의 형태와 완전히 같다. 이러니 '부정사'라는 용어가 어찌 오해를 받지 않을 수 있겠는가?

03
There is nothing to eat in the fridge.

Nothing to eat을 직역하면 '먹을 아무것도 아닌 것'이다. 애초에 번역 가능한 말이 아니긴 하다. Nothing to eat 자체를 한 단위처럼 볼 수 있으면 좋다.

04
It is hard to study English.

만약 보기에 it이 없었다면 to study English is hard라고 써도 좋다. It이 있으니 이를 활용하면 it is hard to study English가 된다.

05
I love eating ice-cream.

Eating이 갖는 그 '느낌'이 있다. 먹는 행위뿐 아니라 그 분위기도 함께 떠올려 보시라. 그러면 I love eating ice-cream의 느낌이 와 닿을 것이다.

06
My hobby is cooking.

물론 보기에 to cook이 있다면 그것으로 문장을 만들어도 된다. My hobby is to cook은 '요리라는 행위 자체'를 강조하는 문장이고 My hobby is cooking은 요리 과정을 즐긴다는 뉘앙스가 있다고 생각하시면 편하다. 물론 원어민들도 이를 매번 구분할 수 있는 건 아니다.

07
I love cooking.

요리 애호가의 입에서 나올만한 문장이다. **I love cooking**은 요리할 때 그 과정과 느낌을 즐긴다는 뉘앙스를 풍긴다.

08
It is always enjoyable to learn something.

To 부정사를 먼저 쓰면 To learn something is always enjoyable이 된다. 결론을 먼저 밝히고 가주어 it을 세우면 it is always enjoyable to learn something이 된다. 일반적으로 가주어를 쓴 문장이 더 구어체에서 많이 쓰인다.

09
I love working in my office.

역시 감정, 느낌이 개입하는 경우 동명사가 좋은 선택이다. 정답은 I love working in my office.

10
I want to know the truth.

Want는 특이하게 뒤에 knowing 즉, 동명사 형태가 오지 못한다. 늘 'want to + 동사원형'으로만 쓰인다는 점을 기억하라. 정답은 **I want to know the truth**.

Chapter 9
관사와 명사

보 이 는 영 문 법  ENGLISH GRAMMAR

LESSON 1	관사와 가산/불가산
LESSON 2	한국어로 이해하는 관사
LESSON 3	the가 맡은 뜻밖의 역할
LESSON 4	영어에서는 왜 이렇게 못 세는 게 많을까?
LESSON 5	사슴과 거위
LESSON 6	data와 media는 왜 셀 수 없을까?
LESSON 7	police는 왜 항상 복수처럼 쓰이나
LESSON 8	go to hospital/be in hospital
LESSON 9	가끔은 세기도 해요

LESSON 1 관사와 가산/불가산

> 함께 출장을 가게 된 John과 Min. 그런데 둘 사이에 뭔가 의사소통이 매끄럽지 않다. '공항에 가기 전에 커피숍에 들르자'는 John과 이에 따라 내비게이션을 맞추는 Min. 여기까지 보면 평범한 상황인 것 같은데… 뭐가 문제일까?
>
> John : Let's drop by a coffee shop before we go to the airport.
> Min : Okay, let me set the GPS…
> John : Wait, set the navigation for what?
> Min : For coffee shop.
> John : ???

관사는 대체 왜 있을까? 얘만 없어도 영어가 한결 쉬울 텐데! 그래서 필자는 어찌 보면 국내 최초로 관사의 정체를 하나하나 풀어서 설명해 보기로 결심했다. 거인의 어깨에 올라탄 부분도 있고 거인의 머리카락을 잡고 머리 위까지 올라가 본 부분도 있다. 먼저 영어에서 '관사'라 함은 크게 보아

- a(또는 an) – 부정관사
- the – 정관사

이 두 가지를 뜻한다. 그런데 얘네들이 정확히 무슨 뜻이고 유래가 무엇인지 찾아보신 적이 있는가? 없어도 된다. 지금 해볼 거니까. 이 두 녀석의 유래는 다음과 같다.

- 부정관사 a = one
- 정관사 the = that/this

그러니까 '부정관사 a'는 원래 '하나'를 뜻하는 말이었고, '정관사 the'는 '이, 그, 저'를 뜻하는, 즉 '지시'하는

말이었다. 그리고 오늘날 현대 영어의 관사는 이 뜻을 기반으로 다양한 악행(?)을 벌이고 있다.

아, 잠깐만 그런데 부정관사/정관사? 이 용어도 어렵다. 정확히 무슨 뜻일까? '정관사'라는 말은 영문법 용어 'definite article'을 번역한 것인데 이것을 영영 사전에서 찾아보면 다음과 같이 나온다.

> "The word used in English to refer to a person or thing that is identified or specified."
> [출처 : https://www.merriam-webster.com/dictionary/definite%20article]

해석하면 '식별되거나 특정된 사람이나 사물을 지칭하기 위해 영어에서 사용되는 말'인데 이것을 조금 더 쉬운 말로 풀면 **'the는 화자와 청자 모두가 어떤 것이 정확히 무엇을 지칭하는지 서로 알고 있다는 표시다'**라고 할 수 있겠다. 예를 들면

- I enjoyed coffee in the cafe yesterday.
  나 어제 (너도 알고 있는 그) 카페에서 커피를 마셨어.

이런 역할을 하는 것이 '정관사(definite article)'이다. 한국인인 우리에게 관사가 어려운 이유는 단순하다. 한국어는 이런 표시를 거의 하지 않기 때문이다. 우리는 "나 어제 카페에서 커피 마셨어."라는 말을 할 때 이 말을 하는 상황과 상대방과의 관계에 따라 서로 알고 있는 카페인지 아닌지가 결정된다. 자, 생각해보자.

- "집에 오다가 슈퍼에서 뭐 좀 사 왔어."

예를 들어 여러분이 이런 말을 하면 여러분의 가족들은 기가 막히게 '우리 집 오는 길모퉁이에 있는 바로 그 슈퍼에서 뭐 사 왔나 보군...'이라고 자동으로 알아들을 때가 많을 것이다. 보통 집 근처에 있고 평소에 자주 가는 슈퍼는 가족이라면 모두 같은 곳을 떠올릴 테니 굳이 이것을 말로 "엄마, 아빠, 형, 누나, 동생 그리고 나도 알고 있는 우리 집 근처 바로 그 슈퍼"라고 할 필요가 없다. 그러나 영어는 이걸 매번 표시하는 언어다. 그리고 정확히 이 반대 개념에 해당하는 게 '부정관사'다. 원래 부정관사라는 용어 자체가 정관사가 아니라는 뜻인데, 이 한자어는 definite 앞에 아니라는 뜻의 in을 붙여 indefinite article이라고 명명한 것을 번역한 것이다. 그래서 그 기능도 정 반대이다. 아까 보셨던 the의 뜻과 비교해서 한번 읽어 보시라.

- the는 화자와 청자 모두가 어떤 것이 정확히 **무엇을 지칭하는지 서로 알고 있다**는 표시와 같다.
- a/an은 화자와 청자 모두가 어떤 것이 정확히 **무엇을 지칭하는지 서로 알고 있지는 않다**는 표시와 같다.

어떠한가? 한눈에 두 관사의 차이점이 뚜렷이 보일 것이다. 이제 다음 문장을 읽어보자.

- I enjoyed coffee in a cafe yesterday
  나 어제 (너는 모르는 어떤, 한) 카페에서 커피를 마셨어.

오! 깨달음이 왔다! 자, 이제 다음 두 문장을 비교해서 세 번 읽어보자.

- I enjoyed coffee in the café.
  (너도 알고 있는 그) 카페에서 커피를 마셨어.
- I enjoyed coffee in a café.
  (너는 모르는 어떤, 한) 카페에서 커피를 마셨어.

이제 실생활 밀착형 퀴즈를 내보도록 하겠다. 객관식이며 (보기는 두 개 밖에 없다) 상황이 주어진다. 상황을 잘 이해하고 답을 골라보시라.

- 너 이건 칼로 썰어야 해! → You have to cut this with (a knife/the knife)!

주방장이 식재료를 가위로 자르려 하는 주방 보조에게 야! 저기 칼 많잖아! 이건 칼로 썰어야 한다고! 이렇게 혼내는 장면이다. 정답은?

- 너 이건 칼로 썰어야 해! → You have to cut this with **a knife**!

힌트는 바로 이거다. "야! 저기 칼 많잖아!" 그러면 그냥 아무 칼이나 괜찮으니 가위로만 자르지 말라는 얘기다. 그래서 '어떤/한' 칼, a knife가 정답!
다음 퀴즈다.

- 여보 이건 칼로 썰어야지! → You have to cut this with (a knife/the knife)!

부엌에 칼이 딱 하나 있는 집에서 식재료를 가위로 자르려 하는 필자에게 우리가 쓰는 부엌칼 몰라? 왜 가위로 잘라? 라고 아내가 소리지는 장면이다. 정답은?

- 여보 이건 칼로 썰어야지! → You have to cut this with **the knife**!

힌트는 바로 이거다. 부엌에 칼이 딱 하나 있는 집에서 아내가 필자에게 우리가 쓰는 부엌칼 몰라? 이렇게 말하면 나와 아내 둘 다 특정한 바로 그 칼을 떠올린다. 그래서 바로 그 '칼, the knife'가 정답!
세 번째 퀴즈다.

- 총 내려놔 XX야! → Put (a gun/the gun) down!

살인범을 추격하던 형사가 막다른 골목에 녀석을 몰아넣었다. 그 순간 이놈이 품에서 총을 꺼내서 형사에게 겨눈다. 이 상황에서 형사가 총구를 이 XX의 머리에 겨누며 경고하는 장면이다. 정답은?

- 총 내려놔 XX야! → Put **the gun** down!

힌트는 이거다. '그 순간 이놈이 품에서 총을 꺼내서 형사에게 겨눕니다.'
나를 겨누는 총을 보며 하는 말이라 '바로 그' 총, the gun이 정답! 아… 설마 여기서 총을 두 개 꺼내 들었을 수도 있다고 우기시는 분들은 없을… 것이다. 맞나? 아니 근데 두 개를 꺼내 들었어도 좀 웃기다. 백번 양보해서 총을 두 개 꺼냈다고 치자. 아무리 그래도 여기서

- (그 중에 어떤 한) 총 내려놔 XX야! → Put a gun down!

이러면 장르가 갑자기 코미디로 바뀐다. '어떤/한 총을 내려놔! (나머지 하나는 들고 있어도 좋아!)'라는 의미가 될 수도 있기 때문이다.

우리말에 '아' 다르고 '어' 다르다는 말이 있다. 이제 여기에 '어' 다르고 '더' 다르다는 말을 추가해야 할 것 같다. 두 사람의 대화를 다시 보자.
필자도 이번 대화를 한국어로 번역하다가 멈칫 했다. "카페 있으면 들르자."라는 말이 확실히 자연스럽다. 이게 원문 "Let's drop by a coffee shop."을 최대한 자연스럽게 번역한 것이다. 독자 여러분도 바로 이 느낌으로 'a'를 기억해 주셨으면 좋겠다. 아, Min이 대화 후반부에서 "For coffee shop"이라고 말한 것이 보이는가? 저렇게 아무런 관사 없이 쓰면 원어민들은 'Coffee Shop'이라는 브랜드명을 가진 어떤 곳이라고 생각하기 쉽다. 고유명사라서 관사를 안 붙였다고 밖에 생각할 수 없기 때문이다.

LESSON 2 한국어로 이해하는 관사

> John이 영어 동화책을 들여다보고 있다. 최근에 한국어 동화를 영어로 번역하는 일을 시작한 Min을 돕기 위해서다. 그런데 John이 보기에 책의 도입부가 조금 특이한 듯하다. 'there was the prince in a town...' 이라고 시작하는데...! 여기서부터 John과 Min이 의사소통이 잘 안 되는 것 같다. 왜 그럴까?
>
> Min : what do you think about the translation?
>
> John : Overall, you did a good job. There is one thing I want to point out though…
>
> Min : what is it?
>
> John : Here, the book begins with 'there was the prince in a town once upon a time.' Who is 'the prince?'
>
> Min : what do you mean?
>
> John : here. The book says 'there was THE prince.'

자, 다음 문장을 읽어보자.

- 지후가 책을 읽는다.

이 문장에서 '가'와 '을'은 '격조사'다. '가'는 지후가 주어임을 나타내고, '을'은 책이 목적어 임을 나타낸다. 그런데 여기서 '가'를 '는'으로 바꾸면 어떻게 될까?

- 지후는 책을 읽는다.

같은 말 같지만 다르다. '지후는 책을 읽는다'라는 말은 '(다른 사람들은 무엇을 하는 지 알 수 없지만) 지후

는 책을 읽는다'라는 뉘앙스를 풍긴다. 이제 '을'을 '만'으로 바꾸어 보겠다. 그러면

- 지후는 책만 읽는다.

이렇게 된다. 이건 또 어떤 느낌인가?

- (TV를 보거나 컴퓨터를 하지 않고) 지후는 책만 읽는다.
- (신문이나 잡지 등은 읽지 않고) 지후는 책만 읽는다.

이런 뉘앙스를 풍긴다.

> 본 내용에 나오는 한국어 문법 용어는 《말과 글을 살리는 문법의 힘》(정재윤 저, 시대의 창) pp. 200~201을 참고하였다.

이렇게 '격'을 표시하는 게 아니라 앞말에 특별한 뜻을 더해 주는 조사를 '보조사'라고 한다. '은/는'이 대표적인데, 주로 '대조'의 뜻을 더해준다. 그런데 이게 영어의 관사와 무슨 관계가 있을까?

- 옛날 어느 마을에 주지후가 살고 있었습니다.

보통 이야기책을 보면 서두가 이렇게 시작한다. 이때 '가'를 쓴 것을 보시라. 왜 '는'이 아니라 '가'를 썼을까? 그건 바로…, '이/가' 등의 주격 조사를 쓰면 '새로운 정보'임을 나타낼 수 있기 때문이다. 무슨 말이냐고? 지금 이 문장을 이렇게 쓰면 좀 웃겨진다.

- 옛날 어느 마을에 주지후는(?) 살고 있었습니다.

응? 뭐가 좀 이상하지 않은가? 왜 그럴까?

- 옛날 어느 마을에... = 새로운 정보/불특정

이 말 덩어리와

- 주지후는... = 이미 알려진 정보/특정

이 말 덩어리가 불협화음을 내기 때문이다. 다음 문장을 보자.

- 옛날 어느 마을에 주지후가 살고 있었습니다. 주지후는 영어 선생이었는데...

두 번째 문장에 다시 '주지후'가 나올 때는 '는'을 써야 어울린다. 저기에 '가'를 쓰면 또 어색해진다. 지금 이 맥락에서 '가'가 맡은 역할이 영어의 'a/an 부정관사'고 '는'이 바로 'the 정관사'다.

자, 다음 영어 문장을 보도록 하자.

- Long time ago, there was a prince in a small town.
  옛날 옛적에, 작은 마을에 왕자가 살았습니다.

  a prince = 왕자가

한국어는 굳이 '어떤 한'이라는 말을 붙이지 않아도 '왕자가'라는 말에서 '가'를 통해 이것이 새로운 정보임을 알 수 있지만 영어는 이런 격조사가 없다. 그래서 'a'를 붙였다. 그러니 a는 딱 '어떤 한'이라는 뜻에 가장 가깝다. 그런데 이야기가 이어지면 관사가 바뀐다! 잘 보시라.

- Long time ago, there was a prince in a small town. The prince was handsome...
  옛날 옛적에, 작은 마을에 왕자가 살았습니다. 왕자는 잘생겼었는데요...

  the prince = 왕자는

한국어로는 '그'를 빼고 '왕자는'이라고만 써도 그다지 어색하지 않다. 보조사 '는'이 이미 앞서 언급한 알려진 왕자라는 사실을 언급하고 있기 때문이다. 그런데 영어에는 이런 장치가 없다. 즉, the는 '그~'라는 말에 가장 가깝다.

이걸 단순히 암기하는 것과 이렇게 사용 맥락을 이해하고 익히는 것은 전혀 다르다. 관사는 어차피 영어 원어민들도 그저 느낌으로만 사용할 뿐 명확히 설명하기 어려운 부분이다. 그러니 우리도 이걸 '외울 방법'이 없다. 그들이 어떻게 느껴서 그걸 그렇게 쓰는지 '이해'하는 방법밖에 없다.

독자 여러분 모두 속이 시원하셨으면 좋겠다. 아, 그러니까 우리도 저런 식으로 조사를 통해 알게 모르게 영어의 관사가 저지르는 악행(?)을 똑같이 행하고 있구나! 여러분이 어학당에 다니는 외국인이라 생각해보시라. 한국어를 배울 때 저 '조사'가 대체 얼마나 어렵겠는가! 그들의 마음도 이해해볼 겸 두 사람의 대화를 한국어 번역문과 함께 다시 자세히 읽어보자.

이렇게 보니 새삼 한국어가 우리의 모국어임에 감사하게 된다. 저걸 외국어로 배운다고 생각해보라! 상식적으로 '옛날 옛적에 왕자는 한 마을에 살았습니다...'라고 하면 '아니 무슨 왕자인데 꼭 이미 소개한 것처럼 얘기하지?'라는 생각이 들 것이다. 이게 'the'의 역할이다. 이제 John이 제기한 문제가 명료히 보이는가?

LESSON 3 the가 맡은 뜻밖의 역할

> 세미나 날짜를 확인하고 있는 두 사람. 혹시 10월 10일이냐는 Min의 질문에 John은 '10월 15일'이라 대답한다. 그런데 이 말을 들은 Min은 'fifteenth…?'라고 되묻는다. 뭐가 잘 이해 안 되는 걸까?
>
> Min : When is the seminar, John?
>
> John : It is… let me check.
>
> Min : Is it October 10?
>
> John : Actually, the seminar is on the 15th of October.
>
> Min : Fifteenth?
>
> John : Yes. Why?

12월 25일을 영어로 쓰면 어떻게 될까? 제일 쉬운 건

- December 25

그냥 이렇게 쓰는 것이다. 음… 그런데 이것 말고도 두 가지 버전이 더 있다.

- December 25th
- The 25th of December

아니 얘네들은 왜 이러는 걸까? 사실 원래는 25뒤에 항상 'th'를 붙여야 한다. 원칙상은 그게 맞다. 실제로 12월 25일을 말로 할 때 대부분

- December twenty fifth

라고 한다.

- December twenty five

라고 하는 경우도 물론 있지만 이건 원칙상 표준이 아니다. 대부분의 유럽어들은 날짜를 표현할 때 '서수'를 쓴다. 응? 서수?

'서수(序數)'는 말 그대로 순'서(序)'를 나타내는 '수(數)'라고 생각하시면 된다. 그러면 날짜를 표현할 때 서수를 쓴다는 말은 바로

- 첫 번째
- 두 번째
- 세 번째
- 네 번째
- 다섯 번째
- 여섯 번째
  ⋮

이런 말을 쓴다는 것이다. 보시다시피 한국어의 서수는 한자어가 아닌 순수 한국어로 이루어져 있는 경우가 많다. (물론 백, 천, 만은 제외) 영어의 서수는 이렇다.

- first
- second
- third
- fourth
- fifth
- sixth

자, 그러면 25th라고 쓰면 사실 무슨 뜻에 가까운가?

- twenty fifth
  스물 다섯 번째

바로 이런 뜻이다. 그래서 December 25th는 '12월의 스물다섯 번째 날'이라는 뜻이 된다. 그리고 원래 서수 앞에는 거의 the를 써야 하는데 여기서는 앞에 있는 December에 25th가 종속된 것으로 여겨 굳이 the까지는 쓰지 않는다. (쓰려고 해도 어디에 쓸지 애매하다. December앞에 쓰면 마치 December이 특

정 December처럼 보여서) 그런데 여기서 25th가 앞으로 튀어 나가버린다면?

- the 25th of December

이렇게 쓰게 된다. 12월의 스물다섯 번째 날은 딱 25일 하루밖에 없으니 '특정'되어서 the가 붙는다. 그렇다. 'the 25th of December'는 'the twenty fifth of December'라고 읽고 '십이월의 스물 다섯 번째 날'이라는 뜻이다.

아하! 이제 두 사람의 대화를 다시 보면 Min의 어리둥절함이 이해될 것이다. 글자로 보면 당연히 한번에 이해하겠지만 John이 'the 15th of October'을 말로 전달했다는 점에 주목하라. Min은 정확히 이런 말을 들은 것이다. 'the fifteenth of October.'

우리는 날짜를 얘기할 때 서수를 잘 쓰지 않는다. 보통 '주(週)'에 서수를 쓰는 경향이 있다. 10월 첫째 주, 둘째 주... 마지막 주... 이런 말은 많이들 하지 않는가? 그러나 실전 한국어에서 '11월의 열 한번째 날'이라고 말하는 사람은 없다. '새해 첫날'이나 '올해 마지막 날' 정도 예외를 제외하면 우리는 거의 서수를 쓰지 않는다. 그리고 그 개념이 흐릿하다 보니 10월의 열 다섯 번째 날은 '딱 그날 밖에 없다'는 자명한 사실도 빨리 이해하기가 힘들다. 자, 여기까지 읽고 나니 어떤가? 'the'가 붙어 있는 게 너무나 당연해 보이지 않는가?

LESSON 4. 영어에는 왜 이렇게 못 세는 게 많을까?

> John은 요즘 열심히 한국어를 공부하고 있다. 공부는 어떠냐는 말에 힘들어 죽겠다는 John. 그리고 자신의 숙제를 보여준다. 그리고 Min은 틀린 부분을 정정해 주는데 여기서 John의 멘붕 포인트가 보인다. '한 책, 두 책…'이라는 말을 한국인들이 쓰지 않는다는 것! 잠깐만, 영어로는 'one book, two books…'라고 하는데?
>
> John : Can you help me with my homework?
> Min : Oh, sure! How is your Korean study going?
> John : It's really tough!
> Min : Hahaha… I understand. Here, read my comments.
> John : '한 책, 두 책… is incorrect…?'
> Min : right. We say '책 한 권, 책 두 권.'
> John : Ah… it drives me crazy.

여러분은 혹시 가산/불가산 명사라는 악마들에게 분노해 보신 적이 있는가? 필자는 매우 많다. 영어에서는 빵도 못 세고 가구도 못 세고 종이도, 돈도, 고기도, 보석도 못 센다. 그럼 대체 뭘 셀 수 있는지 궁금할 때가 많을 것이다. 영어를 공부하다 보면 누구나 한 번쯤

- One bread, two breads…
  → 이렇게 빵을 셌다가 틀렸다고 지적 당해본 적도 있고
- One paper, two papers…
  → 종이도 세면 안 된다는 협박(?)을 들어본 적이 있을 것이다.

분명 'water'을 셀 수 없다는 말에는 동의할 것이다. 직관적이다. 물을 어떻게 세겠는가? 그러나 빵, 종이... 등 우리 직관으로 왜 못 세는 지 납득하기 어려운 단어들이 문제다. 우리는 셀 수 있는데 영어로만 못 센다고 생각하는 단어들은

- bread 빵
- furniture 가구
- paper 종이
- money 돈
- meat 고기
- jewelry 보석

대표적으로 이 녀석들이 있다. 잠깐... 그러면 한국어로는 얘네를 어떻게 셀까?

한국어는 '관형사'를 통해 '체언'을 꾸며준다. 아, 이 국어 국문법 용어가 익숙하지 않으면 일단 '관형사'를 '형용사'로 '체언'을 '명사'라고 생각하면 편하다. 필자가 국어사전에서 발췌한 다음 설명을 자세히 보시기 바란다.

> **수 관형사** [冠形詞]
> → 사물의 수나 양을 나타내는 관형사를 의미한다. '한, 두, 세, 네' 등이 수 관형사에 해당한다.

(가) 두 사람 모두 내 친구들이다.

(나) 두어 종류, 넉 잔의 커피

(가)에서 '두'는 '사람'의 수를 나타내는 기능을 하는 수 관형사이다.
(나)에서 '두어'는 종류의 수량이 둘쯤 된다는 것을 나타내는 관형사이고, '너'는 '잔'의 개수가 네 개임을 나타내는 관형사이다.

이렇게 한국어는 무엇의 '수'를 셀 때 '수 관형사'라는 것을 사용하다. '한, 두, 세, 네' 등이 수 관형사이며, 이것은 영어의 'one, two, three, four...' 와 같다고 보면 된다. 그러면 이제 한번 수 관형사로 체언을 세어볼까?

- 한, 두, 세, 네… + 빵, 가구, 종이, 돈, 고기, 보석

응? 뭐가 좀 이상한데? 다시 한번 해보자.

- 한 빵, 두 빵, 세 빵...
- 한 가구, 두 가구, 세 가구...
- 한 종이, 두 종이, 세 종이...
- 한 돈, 두 돈, 세 돈...
- 한 고기, 두 고기, 세 고기...
- 한 보석, 두 보석, 세 보석...

뭐지? 다시 읽어 보아도 어색하기 그지없다. 그렇다. 사실 우리도 빵, 가구, 종이, 돈, 고기, 보석을 어떤 '단위'로 세고 있었다.

- 빵 한 개, 빵 두 개
- 종이 한 장, 종이 두 장
- 고기 한 점, 고기 두 점

이럴 때 쓰는 '개, 장, 점' 등을 '의존명사'라고 하는데 영어의 'piece, sheet, slice...' 등에 해당한다. 한 마디로 영어나 한국어나 사실 비슷한 방식을 쓰고 있었다는 것이다.

- a piece of bread 빵 조각
- a sheet of paper 종이 한 장
- a slice of meat 고기 한 점

우리가 한국어에 대해서 너무 몰랐던 것뿐이다. 물론 언어가 달라서 모든 것이 이 규칙대로 움직이지는 않지만, 영어는 왜 이렇게 못 세는 게 많냐는 생각은 사실 편견이었던 것이다. 거꾸로 영어로는 세는데 우리말로는 단위가 없으면 어색한 것도 많다.

- one tree, two trees (○)
  한 나무, 두 나무 (X)
  → 나무 한 그루, 나무 두 그루(○)

아, 그런데 이쯤 되면 또 그런 말도 나올 법하다.
아닌데? 영어에는 세나 못 세나 생긴 게 똑 같은 단어들도 있는데? 영어가 이상한 거 맞잖아?! 바로 다음 Lesson에서 그 얘기를 해보려 한다.

"동병상련!" 이보다 더 John과 우리의 마음을 대변하는 단어도 없을 것 같다. 자, 이제 두 사람의 대화를 다시 읽어보자.

우리는 영어가 유독 못 세는 게 많다고 생각한다. 이런 걸 두고 "등잔 밑이 어둡다"라고 한다. 한국어가 영어보다 아주 '잘 세는' 언어라면 '한 책, 두 책...'도 말이 되어야 한다. 그러나 우리는 결코 그렇게 말하지 않는다. '책 한 권, 책 두 권...' 또는 '책 하나, 책 둘' 이라고 바꾸어 말해야 한다. 어떤가? John이 괴로워하는 모습을 보니 좀 여러분도 덜 억울하시지 않나?

LESSON 5 사슴과 거위

연휴를 맞아 자신의 부모님이 운영하는 농장에 Min을 초대한 John. 눈 앞에 양과 사슴이 뛰어다니는 광경을 본 Min이 기쁨에 환호한다. John도 오랜만에 와서 그런지 들뜬 모습이다. 이윽고 '...there are THAT many deer and sheep! (참고: THAT은 '저렇게'라는 강조 의미로 쓰였다)'이라고 말하는 John. 그런데 이 말을 듣고 Min은 무언가 이해가 안 되는 표정을 짓는다. 여러분은 그게 무언지 눈치 채었는가?

Min : Beautiful! Let me take a picture!

John : hahaha! I haven't noticed that there are THAT many deer and sheep on the farm.

Min : Many deer and sheep?

John : Yes, why?

때는 서기 900년경 영국의 왕족과 귀족들이 사냥을 한참 즐기고 있었다. 사냥감을 한참 찾아 헤매던 중 숲 속에서 무언가 나타났다.

사슴이 고개를 빼꼼 내민다.

그러자 한 귀족의 하인이 크게 소리친다.
"동물입니다!"

이 소리를 들은 귀족과 왕족들이 크게 답하다.
"사슴이구나!"

그렇다. deer는 원래 '동물' 이라는 뜻이었다. 정확히는 '야생동물' 일반을 가리켰다.

deer는 옛 영어에서 deor라고 썼는데 이는 '야생 동물, 짐승'이라는 뜻이었다. 개미나 물고기까지 포함해 그냥 '동물'을 모두 일컫는 단어였다. 그런데 세월이 흐르며 뜻이 점차 변하기 시작하여 오늘날에 이르렀다. 사실 언어에서 이런 어휘의 의미변화는 빈번하게 일어난다. 다음 두 단어가 대표적이다.

- wife 여성 → 아내
- awful 경외심이 드는 → 끔찍한

이와 동일선상에 있는 단어가 deer이다. 원래 deer는 중세까지 개미나 물고기까지 포함한 진짜 '동물'을 뜻했다. 그런데! 사냥에서 가장 인기 있는 동물이 사슴이었기 때문에 왕족과 귀족들이 deer를 사슴을 지칭할 때 특히 많이 쓰게 된다.

그렇게 수백 년이 지나며 왕족이나 귀족들이 deer라고 부르는 것과 일반 서민들이 deer라 부르는 것의 지시 범위가 서로 달라지게 된다. 그러던 중 중세를 거치며 프랑스어와 라틴어를 통해 두 단어가 영어에 유입되는데…

- 그게 바로 beast와 animal이다.

beast가 먼저 들어오고 이후에 animal이 들어온다. 그런데 이 둘은 모두 '동물, 짐승'을 의미한다. beast가 먼저 들어와서 deer를 밀어내고 '동물'을 뜻하게 되었다. 그리고 이후 animal이 영어로 들어오면서 다시 한 번 beast가 '야수 같은 짐승'을 나타내는 단어로 또 밀려나게 된다.

이렇게 보니 드디어 이해가 간다. deer는 원래 야생동물 일반을 가리켰기 때문에 애초에 단, 복수 구분을 할 수가 없었다. 그래서 이미 중세 이전부터 단/복수형을 구분하지 않고 썼다.

- deor 동물
  deor 동물들

생각은 언어에 영향을 미치고 언어는 다시 생각에 영향을 미친다. deer가 단/복수 구분이 없는 단어가 되면서 이후 이와 비슷한 선상에 있는 동물들도 모두 같은 운명(?)을 맞이하게 된다.
deer의 영향을 받아 단/복수형 구분이 필요 없는 단어로 분류되어버린 녀석들이 바로 sheep과 fish다. sheep은 '양'이라는 동물 일반을 가리키고 fish는 '물고기'라는 생명체들 일반을 가리킨다. 그래서 지금도 단, 복수 구분이 없다.
그리고 이와 같은 논리로(물론 개인적으로 억지라고 생각하지만) buffalo 역시 단/복수형 구분이 없는 명사가 되어버리는데, 이는 buffalo가 원래 아프리카 야생 소 일반을 가리키는 단어였기 때문이다. 떼로 몰려다니는 녀석들 전체를 그냥 buffalo라고 부른 것이다.

아, 그런데 여기서 또 이런 질문이 나올 수 있다. 아니, 그런데 영어에는 또 복수형으로 바뀔 때 s가 안 붙고 단어 가운데가 변하는 이상한 애들도 많잖아? 이건 또 뭐야?!

때는 서기 5세기경 유럽 대륙에서 한 무리의 부족이 영국 섬으로 들어온다. 그리고 곧 이들을 따라 같은 계열의 부족들이 차례로 영국 섬에 정착한다.

- 안녕? 우리의 이름은~게르만족이라고 해! 우리가 영국 섬에 들어오면서 본격적으로 영어의 역사가 시작되지 즉, 영어는 게르만어 출신이야!

그 이름에서 유추할 수 있듯 'Germany'라는 독일의 국명은 '게르만인들의 땅'이라는 뜻이다. 그리고 German이라는 '독일어'의 영어식 명칭은 '게르만어'라는 뜻이다.

그래서 오늘날의 독일어를 살펴보면 옛 영어의 문법 체계를 역추적할 수 있다!

독일어는 단수형이 복수형으로 변할 때 모음의 발음이 바뀌거나 모음이 추가되는 경우가 많다.

- apfel[압펠] 사과 → äpfel[앱펠)] 사과들
- arzt[아츠트)] 의사 → ärzte[애어츠테] 의사들

이렇게 '야'가 '애'로 발음이 바뀌기도 하고 (a위에 있는 점 두개가 '애'로 발음하라는 표시) 단어 끝에 -e가 추가되기도 한다. 그리고 이는 중세 이전의 영어에서 매우 일반적인 방식이었다.

- foot 발 - feet 발들
- man 남자 - men 남자들
- mouse 쥐 - mice 쥐들
- goose 거위 - geese 거위들
- woman 여자 - women 여자들
- tooth 이 - teeth 이들

즉, 현대 영어의 불규칙 변화 명사들의 상당수는 게르만어의 흔적이다.

그리고 독일어는 복수형을 만들 때 뒤에 '-en'이 붙는 경우도 많은데…

- lampe (람페) 등불 → lampen (람펜) 등불들
- blume (블루메) 꽃 → blumen (블루멘) 꽃들

이 방식을 그대로 계승한 녀석들이

- child 아이 → children 아이들
- ox 소 → oxen 소들

바로 얘네들이다.

그런데! 서기 11세기경 영국은 프랑스어를 쓰는 이에게 정복당한다. 이제는 다들 아시는 그 이름! 바로 '윌리엄'이다. 그가 기존 영국 왕위 계승자를 죽이고 뜬금없이 왕위에 오르고 이후 300년 이상 영국의 공식 언어는 프랑스어가 된다.

그리고 이때부터 영어의 급격한 프랑스어화가 진행된다. 프랑스어는 명사의 복수형을 만들 때 거의 예외 없이 끝에 -s를 붙이는 방식을 쓴다. 300여 년간 하도 프랑스어 단어가 영어에 많이 들어오는 바람에 영어도 -s를 붙이는 복수형이 더 일반적인 정도에 이르게 되고, 이후 영어의 전통(?) 복수형 체계는 모두 '불규칙'이라는 불명예를 안게 된다.

아, 이쯤에서 이런 얘기가 또 나올 법도 하다. 아니, 진짜 영어에서 이상하게 못 세는 게 있다니까... 예를 들면... 필자도 그게 뭔지 안다. 그건 또 다른 출생의 비밀이 있다. 그건 다음 Lesson에서 이야기할 테니, 계속 잘 따라오시라!

기가 막히다! 아니 진짜 언어는 살아있는 역사 박물관이라는 말이 괜히 나온 게 아니다. 이제 두 사람의 대화를 다시 보자.

그냥 많은 것도 아니고 '저~렇게 많은' 사슴과 양도 절대 'deers and sheeps'라 하지 않는 다는 점이 놀랍지 않은가? John이야 영어 원어민이니 어릴 때부터 그냥 당연히 그렇게 안 쓴다고 배웠을 것이다. 그러나 Min은 당연히 이를 이해할 수 없다. Many deer and sheep이라니! 왜 복수형을 쓰지 않는가! 아참, 혹시 영어권 아기들이 처음 말을 배울 때 'deers and sheeps'라고 하다가 더 커서 'deer and sheep'이라 교정된다는 것을 알고 있는가? 그들이 봐도 이해가 안되니까 어렸을 때는 복수형에 '-s'를 붙이는 것이다. 그러니 deer and sheep은 철저히 '사회가 강요한 복수형태'라고 밖에 볼 수 없다. 언어라는 게 이렇게 복잡하다.

LESSON 6. Data와 Media는 왜 셀 수 없을까?

뭔가 자료 수집을 엄청나게 해야 하는 상황인 것 같다. 대체 얼마나 데이터를 수집해야 하냐는 Min의 질문에 John이 "As much data as possible"라고 답한다. 그리고 이 말이 뭔가 특이하다고 생각하는 Min. 여러분은 어떻게 생각하는가?

> Min : Ah… it's hard to gather all the datas about this.
> John : There are lots! Don't worry, I am gathering data too.
> Min : How many datas do we need?
> John : As much data as possible.
> Min : Much data…?

혹시 이 단어들의 공통점이 무언지 아시는 분?

- focus
- aquarium
- forum
- formula
- millennium
- stadium

뭔가 비슷하게 생긴 데가 있다. 이 단어들은 모두 라틴어다. 정확히는 라틴어 출신 영어 단어이다.

- focus 초점
- aquarium 수족관
- forum 토론회
- formula 공식
- millennium 천년
- stadium 경기장

흔히 쓰는 단어가 생각보다 많지 않은가? 라틴어의 단/복수 체계는 독일어나 프랑스어와 또 다르다. 간단히 (?) 정리하자면 이렇다.

- -um으로 끝나면 -a로 바뀐다
- -us로 끝나면 -i로 바뀐다
- -a로 끝나면 -ae로 바뀐다

명사를 복수형으로 만들 때는 거의 -s가 붙이는 방식에 익숙한 우리들의 눈에는 매우 생소한 변화법이다. 그럼 이 규칙에 따라 다음 단어들을 복수형으로 바꾸어 보겠다.

- focus 초점 (us → i)
- aquarium 수족관 (um → a)
- forum 토론회 (um → a)
- formula 공식 (a → ae)
- millennium 천년 (um → a)
- stadium 경기장 (um → a)

그럼 어떻게 될까? 함께 해보자. 쨔잔!

- foci 초점들
- aquaria 수족관들
- fora 토론회들
- formulae 공식들
- millennia 수천 년
- stadia 경기장들

이게 바로 라틴어식 복수형이다. 그래서 이 영어 단어들은 현재 공식적인 복수형이 두 개라고 규정되어 있다.

- focuses/foci
- aquariums/aquaria
- forums/fora
- formulas/formulae
- millenniums/millennia
- stadiums/stadia

영어화된 복수형과 라틴어 복수형. 이 두 가지가 모두 사전에 등재되어 있다.
자, 그러면 조금 전 보셨던 규칙을 이용해서 다음 라틴어 단어들을 복수형으로 바꾸어 보자.

- datum 꾸어 준 것[돈]/선물, 예물
- medium 수단, 방도; 매개물, 매체

둘 다 -um으로 끝나니까 복수형을 만들려면 -um만 -a로 바꾸면 된다.

자. 그러면… 이런 복수형이 탄생한다.

- datum → data
- medium → media

아…!

그렇다. 우리가 '자료'라는 뜻으로 알고 있는 data와 흔히 '대중매체'를 의미하는 media는 그 자체가 이미 복수형이다. 한 마디로 셀 수 없다기보다는 이미 센(?) 단어인 것이다. 이와 같은 기원을 공유한 단어들을 몇 가지 더 공개한다.

- curriculum 교육과정 (복수형은 curricula)
- alumnus 남자 졸업생 (복수형은 alumni)
- fungus 곰팡이 (복수형은 fungi)

정말 많은 궁금증이 해결되었을 것이다.

자, 이제 끝판왕(?)을 처리하러 가야 한다. 여러분의 여정에서 언젠가는 마주해야 할 상대다. 필자가 같이 싸워드리겠다. 그러기 전에 Min과 John의 대화를 다시 보자!

한국어로 표현하기 정말 힘들다. 그러나 분명 Min이 'datas'라고 하는 게 이제 뭔가 이상해 보일 것이다. 그리고 Min이 'many'라는 말로 data를 '세고 있는' 반면, John은 'much'라는 말로 data를 '세고' 있다. 생각해 보면 엄청난 차이다. Min은 '수' 관점에서, John은 '양' 관점에서 data를 바라보는 것이니!

ENGLISH GRAMMAR

LESSON 7 police는 왜 항상 복수처럼 쓰이나

외근 후 사무실에 돌아와 보니… 세상에! 캐비닛은 다 열려있고 사무실 책상은 엉망 진창이다. 도둑이 들었음을 직감한 상황! John은 이미 신고를 마쳤다. 이어서 "The police are coming."이라고 하는데, 이를 들은 Min이 "How many polices?"라고 묻는다. 이 말이 이해가 안 되는 John. 왜 그럴까?

> Min : Oh my!
> John : definitely burglary.
> Min : Let me call…
> John : I already did. The police are coming.
> Min : How many polices?
> John : ???

필자가 즐겨 찾는 어원 찾기 사이트(Online Etymology Dictionary)에서 'police'를 검색하면 재미있는 결과가 나온다. 필자가 내용을 요약해서 보여드리겠다.

> …"organized government, civil administration", from Latin politia "civil administration," from Greek polis "city".
> 'police'는 '조직적인 정부, 민간 행정'을 의미하며 이는 라틴어 'politia'인 '민간 행정'에서 비롯되었다. 이는 그리스어 'polis'인 '도시'에서 비롯되었다.
>
> [출처 : https://www.etymonline.com/search?q=police]

잠깐! '그리스어 Polis'라고?

CHAPTER 9 관사와 명사 255

> **polis**
> 폴리스는 때로는 '도시국가'라고 번역되지만 정확한 번역은 아니다. 가령 아테네는 아티카 전역을 포함하여 폴리스였다. 폴리스가 도시의 의미로 전락하는 것은 원래의 기능을 잃은 다음의 일이며, 만약 그 본질을 표현한다면 오히려 '공동체 국가'가 적당할 것이다. 폴리스의 원뜻은 방채이다.
> [출처 : 위키백과]

우리가 흔히 세계사 시간에 배워서 알고 있는 고대 그리스의 '폴리스 Polis'가 police의 어원이며 실제로 그런 뜻으로 처음 쓰이기 시작했다는 것이다.

고대 그리스의 'Polis 폴리스'는 '공동체'라는 개념에 가까웠다. 그런데 이 '공동체'라는 말이 많은 뜻을 담고 있기 때문에 쓸모 있었던 모양이다. 1800년대 영국에서 이를 조금 바꾼 'police'라는 단어가 등장하는데, 그 배경은 이렇다.

> 영국 런던은 1800년대 초 이미 인구가 150만을 넘었지만 고작 순경 450명에 4천 500명 가량의 'night watchman 야간 경비원'에 의해서 치안이 유지되었다. 그래서 Sir Rober Peel은 1822년에 내무장관에 취임한 후 전문 '경찰력'을 만든다는 계획에 착수했다고 한다.
> [출처 : https://en.wikipedia.org/wiki/History_of_law_enforcement_in_the_United_Kingdom]

그러니까 애초에 police는 이 뜻에 가까웠다.

- '치안 공동체, 치안 유지'

즉, 애초에 어떤 한 개인을 의미하는 뜻이 아니었고 그 범위도 딱히 정해진 바가 없었다. 보통 이런 명사를 영어에서는 'collective noun'이라 부른다. 한국어로 '집합명사'라 번역하는데, '같은 종류의 것이 여럿 모여 있는 전체를 나타내는 명사'라는 뜻이다. 집합명사의 대표적인 예는 다음과 같다.

- Board 이사회
- Committee 위원회
- Council 의회

같은 일을 하는 사람 여럿이 모여 전체를 나타나는 단어임을 알겠는가? 물론 맥락에 따라 이들을 단수로도, 복수로도 모두 쓰기도 한다. 그러나 police는 절대 복수취급을 하는 대표적인 '집합명사'로 남았다. 영국영어와 미국영어 모두 'police 경찰력, 경찰 조직'을 단수 취급하는 경우는 없다.

저런 배경이 있었다니! 이제 'police'를 바라보는 관점이 달라질 것 같다. 자, 이제 둘의 대화를 다시 읽어보자. '몇 경찰들'이라는 Min의 말이 여러분도 어색한가? 그렇다. 그게 바로 John이 영어로 'many polices'를 들었을 때 그 느낌이다. 생각해보니 우리도 '경찰'이라는 말을 '경찰병력'과 '경찰관'이라는 두 가지 뜻으로 혼용하고 있다. 외국인들이 한국어를 배울 때는 거꾸로 이 점이 이해하기 힘들 것이다.

ENGLISH GRAMMAR

LESSON 8 go to hospital/ be In hospital

점심 시간에 스마트폰으로 영자 신문을 읽고 있는 Min이 John에게 묻는다. 'the victim is in hospital…'라는 말이 뭔가 어색한 것. 이에 John은 '그건 영국 영어야'라고 답한다. 그리고 같은 내용을 뉴욕타임즈에서 보도한 걸 보여주는데 거기엔 'the victim is in **the hospital**'이라고 되어 있다. 더 멘붕에 빠진 Min이 왜 둘이 다르냐고 묻는데…

> Min : Is this grammatical? 'the victim is in hospital…'
> John : ah, that is British English.
> Min : what?
> John : here, we say 'the victim is in the hospital.'
> Min : why are they different?
> John : ah… that… is….

2011년 여름, 전공수업에 찌들어 있던 필자는 옥스퍼드 사전에서 충격적인 내용을 마주하게 된다.

> **사람이 환자로서 병원에 가거나 입원해 있는 것을 나타낼 때**
> - go to hospital (진찰/치료를 받으러) 병원에 가다
> - be in hospital 병원에 입원해 있다
>
> **hospital 앞에 관사가 붙지 않는다.**

여기까지도 충격인데 사전에는 다음과 같은 설명이 덧붙여져 있었다.

- "미국 영어에서는 이럴 때도 hospital 앞에 the를 쓴다."

한창 미국에서 전공 수업을 들으며 언어 학도로서 쓸데없는 부심이 가득했던 필자에게 내가 얼마나 보잘것없는 존재인지 알려준 이 문제는 당시의 초라한 나의 내공으로 도무지 해결할 수 없었다. 주변 모든 이들도 이유를 모른다고 하여 결국 해결하지 못한 채 한동안 잊고 지내게 된다.

그렇게 수년간 수면 아래 가라앉아 있던 이 문제는 2017년이 되어서야 다시 수면 위로 떠올랐다. 필자가 현장에서 영어 강사로 일한 지 5년 차가 되던 그 해에 한 학생이 이 문제를 진지하게 물어왔기 때문이다.

결국 나는 시중에 있는 관사에 대한 책을 모조리 사들이게 된다. 2011년 이후로 나는 뭘 했나 자책하면서. 책을 잔뜩 쌓아놓고 읽어 나가던 중 한학성 경희대학교 교수님께서 쓰신 《영어 관사의 문법》이라는 책이 내 눈을 사로잡았다.

저자는 이 책에서 1972년 출판된 *A Grammar of Contemporary English*에 실린 내용을 인용하며 나를 수년 간 괴롭혔던 문제에 대해 결정적 실마리를 제공할 이 한 줄을 매우 시크한 문체로 남겨두었다.

- The hospital 각 도시나 마을에 병원이 하나밖에 없었던 때에서 유래

> *이 내용은 한학성의 저서 《영어 관사의 문법》의 *A Grammar of Contemporary English*에 실린 내용을 참고하여 서술하였다.

이후 다른 책들에서 찾아낸 습관적 the 사용의 예시로는 the theater 그리고 the airport 등이 있었다. 그리고 여기서부터는 이를 바탕으로 내가 치열하게 추론한 결과를 풀어놓는다. 이것은 언어학자들에 의해 증명된 것은 아니다. 그러나 여러분께 언어에 대한 통찰력을 제공할 수 있을 것이라 생각한다. '유일성'이 the가 붙는 결정적 요소로 작용한다면 17세기에 영국 영어와 미국 영어가 갈라지고 난 후 역사의 어느 시점에서 영국인들과 미국인들이 hospital에 대해서 갖는 '유일성' 개념에 차이가 생겼을 가능성이 높다. 그리고 이것이 언어로 드러나기 시작했을 것이다.

예를 들어 영어로 the airport라는 표현을 압도적으로 많이 쓰는 이유는 과거에 '공항'이 처음 생겼을 때의 말 습관을 그대로 잇고 있기 때문이다. 그 시대 사람들에게 공항이란 새로운 것이었고 당연히 지역/국가 내에 하나뿐이었기에 the airport라고 하면 누구나 아는 그 공항을 의미했다. 그런데 이것이 지금도 언어습관으로 남아있다.

여기서 논리적 추론을 해본다면 당시 세계 최강대국이었던 영국과 달리 이제 막 개척된 미국은 너무나 가난했고, 영국에는 이미 보편화된 시설들이 미국에는 하나 밖에 없는 경우가 꽤 많았을 것이다. 그리고 그것이 신대륙에 정착한 사람들의 언어에 반영되었을 것이다.

나는 이 가설을 증명하기 위해 데이터를 모았다. 왜 미국인들은 the hospital이라고 말하게 되었을까? 그러다가 위키피디아를 통해 다음과 같은 사실을 알게 되었다. 미국에는 1736년 각기 다른 두 지역에 첫 국립 병원이 세워진다.

> *이 내용은 위키피디아에 실린 내용을 참고하여 서술하였다.

CHAPTER 9 관사와 명사

- Bellevue Hospital – 뉴욕
- Charity Hospital – 루이지애나

이 두 지역은 오늘날 자동차로 운전하여 무려 20시간 거리다. 그리고 이후 35년간 미국에는 다른 국립병원이 없었다.

35년이면 언어학의 관점에서 '한 세대'의 말 습관이 '다음 세대'로 넘어가기 충분한 기간이다. 나는 이것이 THE hospital이라는 미국인들의 말 습관에 분명히 영향을 미쳤을 것이라 생각한다.

진짜 '살아 있는 역사 박물관'이라는 말 보다 '언어'를 더 잘 묘사할 말이 있을까? 물론 이번 Lesson은 전적으로 필자의 추론을 바탕으로 썼지만, 아예 상상은 아니다. 기존 데이터에 상상을 더해 논리를 확장한 것이니 이는 '추론'이다. 자, 둘의 대화를 다시 읽어보자.

미국 영어에서 저렇게 'the'를 항상 붙이는 것이 필자도 늘 궁금했다. 이에 치열한 추론을 거쳐 여러분께 나름 합리적인 배경을 제시한 것이니 도움이 되었으면 좋겠다.

LESSON 9 가끔은 세기도 해요

독자 여러분도 여기서 혹시 "Two coffees"라는 말이 좀 이상한가? Hun이 똑 같은 궁금증을 가지고 있다. 'coffee'는 셀 수 없는 것 아니냐는 Hun의 질문에 말문이 막힌 John. 그러게? 생각해보니 셀 수 없는 게 맞는데...?

> John : Two coffees please. It's on me bro.
>
> Hun : Oh, thanks. Hahaha… by the way did you just say 'two coffees?'
>
> John : Yes, why?
>
> Hun : I thought the word 'coffee' was uncountable.
>
> John : Ah… actually that is… correct… but…

영어 공부를 하다 보면 누구나 깊은 분노를 느낄 때가 있다. 그 중 하나가

> **cof·fee**
> 1. 커피(콩이나 가루)   2. 커피(음료)   3. 커피 한 잔
>
> 명사
> 1. **U, C**
>   커피(콩이나 가루)
>   **decaffeinated/instant coffee**
>   카페인을 제거한/인스턴트 커피
>
> [출처 : 옥스포드]

바로 사전에서 U, C 라는 표시가 있는 명사들을 만날 때다.

- U = Uncountable 셀 수 없는
- C = Countable 셀 수 있는

CHAPTER 9 관사와 명사

지금 여러분이 보고 있는 단어는 coffee이다. coffee는 그래도 이해할 수 있다. 커피콩이 잔뜩 나뒹굴고 있는 장면을 떠올려 보자, 우리는 커피를 셀 수 없다. 아, 물론 누군가는 그 커피 알을 하나 하나 셀 수 있지 않냐고 반문할 수 있으나... 그건 'coffee bean 커피콩'이지 coffee가 아니다. coffee란 그냥 바로 그 놈들을 봤을 때 떠오르는 그 무언가다. 커피라는 일반적 개념을 생각해보면 셀 수 없는 게 맞다. 그런데...!
우리는 커피를 정량화 하여 사고 파는 시대에 살고 있다. 그리고 이제는 잔을 넘어 컵, 캔... 등으로 종류도 많아지고 있다. 그래서 우리가 사는 시대의 커피는 countable 즉, 셀 수 있는 명사이기도 하다.

> 3. **C**
> 커피 한 잔
> **Two** strong black **coffees**, please.
> 진한 블랙커피 두 잔 주세요. [출처 : 옥스포드]

그래서 오늘날 우리는 이런 말을 하기도 한다. 이게 시대의 변화에 맞추어 언어가 변한 경우에 속한다. 자, 그런데 좀 이해하기 어려운 놈들이 있다... 바로! 이런 추상어들이다. 아니 대체 어떻게 추상어를 세고 안 세고 하지?

> **con·sist·ency**
> 1. 한결같음 2. 농도
>
> **명사** (pl. -ies)
> 1. **U** 호감
> (태도·의견 등이) 한결같음, 일관성
> She has played with great **consistency** all season.
> 그녀는 시즌 내내 아주 한결같이 경기를 해 왔다.
>
> | 반의어 **inconsistency** |
>
> 2. **C, U** 호감
> (혼합물이나 용액의) 농도[밀도]
> Beat the ingredients together to a creamy **consistency**.
> 재료들의 농도가 크림처럼 (걸쭉하게) 되도록 저어라. [출처 : 옥스포드]

그나마 consistency는 셀 수 있는 경우 뜻이 아예 다른 것 같은데... 그런데 inconsistency를 보자.

> **명사**
> 1. **U, C** (pl. -ies)
> There is some **inconsistency** between the witnesses' evidence and their earlier statements.
> 목격자들의 증언과 그들이 그전에 했던 진술 사이에 모순되는 부분이 있다.
> I noticed a few minor **inconsistencies** in her argument.
> 나는 그녀의 주장에서 몇 가지 사소한 모순점들을 발견했다. [출처 : 옥스포드]

이건 대체 뭐야...?? 아니 나한테 왜 이러는거야?! 'inconsistency'라는 단어를 말 그대로 '추상적'으로 쓴다면 그 때는 당연히 셀 수 없다. 추상적이라는 게 무얼까? 예를 들면... 어떤 형사가 목격자들을 불러다가 어떤 수사를 진행하는 과정에서

- "어? 이게 약간 전에 그 했던... 그거랑 이번에 한 거랑 어디가 좀 모순되는데?"

이 말을 만약에 누구한테 전달을 할 때! 그 형사는 이 inconsistency라는 단어를 통해 무엇을 전달하는가? 바로 '자기가 느낀 어떤 비일관성'을 전달하게 된다. 그럼 그것은 셀 수 없다. 사람의 느낌이기 때문에. 그. 런. 데. !!!

당신이 변호사나 검사라고 해보자. 그리고 법정에서 막 상대방 하는 말을 받아 적으면서 다음 내 변론을 준비하고 있다. 근데 저쪽 피의자나 또는 피해자가 뭐라고 얘기를 했는데, 들어보니까 1번 2번 3번 4번... 4개가 말이 안 된다! 이렇게 판단을 했다면?!

- "존경하는 판사님! I noticed a few minor inconsistencies in her argument!"

라고 할 수 있지 않겠는가? 즉, 이런 경우 '구체적인 비일관적 진술'을 뜻한다. 그럼 상대방도 맥락을 알고 이렇게 물어 볼 수도 있다.

- "How many?"

즉, 추상명사의 세고 못 셈은 절대적이지 않다. 물론 절대 못 세는 것도 있지만 대부분 추상명사의 가산, 불가산성은 '사회적 합의'에 의해 결정된다. 지금까지의 설명을 매우 단순 명료하게 표현하자면 다음과 같다.

- 추상 = 못 센다
- 구체 = 센다

이렇게만 기억하셔도 많은 문제가 해결될 것이다.

언어도 시장 논리를 따른다. 더 많이 쓰는 말은 살아남고 안 쓰는 말은 사멸한다. 그리고 집단 내 유통에만 문제 없으면 특별히 '이건 되고 저건 안 되고'라며 따지지는 않는다. 이제 둘의 대화를 다시 읽어보자.

coffee를 셀 수 있는 사회에 살고 있다는 말이 새삼 와 닿는다. 먼 옛날 커피라고 하면 귀족이나 왕이 마시는 그 무언가였는데, 지금은 이걸 '수량화'하고 '표준화'해서 팔고 있으니... 새삼 자본주의 사회의 언어란 결국 '셀 수 있는'게 많아지는 게 순리인 것 같기도 하다.

ENGLISH GRAMMAR

review TEST  관사와 명사

※ 제시된 상황 설정을 보고 괄호 안 보기 중 더 적절한 것을 고르시오.

01
> 퇴근길… 기분이 울적하다. 비도 내리고 해서 더 그런 것 같다. 우산을 쓰고 무심히 걷던 중 예쁘게 생긴 카페를 하나 발견했다. 오, 괜찮아 보이는데? 커피나 한잔 하고 가자는 생각에 아메리카노를 한잔 시키고 자리에 앉는다. 때마침 울리는 전화. '어디서 뭐하고 있어?'라고 묻는 가족에게 대답해야 하는 상황이다.

나 카페에서 커피 한잔 하고 있어.
➡ I am having a cup of coffee in (a / the) café.

02
> 용의자를 쫓고 있는 당신! 3년을 추적했던 흉악범을 드디어 검거할 수 있는 기회가 왔다. 녀석을 쫓아가다 보니 막다른 골목이다! 이때 품 안에서 총을 꺼내는 녀석! 당신도 재빨리 총구를 겨눈다. 그리고 소리친다.

총 내려놔! 당장!
➡ put (a / the) gun down! Now!

03
> 이 작품을 제대로 번역하면 노벨 문학상을 받을 가능성이 높다. 이미 한국어판을 읽어본 세계의 유명 인사들이 '올해의 노벨 문학상 후보'로 선정한 상황! 영어판 번역을 맡은 당신에게 다음 문장이 보인다.

어떤 한 작은 도시에 철학자가 있었다. 철학자는 매우 가난했다.
➡ There was (a / the) philosopher in (a / the) small city. (a / the) philosopher was very poor.

04
> 당신은 다국적 기업에 근무하고 있다. 다가오는 세미나 일정을 사내 전체 공지로 뿌려야 하는 상황이다. 세미나 날짜는 3월 19일 이다.

세미나는 3월 19일에 서울 본사에서 열립니다.
➡ the seminar will be held on (a / the) 19th of March at the headquarters in Seoul.

05
> 부족한 물품을 사러 대형 사무용품점에 왔다. 사무용품을 다 사고 돌아오는 길에 휴대폰을 확인해 보니 동료가 '올 때 조각 케이크 하나만 사와'라고 보낸 상황이다.

올 때 조각 케이크 하나만 사와.
➡ please purchase (a / the / **a piece of** / the piece of) cake too on your way back.

06
> 당신은 동물도감을 보고 있다. 포유류 장으로 넘어간 상황. 귀여운 사슴과 양들이 보인다. 초원 위에서 뛰놀고 있는 사슴과 양 옆으로 거위들이 뒤뚱거리며 지나가고 있다. 이제 이 장면을 영어로 묘사해보자.

사슴들과 양들이 풀 위 있다. 근처에는 거위들이 있다.
➡ There are (**deer** / deers) and (**sheep** / sheeps) on the grass. There are (gooses / **geese**) nearby.

07
> 우연히 길을 걸어가다가 소매치기를 잡게 되었다. 도망가지 못하게 잡아 놓고 옆에 있는 시민들에게 도움을 청한다. 한 시민이 경찰에 신고를 한 상황. 자꾸 도망가려는 소매치기에게 당신이 외친다. '경찰이 오고 있어!'

경찰이 오고 있어!
➡ The police (is / **are**) coming!

08
> 출장을 위해 짐을 싸고 있다. 비행기 탑승 예정 시간까지 시간이 많이 남은 것 같다. 함께 출장을 가는 동료에게 당신이 말한다. '공항 가는 길에 어디 뭐 카페에서 커피나 한잔 하고 가자.'

공항 가는 길에 어디 뭐 카페에서 커피나 한잔 하고 가자.
➡ Let's have a cup of coffee at (**a** / the) café on our way to (a / **the**) airport.

09
> 거래처에서 보낸 이메일을 읽어보던 중 이상한 점을 발견했다. 응? 얘네들 이렇게 쓰기도 하나? 동료에게 보내주니 그 역시 '아니다'라고 한다. 한국어 문장을 잘 읽어보고 괄호 안에서 알맞은 형태를 골라보자.

저희는 그 프로젝트에 관련한 많은 데이터가 필요합니다.
➡ we need a lot of (**data** / datas) related to the project.

CHAPTER 9 관사와 명사 **265**

정답 및 해설

CHAPTER 9

01

I am having a cup of coffee in (**a** / the) café.

부디 정답을 골랐기를 바란다. 자, 생각해보자. '우산을 쓰고 무심히 걷던 중 예쁘게 생긴 카페를 하나 발견했다'는 말을 보고 바로 '어떤, 한' 카페를 발견했구나... 라는 생각이 들었는가? 물론 바로 그런 생각이 들어야 하는 건 아니다. 그게 그렇게 자동으로 되면 세상에 영어 교재는 왜 있고 학원은 왜 있겠는가? 다만 이렇게 하나씩 알아가는 게 중요하다.

02

put (a / **the**) gun down! Now!

이번 장에서 이 상황극을 다룰 때 분명히 경고했다. 여기서 'put a gun down'이라고 하는 순간 당신은 개그 욕심을 부리는 것이다. '어떤 한 총을 내려놔!'라고 외치는 순간이 과연 살면서 오기는 할까? 다시 한번 외쳐보자 "put the gun down!"

03

There was (**a** / the) philosopher in (**a** / the) small city. (a / **the**) philosopher was very poor.

자, 한국어 원어민인 당신의 모국어 실력을 점검할 수 있는 절호의 찬스다! '어떤 한' 작은 도시라 함은 'a small city'를 뜻한다. 문제는 그 다음이다. '철학자가' 있었다는 말을 보고 바로 '아직 정체를 모르는 어떤 한 철학자'라는 느낌이 왔는가? 왔다면 다행히 당신의 모국어는 한국어가 맞다. 'a philosopher'이 정답. 자, 그리고 이어지는 '철학자는...' 부분! 이 철학자는 앞서 한번 나왔던 '그' 철학자다. 정답은 당연히 the philosopher.

04

the seminar will be held on (a / **the**) 19th of March at the headquarters in Seoul.

자, 3월 19일은 3월의 몇 번째 날인가? 말장난 하자는 게 아니다. 이게 유럽어의 '서수'개념이다. 그들이 이런 방식으로 날짜를 표현하기 때문에 우리가 고생 아닌 고생을 하고 있는 것이다. 3월의 열 아홉 번째 날은 딱 하루 밖에 없으니 특정된다. 이 모든 점을 고려하여 **THE** 19th of March라고 하셨다면 성공!

05

please purchase (a / the / **a piece of** / the piece of) **cake** too on your way back.

동료가 '조각 케이크 하나'라고 말했음에 집중하라. '한 조각의'라는 한국말에 대응하는 영어 표현은 '**a piece of**'다.

06

There are (**deer** / deers) and (**sheep** / sheeps) on the grass. There are (gooses / **geese**) nearby.

단, 복수형이 똑같이 생긴 대표적인 단어들이 두 개 보인다. Deer의 복수형은 똑같이 **deer**이고 sheep의 복수형도 똑같이 **sheep**이라는 점 반드시 기억하시길! 참고로 goose의 복수형은 **geese**인데 가끔 영어에서 gooses라는 형태를 보게 되는 경우가 있다. 이 때는 '거위 여러 마리'보다는 '여러 무리의 거위들'을 뜻하는 것이니 주의!

07

The police (is / **are**) coming!

이 폴리스가 그 폴리스일 줄이야! 공동체를 뜻하던 고대 그리스의 폴리스가 Police의 어원이니 '집단'으로 취급해주자. 정답은 **are**!

08

Let's have a cup of coffee at (**a** / the) café on our way to (a / **the**) airport.

'공항 가는 길에 어디 뭐 카페에서 커피나 한잔 하고 가자'라는 말을 보면 분명히 알 수 있는 게 하나 있다. '아무 카페나 괜찮다는 말이구나! 그럼 아무 카페나 괜찮으니 '어떤, 한' 카페에 가면 된다. 그러니 정답은 '**a café**'가 된다. 두 번째 괄호에서는 무얼 골라야 할까? 둘이 같이 비행기를 타러 가는 데 어느 한 쪽이 어느 공항에 가는지 모르고 있다는 게 말이 되는가? 그러므로 당연히 **the** airport가 정답인데, airport앞에는 거의 습관적으로도 the를 붙인다는 것 역시 기억하자!

09

we need a lot of (**data** / datas) related to the project.

이미 센 단어에 '-s'를 한번 더 붙일 수는 없다. Data는 'datum'이라는 단어의 복수형이다. 물론 영어 원어민들 중에서도 여기까지 모르는 사람이 많다. 그러니 얼마나 통쾌한가? **'data'**가 정답이고 'datas'라는 말은 아예 없다는 점을 꼭 기억하라!

참고문헌

1. 정재윤,《말과 글을 살리는 문법의 힘》, 시대의 창, 2023
2. Online Etymology Dictionary, https://www.etymonline.com/)
3. 한학성,《영어 관사의 문법》

Chapter 10
접속사

보이는 영문법　ENGLISH GRAMMAR

LESSON 1	접속사란 무엇인가
LESSON 2	등위 접속사
LESSON 3	종속 접속사
LESSON 4	상관 접속사

LESSON 1 접속사란 무엇인가

Hun은 최근 거래처와 이메일을 주고 받았다. 그런데 Hun이 쓴 어떤 문장에 오류가 있다고 누가 지적한 모양이다. 아무리 봐도 뭐가 틀렸는지 알 수 없어 John에게 도움을 요청하는 Hun. 여러분은 어디가 틀렸는지 알겠는가?

Hun : I don't know what is wrong with this sentence.
John : What are you talking about?
Hun : Here, this is the email that I wrote.
John : Let's see… 'although we don't have the item in stock now but we will order some for you.' Ah… I see.
Hun : what seems to be the problem?

여러분은 '접속사'를 정확하게 무슨 뜻으로 알고 있는가?

> 국립국어원 표준국어대사전의 정의에 따르면 접속사는 "단어와 단어, 구절과 구절, 문장과 문장을 이어주는 구실을 하는 문장 성분"이다.

접속사는 영어로 'conjunction'이라고 하고 Merrian-Webster's Learner's Dictionary 영영 사전에서 conjunction을 찾으면 "A word that joins together sentences, clauses, phrases, or words"라고 나온다. 해석하면 "단어나 구, 절, 또는 문장을 연결하는 말"이다. 앞서 국어사전에 나온 정의와 거의 일치한다. 다만 영어의 접속사는 한국어와 전.혀. 체계가 다르다. 내가 굳이 '전혀'라는 말을 강조하는 것은, 우리말 논리대로 영어 접속사를 써서 틀린 문장이 되는 경우가 비일비재하기 때문이다. 그래서 영어 접속사를 정확히 범주화 하고 본론으로 들어가겠다. 집중!

- Coordinating
- Subordinating
- Correlative

영어 접속사는 모두 이 셋 중의 하나에 속한다. 이 용어들을 한국어로 번역하면…

- Coordinating 등위
- Subordinating 종속
- Correlative 상관

이 정도가 된다. 다시 정리! 영어의 접속사는 정확히 셋 중의 하나에 속한다.

- Coordinating conjunction 등위 접속사
- Subordinating conjunction 종속 접속사
- Correlative conjunction 상관 접속사

아… 보기만 해도 머리가 어질어질하다… 아니 아니 집중! 이제부터 필자가 하는 말을 잘 들으라.

- '용어에 집중하지 말고 원리에 집중하라'

conjunction이라는 용어는 'con-'과 'jugare'라는 두 말이 결합된 것인데, 'con-'은 '함께, 같이'를 뜻하고 'jugare'는 '잇다'라는 뜻의 라틴어다. 즉, 서로 이어주는 말이라는 뜻! 어떻게 이어주느냐에 따라 'coordinating 등위, subordinating 종속, correlative 상관' 세 가지 범주로 접속사를 분류한다.
다음 레슨부터 순서대로 '등위, 종속, 상관'접속사의 원리를 알아 보기로 한다.

자, 둘의 대화를 다시 읽어보자.
Hun은 당연히 공교육 과정에서 영어 접속사를 배웠을 것이다. 그러나 한국어와 영어의 차이 때문에 불필요한 'but'을 넣는 실수를 했다. 영어의 although는 그 자체로 '비록 ~만'이라는 뜻이 있는데 한국어에는 이에 대응하는 단어가 없다. 그래서 although를 '비록'이라 생각하고 뒤에 but을 넣어 '만'을 덧붙인 것이다. 이는 한국인들이 흔히 하는 실수 중 하나다.

LESSON 2 등위 접속사

> 거래처에 보낼 이메일을 쓴 Hun은 John에게 검토를 요청한다. 읽어나가던 중 무언가 이상한 점을 발견한 John. 독자 여러분은 뭐가 문제인지 알아차리셨는가?
>
> John : let's see… "we apologize for the inconvenience and do our best"…?
>
> Hun : Is that ungrammatical?
>
> John : I mean… this sounds weird. There must be something equivalent to the former one after 'and.'
>
> Hun : Something equivalent?

이제부터 '등위 접속사'라는 괴물(?)을 살펴보겠다. 먼저 여러분의 머리를 아프게 만드는 것은 다름 아닌 '등위(等位)'라는 한자어일 것이다. 용어에 발목 잡히지 않으려면 역설적으로 용어를 제대로 이해해야 한다. 처음에 조금만 수고하면 나중에 편하다. 안 그러면 계속 용어가 짐이 된다.

'등위'라는 말을 국어 사전에서 찾아보면 **같은 위치**라는 정의가 나온다. 딱 여기서 눈치채신 분들이 있을 것 같다. '등위'는 '동등한 위치'라는 말을 줄여 한 것이다. 그럼 이 **동등한 위치**는 구체적으로 무엇을 의미할까?

'등위 접속사'라는 용어를 국어사전에서 찾아보면 **'이어지는 두 단어 또는 절, 문장이 서로 대등한 관계에 있음을 나타내는 접속사'**라는 설명이 나온다.

잠깐만... 대등하다? 아, 그러니까 '등위'라는 말은 곧 '대등'이라는 말과 같구나. 서로 관계가 대등하고 같은 위치에 있다는 말이구나... 라는 감이 왔다면 성공이다. 다음을 보라.

- Do you remember that I asked you to bring a pen and paper?
  종이와 펜을 가져오라고 요청한 것을 기억하고 있니?
- I arrived at the airport before Jane but after John.
  나는 공항에 Jane보다는 일찍 그러나 John보다는 늦게 도착했다.
- I wanted to leave work early, so I tried to finish my report fast.
  나는 일찍 퇴근하고 싶어서 내 보고서를 빨리 끝내려 노력했다.

와우…! 이게 다 뭐야!… 라고 외치기 전에 잠시 진정하라. 당신은 지금 이 문장들에서 '접속사'만 따로 찾아 표시할 수 있는가? 힘들더라도 이를 꼭 한번 해보고 넘어갔으면 좋겠다. 그러면 내가 이제부터 할 설명의 효과가 배가 된다.

- Do you remember that I asked you to bring a pen **and** paper?
  종이**와** 펜을 가져오라고 요청한 것을 기억하고 있니?
- I arrived at the airport before Jane **but** after John.
  나는 공항에 Jane보다는 일찍 **그러나** John보다는 늦게 도착했다.
- I wanted to leave work early, **so** I tried to finish my report fast.
  나는 일찍 퇴근하고 싶어**서** 내 보고서를 빨리 끝내려 노력했다.

자, 필자가 영어 문장에서 접속사를 따로 표시하고 한국어 번역문에서 그와 대응하는 부분에도 표시를 했다 (물론 한국어와 영어의 체계가 달라 완벽히 대응할 수는 없겠지만 대략 이 정도면 대응한다고 볼 수 있다.) 당신이 생각했던 것과 일치하는가? 이제부터 각 문장을 하나씩 차례로 분석해보자.

- Do you remember that I asked you to bring a pen **and** paper?
  종이**와** 펜을 가져오라고 요청한 것을 기억하고 있니?

'등위'라는 한자어가 '동등한 위치'라는 말을 줄여 쓴 것이라 생각하고 접근해야 한다. 우리는 모두 가정, 사회 내에서 특정한 '위치'에 있다. 이때 '위치'는 무엇을 뜻하는가? 사실상 '계급, 서열, 위계'를 뜻한다. 위 영어 문장에서 and 앞 뒤에 나온 두 말을 잘 보라.

- Do you remember that I asked you to bring **a pen** and **paper**?
                                          (단어)   (단어)

  <u>종이</u> 와 <u>펜</u>을 가져오라고 요청한 것을 기억하고 있니?
  (단어)   (단어)

pen과 paper 모두 '구'나 '절'이 아닌 '단어'다. 또한 둘 다 '명사'다. 이렇게 **접속사를 중심으로 양 옆의 '계급, 서열, 위계'가 '동등'**한 경우 해당 접속사를 '등위 접속사'라 부른다. 이는 coordinating conjunction을 번역한 것인데 'coordinating'이라는 말 자체가 'co- 함께, 같이'와 'order 순서, 질서'라는 두 말이 결합된 것으로서 '동급'이라는 뜻을 내포하고 있다.

- I arrived at the airport before Jane **but** after John.
  나는 공항에 Jane보다는 일찍 **그러나** John보다는 늦게 도착했다.

이 문장은 어떤가? but을 중심으로 연결된 두 말을 정확하게 표시할 수 있는가?

- I arrived at the airport **before Jane** **but** **after John**.
                            (구)   (구)
  나는 공항에 <u>Jane보다는 일찍</u> **그러나** <u>John보다는 늦게</u> 도착했다.
           (구)   (구)

정확히 'before Jane'과 'after John'이라는 두 '구'를 연결하고 있다. '구(句)'라는 말에 겁먹지 말라. 단어가 두 개 이상 붙어 다니면 그걸 '구'라고 한다.

- I wanted to leave work early, **so** I tried to finish my report fast.
  나는 일찍 퇴근하고 싶어**서** 내 보고서를 빨리 끝내려 노력했다.

지금 이 문장은 어떤가? 접속사 so 앞 뒤로 무엇이 연결되어 있는지 잘 보시기 바란다.

- <u>I wanted to leave work early</u>, <u>so</u> <u>I tried to finish my report fast</u>.
         (절)   (절)
  <u>나는 일찍 퇴근하고 싶어서</u> <u>내 보고서를 빨리 끝내려 노력했다</u>.
         (절)   (절)

두 '절(節)'이 연결되어 있다. '절(節)'이라는 말에 겁먹지 말라. 주어와 동사가 들어 있는 말 덩어리를 '절'이라고 한다. 어떤가? 생각보다 단순한 원리 아닌가? 추가로 아셔야 할 게 하나 더 있다.

- Do you remember that I asked you to bring a pen **and** paper?
  종이**와** 펜을 가져오라고 요청한 것을 기억하고 있니?
- I arrived at the airport before Jane **but** after John.
  나는 공항에 Jane보다는 일찍 **그러나** John보다는 늦게 도착했다.

이 두 문장을 다시 자세히 보면

- Do you remember that I asked you to bring <u>a pen</u> **and** <u>paper</u>?
                                                 (단어)   (단어)
  <u>종이</u> 와 <u>펜</u>을 가져오라고 요청한 것을 기억하고 있니?
- I arrived at the airport [before(전치사) Jane (고유명사)] **but** [after(전치사) John (고유명사)].
  나는 공항에 <u>Jane보다는 일찍</u> 그러나 <u>John보다는 늦게</u> 도착했다.

연결된 두 말의 품사도 서로 일치함을 알 수 있다. 제대로 '동**등**한 **위**치' 아닌가? 영문법 원서에는 'same rank'라는 말로 등위접속사를 설명하곤 하는데 rank가 '지위, 계급, 등급'을 뜻한다. 즉, 'same rank'는 '같은 지위, 같은 계급, 같은 등급'이라 할 수 있다.

그럼 등위접속사는 총 몇 개가 있을까? 물론 영어의 역사를 다 뒤지면 개수가 늘어나겠지만 현재 '가장 대표적인 등위 접속사'는 총 7개다. 그리고 이들을…

- FANBOYS

라고 부른다. 응?… 당황하지 말고 잘 보시라. FANBOYS는 다음 단어들의 앞 글자를 따서 만든 말이다.

- For
- And
- Nor
- But
- Or
- Yet
- So

CHAPTER 10 접속사   275

이 중 아마 '얘가 접속사라고?'라며 눈을 크게 뜨게 될 단어는 'for'와 'yet'이 아닐까 한다. 이 두 단어가 실제 쓰인 사례를 보도록 하자.

> - Reading books is beneficial, for it broadens your knowledge and perspective
>   책을 읽는 것은 유익하다, 지식과 시각을 넓혀주기 때문이다.

여기서 for은 사실상 'because ~때문에'와 비슷한 뜻이다.

> - Reading books is beneficial, **for** it broadens your knowledge and perspective
>   책을 읽는 것은 유익하다, 지식과 시각을 넓혀주기 **때문이다**.

이 등위 접속사 for은 오늘날 격식 있는 단어로 여겨진다. 실제 옛 문헌을 보면 for의 사용빈도가 오늘날보다 높다.

> - John did his best to arrive on time, yet he arrived 10 minutes late.
>   존은 제시간에 도착하기 위해 최선을 다했다, 그러나 그는 10분 늦었다.

여기서 yet은 사실상 'but 하지만, 그러나'와 비슷한 뜻이다.

> - John did his best to arrive on time, **yet** he arrived 10 minutes late.
>   존은 제시간에 도착하기 위해 최선을 다했다, **그러나** 그는 10분 늦었다.

for와 마찬가지로 yet도 오늘날 격식 있는 단어로 여겨진다. 실제 옛 문헌을 보면 yet의 사용빈도가 오늘날보다 높다. 마지막으로 조금 까다로울 수 있는 등위 접속사 'nor'에 대해서 알아보자.

> - He has no experience in teaching, **nor** does the field interest him.
>   그는 가르쳐본 경험**도 없**으며 그 분야에는 관심**도 없**다.

Nor가 우리에게 어려운 이유는 이에 정확히 대응하는 한국어 단어가 없기 때문이다. 내가 이 문장에서 어떻게 접속사를 표시하는지 잘 보라.

> - He has **no** experience in teaching, **nor** does the field interest him.
>   그는 가르쳐본 경험도 **없**으며 그 분야에는 관심도 **없**다.

이게 최선이다. 한국어와 어떻게든 대응하게 만들려다 보니 이상한 짓을 하게 되었다. 그러나 내가 전달하고자 하는 바는 확실히 아셨으리라 본다. Nor는 많은 경우 부정을 나타내는 어떤 단어와 함께(이 문장에서는 앞에 있는 'no'가 그것) 쓰여 '~도 아니고 ~도 아니다'라는 뜻을 나타낸다.

그래서 nor은 '등위접속사'라는 범주에 100% 들어가지는 않는다. 다른 단어가 함께 힘을 모아야 뜻을 완성하는 경우가 많으니 뭔가 제3의 범주에도 들어가지 않겠는가? 거기에 대해선 이번 접속사 장의 후반에서 다루기로 한다.

이제 '등위 접속사'가 무언지 정확히 알았으니 두 사람의 대화를 다시 읽어보자!

John이 읽은 문장에서 and를 기준으로 양 옆을 표시해보자. 그러면 **'inconvenience** and **do'**가 된다. 'inconvenience'는 '불편함'이라는 뜻을 나타내는 명사인데 'do'는 '~를 하다'를 뜻하는 동사다. 이렇게 품사가 아예 다른 두 단어를 추가 설명 없이 'and'만으로 이을 수는 없다.

ENGLISH GRAMMAR

LESSON 3 종속 접속사

> 등위접속사를 처리하고 나니 더 강력한 놈이 나온다. 이번에도 자신이 쓴 이메일을 John에게 검토받는 Hun. 두 사람의 대화를 읽어보고 어디가 틀렸는지 함께 찾아보자.
>
> John : I don't really get the meaning of this.
>
> Hun : really? I thought it would make sense.
>
> John : "Unless you don't complete your payment, then we will not send the item."
>
> Hun : ah… you're right. Something is wrong.

이제 학창시절 모두를 공포에 떨게 만들었던 '종속 접속사'라는 요물(?)을 살펴보겠다. 필자도 '종속'이라는 말이 대체 뭔지 몰라서 머리를 쥐어 뜯었던 기억이 난다. 다시 한번 반복한다. 용어에 발목 잡히지 않으려면 역설적으로 용어를 제대로 이해해야 한다. 처음에 조금만 수고하면 나중에 편하다. 준비 되었는가? 요물을 처단하러 가자. '종속'이라는 말을 국어 사전에서 찾아보면 다음과 같은 정의가 나온다.

> **종속**[2] 從屬
> 1. **명사** 자주성이 없이 주가 되는 것에 딸려 붙음.
> 2. **언어** 문장의 구성 성분으로서 다른 부분에 대하여 주술, 수식, 조건적 접속 따위의 관계로 결합하는 일. 또는 그런 방식.
>
> [출처 : 표준국어대사전]

주가 되는 것에 딸려 붙음? 이 말을 다시 풀어보자. 혼자서는 '주'가 되지 못하고 '주'가 되는 것에 붙어야 제 몫을 하는 것이라 하면 어떤가? 자, 다음을 보자.

> **종속 접속사** 從屬接續詞
> **언어** 서구어 문법에서, 어떤 절(節)을 다른 절에 접속하는 작용을 하면서, 실은 절을 인도하는 전치사의 하나. 영어의 'since', 'because' 따위이다.
>
> [출처 : 표준국어대사전]

음... 어떤 절을 다른 절에 접속하는 작용을 한다? 그러니까 절과 절을 동등하게 '잇는' 것이 아니라, '주'가 되는 절에 '종속'되는 절을 가져다 붙이는 역할을 하는 단어...?!
Merrian-Webster's Learner's Dictionary 영영 사전에서 '종속접속사 subordinating conjunction'을 찾아보면 "a conjunction that joins a main clause which does not form a complete sentence by itself(종속접속사는 주가 되는 절과 어떤 절을 연결하는데, 그 연결되는 절은 혼자서 완성된 문장이 되지 않는다)"라고 나온다. 다음 문장을 보라.

- Once he learned English, he decided to study abroad.
  그는 영어를 배우자, 유학을 가려고 결정했다.
- After they left work, someone broke into their office.
  그들이 떠난 후, 누군가 사무실에 침입했다.
- Although he studied hard, he failed the exam.
  그는 열심히 공부했지만, 시험을 망쳤다.

등위 접속사를 공부할 때 그랬던 것처럼 지금 이 문장들에서도 '접속사'만 따로 찾아 표시해보기 바란다. 힘들더라도 꼭 한번 해보시길! 그래야 설명의 효과가 배가 된다.

> - **Once** he learned English, he decided to study abroad.
>   그는 영어를 배우**자**, 유학을 가기로 결정했다.
> - **After** they left work, someone broke into their office.
>   그들이 떠난 **후**, 누군가 사무실에 침입했다.
> - **Although** he studied hard, he failed the exam.
>   그는 열심히 공부했**지만**, 시험을 망쳤다.

나도 영어 문장에서 접속사를 따로 표시하고 한국어 번역문에서 그와 대응하는 부분에도 표시를 했다 (물론 완벽히 대응할 수는 없겠지만.) 당신이 생각했던 것과 일치하는가? 이제 분석해보자.

- **Once** he learned English, he decided to study abroad.
  그는 영어를 배우**자**, 유학을 가기로 결정했다.

위 영어 문장에서 '종속 접속사 subordinating conjunction'이 붙어있는 절만 따로 떼어 보도록 하자.

- **Once** he learned English. 그는 영어를 배우**자**.

여기서 once는 'he learned English 그는 영어를 배웠다'를 또 다른 절에 연결하는 역할을 한다.

- He learned English → **그러자** → he decided to study abroad
  그는 영어를 배웠다 → **그러자** → 그는 유학을 가기로 결심했다

언어 논리를 보면 그가 영어를 배운 것이 계기가 되어 유학을 결심했다는 말이다. 즉, 영어를 배운 것은 유학 결심의 한 '조건'에 해당한다. 바로 이럴 때 '종속 접속사'가 필요하다. 다음을 보라.

- He learned English → **and** → he decided to study abroad
  그는 영어를 배웠다 → **그리고** → 그는 유학을 가기로 결심했다

여기에 등위 접속사를 넣어도 말이 안 되는 건 아니지만, 원래 얘기하려고 했던 '그 뉘앙스'는 사라진다. 즉, 영어를 배운 것이 계기가 되었다든가, 영어를 배우는 것이 유학 결심의 필요충분 조건이었다는 논리는 사라지고 만다.

- (**Once** + he learned English) + he decided to study abroad
  (~**하자** + 그는 영어를 배웠다) + 그는 유학을 가기로 결심했다

그 언어 논리를 나타내기 위해 붙은 접속사가 '**once ~하자**'다. 그러니 이 접속사의 역할은 무엇인가? '**he decided to study abroad 그는 유학을 가기로 결심했다**'라는 '**주**' 내용에 논리상 '**속**'하게 되는 '**he learned English 그는 영어를 배웠다**'라는 말을 연결, 다른 말로 '접속'시켜주는 것이다. 그래서 이런 접속사를 '**종속접속사**'라 부르는 것이다.

여기서 누군가는 이렇게 얘기할지도 모른다. 아니, 영영 사전에 나온 정의에 따르면 '혼자서는 문장이 되지 않는 절'을 어디에 연결하는 거라고 그랬잖아? 그런데 'he learned English 그는 영어를 배웠다'라는 말은 이미 의미가 완결된 것 아니야?

사실 나도 그렇게 생각한다. 그래서 '종속접속사 subordinating conjunction'이라는 용어에 조금 불만이 있다. 어차피 영어 문법용어는 그리스어, 라틴어의 그것을 그대로 베낀 거라 이런 일이 벌어지곤 한다. 그러나 몇 백 년 전부터 쓰던 용어를 갑자기 바꾸기는 어렵다. 그러니 그냥 '**언어논리상 주 내용에 부속품이 되는 절을 접속해주는 역할을 하는 단어**'를 종속 접속사라 한다고 생각하자. 다음 문장을 보자.

- **After** they left work, someone broke into their office.
  그들이 떠난 **후**, 누군가 사무실에 침입했다.

어떤가? 정확히 'after'에 표시했는가? 이 문장을 분석하면…

- they left work → 그 다음 → someone broke into their office.
  그들이 일터를 떠났다 → 그 다음 → 누군가 사무실에 침입했다.

언어논리를 보면 그들이 일터를 먼저 떠났고 시점상 그 뒤에 누군가 사무실에 침입했다는 말이다. 즉, 그들이 일터를 떠난 것이 '전' 그리고 누군가 사무실에 침입한 것이 '후'다. 이렇게 '전후 관계'를 나타낼 때도 '종

속 접속사'가 필요하다. 다음을 보라.

- they left work → and → someone broke into their office.
  그들이 일터를 떠났다 → **그리고** → 누군가 사무실에 침입했다.

여기에 등위 접속사를 넣어도 말이 안 되는 건 아니지만, 원래 얘기하려고 했던 '그 뉘앙스'는 사라진다. 그래서 전후 관계를 확실히 밝히는 'after/before'같은 단어들은 모두 '종속접속사'다.

- (after + they left work) + someone broke into their office.
  (**~후** + 그들이 일터를 떠났다) + 누군가 사무실에 침입했다.

확실히 전후 관계를 나타내려면 'after'을 여기 쓰는 편이 더 좋다. **'someone broke into their office'** 라는 **'주'** 내용에 논리상 **'속'**하게 되는 **'they left work 그들이 일터를 떠났다'**라는 말을 연결, 다른 말로 **'접속'** 시켜준다. 그래서 이런 접속사를 **'종속접속사'**라 부른다. 여기서 누군가는 이렇게 얘기할지도 모른다. 아니, '전후 관계'라는 건 어느 쪽이 더 '주' 내용인지 애매하지 않아?

사실 나도 그렇게 생각한다. 그러나 이렇게 따져보자. 그들이 일터를 떠나지 않았더라면 과연 누가 사무실에 침입을 했겠는가? '시점'만 따지면 '전후 관계'지만 다른 기준을 갖다 대면 저건 '인과 관계'가 되기도 한다. 물론 그들이 일터를 떠난다고 꼭 누가 사무실에 침입해야 한다는 법은 없지만 안 떠났으면 침입을 안 했을 것이다. 엄정한 논리학의 잣대로 따지면 이건 논란의 여지가 있겠으나, 영문법을 배우는 중이니 너무 딴 길로 새지는 말자.

- **Although** he studied hard, he failed the exam.
  그는 열심히 공부했**지만**, 시험을 망쳤다.

지금 이 문장은 어떤가? 지금까지 본 문장 중 제일 확실히 '종속!'이라는 느낌이 오지 않는가?

- He studied hard → **그렇지만/그럼에도 불구하고** → he failed the exam.
- 그는 열심히 공부했다 → **그렇지만/그럼에도 불구하고** → 그는 시험을 망쳤다.

언어논리를 보면 조건이 충족되었음에도 불구하고 예상 밖의 결과가 나왔다는 말이다. 보통 열심히 공부하면 시험을 잘 보게 마련이지 않은가? 그런데 망쳤으니! 이렇게 반전을 표현할 때도 종속 접속사가 필요하다. 아, 물론!

- He studied hard → **but** → he failed the exam
  그는 열심히 공부했다 → **그러나** → 그는 시험을 망쳤다

여기에 등위 접속사를 넣어도 말이 안 되는 건 아니지만, 원래 얘기하려고 했던 '그 뉘앙스'는 사라진다. '분명히 이런 조건을 충족했음에도...'라는 게 'although 비록 ~만/~에도 불구하고'라는 말로 표현하고자 하는 바 아닌가?

- (although + he studied hard) + he failed the exam
  (~에도 불구하고 + 그는 열심히 공부했다) + 그는 시험을 망쳤다

확실히 '조건을 충족했음에도 예상 밖의 결과가!'라는 뜻을 표현하려면 'although'로 표현하는 편이 더 좋다. 이제 '종속접속사'라는 요물(?)에 대한 감이 생겼을 것이라 생각한다. 항상 강조하지만 '이해'를 우선으로 하고 '용어'를 외우려는 생각은 버려라. 용어는 자주 많이 만나면서 '익숙해지는 것'일 뿐 '이해'가 우선이다. 이 밖에도 종속 접속사는 무수히 많다. 대표적인 종속 접속사가 쓰인 예문들을 여럿 제공할 터이니 여러 번 읽어보고 넘어가시기 바란다.

- **As** I was tired, I went to bed early. 피곤했**기 때문에**, 일찍 잠자리에 들었다.
- He acts **as if** he knows everything. 그는 모든 것을 알고 있**는 것처럼** 행동한다.
- You can stay **as long as** you want. 원하**는 만큼** 여기에 머물러도 좋아.
- **As soon as** I arrived, the meeting started. 도착하**자마자** 회의가 시작되었다.
- He looked **as though** he hadn't slept. 그는 잠을 전혀 자지 않**은 것처럼** 보였다.
- I called you **because** I missed you. 당신이 그리워**서** 전화했어요.
- Finish your homework **before** you go out. 나가**기 전에** 숙제를 마쳐라.
- **By the time** we arrived, the show had ended.
  우리가 도착했**을 때**, 공연은 이미 끝났었다.
- **Even if** it rains, I will go. 비가 와**도**, 나는 갈 거야.
- **Even though** he was tired, he continued working.
  피곤했음**에도 불구하고**, 그는 계속 일했다.
- **If** you study hard, you will pass the exam. 열심히 공부하**면** 시험에 합격할 거야.
- **Now that** you're here, we can start. 이제 당신이 왔**으니**, 우리 시작할 수 있어.
- **Since** it's raining, we will stay indoors. 비가 오**니까**, 우리는 실내에 머무를 거야.
- **Unless** you apologize, I won't speak to you. 사과하**지 않는 한**, 당신과 말하지 않을 거야.
- **While** you were out, a parcel arrived. 당신이 외출한 **동안**, 소포가 도착했다.

간신히 언덕을 넘은 것 같다. 모두 진심으로 수고하셨다는 말씀을 드리고 싶다. 자, 둘의 대화를 다시 읽어보자.

Unless는 '~지 않는 한'이라는 뜻이다. 즉, 단어 안에 이미 부정이 들어 있다. 따라서 'Unless you don't complete your payment'라는 말은 '당신이 지불을 안 끝마치지 않는 한'이라는 이중 부정문이 되어버린다. 그리고 unless는 종속 접속사라 주절이 시작할 때 잇는 말을 또 쓸 필요가 없다. 따라서 then도 빠져야 한다.

LESSON 4 상관 접속사

> 종속에서 끝날 줄 알았던 악몽의 히든 트랙이 있을 줄이야...! 이번에 나온 접속사는 더 기괴하다. 함께 읽어보자!
>
> Hun : ah… I think I messed it up again.
> John : hahaha. Don't worry! Let me see.
> Hun : here, I wrote "Neither your company or we want the deal."
> John : this is a typical mistake. Don't be too depressed.

'상관'이라는 말을 국어 사전에서 찾아보면 다음과 같은 정의가 나온다.

> **상관**³ 相關
> 1. **명사** 서로 관련을 가짐. 또는 그런 관계.
> 2. **명사** 남의 일에 간섭함.
> [출처 : 표준국어대사전]

자, 다음을 보자.

> **correlative conjunctions** [edit]
>
> Correlative conjunctions work in pairs to join words and groups of words of equal weight in a sentence. There are many different pairs of correlative conjunctions:
>
> - either...or
> - not only...but (also)
> - neither...nor
> - both...and
> - whether...or
> - just as...so
> - the...the
> - as...as
> - as much...as
> - no sooner...than
> - rather...than
> - not...but rather
>
> [출처 : https://en.wikipedia.org/wiki/Conjunction_(grammar)#Correlative_conjunctions]

영영 사전에서는 correlative conjunctions의 정의를 찾기가 힘들다. 즉, 이 단어는 엄밀히 하나의 범주로 인정된다기 보다는 '영문법을 어떻게 정리하느냐에 따라' 또 다른 종류의 접속사가 될 수도 있고 아니면 기존 접속사들에 이래 저래 속해 있는 교집합으로 볼 수도 있다는 것이다.

필자가 최대한 '상관접속사 correlative conjunction'의 정의를 임의로라도 내본다면...

- "두 접속사가 함께 쓰여 두 절의 상관 관계를 나타내주는 말"

이 정도가 최선이다. 그러니 얘만 따로 분류하기가 좀 쉽지 않은 게 당연하다. 저 정의는 느슨하게 보면 등위 접속사나 종속 접속사에도 해당하기 때문이다. 다만 상관 접속사는 '두 단어 이상'이 한 쌍으로 움직인다는 점이 다르다. 자, 다음 문장을 보라.

- We could either enjoy our meal indoors or have a barbecue party outdoors.
  우리는 실내에서 식사를 하거나 또는 야외에서 바비큐 파티를 할 수 있다.
- Whether you think you can or can't, you are always right.
  당신이 할 수 있다고 생각하든 또는 할 수 없다고 생각하든, 당신은 언제나 옳다.
- Not only did we buy our kids gifts, but we also brought them to a restaurant.
  우리는 아이들에게 선물을 사 주었을 뿐 아니라 또한 레스토랑에도 데려갔다.

이번에는 조금 어려울 수도 있다. 한번 '접속사'만 따로 찾아 표시해보기 바란다. 다 하고 나서 다음 설명을 보라.

> - We could **either** enjoy our meal indoors **or** have a barbecue party outdoors.
>   우리는 실내에서 식사를 하**거나 또는** 야외에서 바비큐 파티를 할 수 있다.
> - **Whether** you think you can **or** can't, you are always right.
>   당신이 할 수 있다고 생각하**든 또는** 할 수 없다고 생각하**든**, 당신은 언제나 옳다.
> - **Not only** did we buy our kids gifts, **but** we **also** brought them to a restaurant.
>   우리는 아이들에게 선물을 사 주었을 **뿐 아니라 또한** 레스토랑에**도** 데려갔다.

나도 나름 최선을 다했다. 당신이 생각했던 것과 일치하는가? 이제 분석해보자.

> - We could **either** enjoy our meal indoors **or** have a barbecue party outdoors.
>   우리는 실내에서 식사를 하**거나 또는** 야외에서 바비큐 파티를 할 수 있다.

위 영어 문장에서 either과 or가 한 쌍으로 움직여 접속사 역할을 하고 있다. 바로 이런 것을 '상관 접속사 correlative conjunction'이라고 한다. 이 용어는 영문법을 정리하는 사람에 따라 접속사의 한 종류로 분류하기도 하고 하나의 표현으로 정리하기도 한다. 그래서 여러분께서는...

- either A or B
  A 또는 B 중 하나

아예 이렇게 익혀두시기 바란다. 그리고 이 상관 접속사가(또는 이런 표현이) 실제 쓰인 예문을 최대한 많이 접하는 것이 좋다. 둘 이상의 단어가 짝을 이루어 움직이는 건 단순 암기의 대상이 아니다. 많이 접해서 익숙해져야 한다.

> - **Whether** you think you can **or** can't, you are always right.
>   당신이 할 수 있다고 생각하**든 또는** 할 수 없다고 생각하**든**, 당신은 언제나 옳다.

이 문장도 마찬가지다. Whether A or B라는 표현을 하나로 익히는 것이 중요하지 이것이 '상관 접속사 correlative conjunction'이라고 알고 있는 것만으로는 실익이 없다.

- Whether A or B
  A이든 B이든 간에

이렇게 알고 있는 것도 중요하지만 중요한 건 실제 이게 사용된 예문을 최대한 많이 접해야 한다. 그렇지 않으면 절대 이 표현을 내가 쓸 수 없다. 마지막 세 번째 문장을 보자.

- **Not only** did we buy our kids gifts, **but** we **also** brought them to a restaurant.
  우리는 아이들에게 선물을 사 주었을 **뿐 아니라 또한** 레스토랑에**도** 데려갔다.

자, 이제 실감이 나는가? 이걸 어떻게 not only A but also B라고 기계적으로 외운단 말인가? 실제 영어 문장은 꼭 그런 식으로 움직이지는 않는다. 이 문장에서도 but과 also 사이에 주어 we가 들어가서 고개를 내밀고 있다.

- not only A but also B
  A뿐만 아니라 B도

기계적으로 이 말을 외울 게 아니라 실제 사용된 예를 최대한 많이 봐야 한다. 그럼 그걸 여러분이 다 찾아봐야 하는가? 아니다. 내가 왜 이런 말을 꺼냈겠는가? 다음 쪽을 보시라. 예문을 준비해놨다. 힘들더라도 반드시 여러 번 읽고 넘어가시길!

아, 참고로 마지막 문장을 보면… 뭐가 좀 이상하다는 생각이 들지 않는가? 그렇다. 저 문장에는 '도치법'이 숨어 있다. 걱정 말라. 이 책의 하이라이트는 '도치'다. 이 책의 마지막 Chapter에서 도치가 나올 때까지 쭉 순서대로 공부하시길!

상관 접속사가 쓰인 예문

- You can choose **either** coffee **or** tea.
  커피 **또는** 차 **중에서** 하나를 선택할 수 있어요.
- You can choose **either** a sandwich **or** a salad for lunch.
  점심으로 샌드위치 **또는** 샐러드 **중에서** 하나를 선택할 수 있어요.
- I can't decide **whether** to buy a new car **or** a used one.
  새 차를 살**지** 중고차를 살**지** 결정할 수 없어요.
- I can't decide **whether** to go on vacation **or** stay home this summer.
  올 여름에 휴가를 가**야 할지** 집에 머무를**지** 결정할 수 없어요.

- He enjoys **neither** watching movies **nor** reading books.
  그는 영화 보기**도** 책 읽기**도** 즐기지 **않**아요.

- She likes **neither** apples **nor** oranges.
  그녀는 사과**도** 오렌지**도** 좋아하**지 않**아요.

- The movie was **such** a hit **that** it broke box office records.
  그 영화는 **너무** 히트해**서** 히트해서 박스오피스 기록을 깼어요.

- The book was **such** a success **that** it became a bestseller in a week.
  그 책은 **너무** 성공적이**어서** 일주일 만에 베스트셀러가 되었어요.

- **No sooner** had I arrived **than** the meeting started.
  내가 도착하**자마자** 회의가 시작됐어요.

- **No sooner** had she called **than** they answered.
  그녀가 전화하**자마자** 그들이 답했어요.

이제 Hun의 답답함이 이해 가는가? John도 흔한 실수라고 위로한 이유를 알겠는가?
자, 둘의 대화를 다시 읽어보자.

왠지 Neither로 시작하면 이미 거기에 부정이 들어 있으니 뒤에 또 'nor'을 쓸 필요가 없어 보인다. Hun도 그런 생각으로 'or'이라고 썼을 것이다. 그러나 영어는 그렇게 논리적으로 움직이지 않는다. 그러니 본인의 머리를 탓할 필요 없다! 그냥 그들이 쓰는 '표현'이라 생각하고 넘어가시길!

review TEST CHAPTER 10 접속사

※ 보기에서 빈칸에 들어가기에 알맞은 접속사를 고르시오.

01 Peter는 일터에 Tom보다는 일찍 그러나 Tim보다는 늦게 왔다.

Peter came to work before Tom _____ after Tim.

for / and / nor / but / or / yet / so

02 나는 배가 아파서 저녁을 먹지 않았다.

I had a stomachache, _____ I skipped dinner.

for / and / nor / but / or / yet / so

03 영어를 배우는 것은 유익하다, 많은 기회를 제공하기 때문이다.

Learning English is beneficial, _____ it provides a lot of opportunities.

for / and / nor / but / or / yet / so

04 Jane은 시험을 통과하기 위해 최선을 다했다, 그러나 그녀는 시험을 망쳤다. (복수정답 가능)

Jane tried her best to pass the exam, _____ she failed it.

for / and / nor / but / or / yet / so

05 그는 여름 휴가 때 국내에 머물거나, 해외여행을 갈 것이다.

He will stay in Korea, _____ travel abroad for his summer vacation.

for / and / nor / but / or / yet / so

06 그녀는 판매에 경험도 없으며 그 분야에는 관심도 없다.

She has no experience in selling, _____ does the field interest her.

for / and / nor / but / or / yet / so

07 그가 도착하자, 사람들이 기차역 주변으로 몰려들었다. (복수정답 가능)

_____ he arrived, people gathered around the train station.

once / although / after

08 모든 선수가 최선을 다했음에도 불구하고, 그 팀은 경기에서 패하고 말았다.

_____ all of the players tried their best, the team lost the match.

once / although / after

09 나는 올 여름 국내에 머물 수도 있고 또는 해외여행을 갈 수도 있다.

I could _____ stay in Korea, _____ travel abroad this summer.

either, or / whether, or / not only, but also

정답 및 해설

CHAPTER 10

01
Peter came to work before Tom **but** after Tim.

Peter가 일터에 도착한 시간을 Tom과 Tim이 도착한 시간과 비교, 대비하고 있다. 'before Tom'과 'after Tom'이 서로 대비되고 있으므로 빈칸에 들어갈 접속사는 but이다.

02
I had a stomachache, **so** I skipped dinner.

배가 아파서 어떤 결정을 했는지 밝히고 있다. 빈칸에 들어갈 접속사는 so이다. 여기에 and를 쓰면 '나는 배가 아팠고 저녁을 먹지 않았다'가 되는데, 틀린 말은 아니지만 배가 아픈 것이 저녁을 먹지 않는 결정의 이유가 되었음을 나타내는 뉘앙스는 살지 않는다.

03
Learning English is beneficial, **for** it provides a lot of opportunities.

가장 고민했을 문제인 것 같다. For가 because나 since처럼 '~때문에, 왜냐하면 ~라서'라는 뜻을 나타내는 접속사로 쓰인다는 점을 꼭 기억하라.

04
Jane tried her best to pass the exam, **but 또는 yet** she failed it.

Yet이 이처럼 but과 같은 뜻으로 쓰인다는 것을 처음 알게 된 분들도 있을 것이다. 그래서 일부러 복수정답이 가능한 문제를 내봤다. 이렇게 한번 둘을 묶어서 기억하면 잊어버리지 않을 것이다.

05
He will stay in Korea, **or** travel abroad for his summer vacation.

빈칸에 들어갈 말은 or밖에 없다. 국내에 머무는 선택지 하나, 해외여행을 가는 선택지 하나가 모두 가능하기 때문이다.

06
She has no experience in selling, **nor** does the field interest her.

사실 이 문제는 앞에 no도 묶어서 빈칸처리를 할까 고민했다. 그러나 그러면 답이 너무 쉽기 때문에 판단을 독자 여러분께 맡겼다. 이처럼 앞쪽에 이미 부정의 뜻이 있을 때 뒤쪽에 nor이 들어가서 '~뿐 아니라 ~도 아니다'라는 뜻을 나타냄을 기억해두자.

07
Once 또는 after he arrived, people gathered around the train station.

Once나 after을 고르면 정답이다. 엄밀히 따지면 once가 더 '~하자마자'라는 뜻에 가깝고 '~하고 나니... 결과적으로 ~하다'라는 뉘앙스를 전달하는 것은 맞다. 그러나 after을 넣는다고 전체 뜻이 아예 달라지는 것은 아니니 일단 둘 모두 정답처리 한다.

08
Although all of the players tried their best, the team lost the match.

정답은 **although**다. 이처럼 절 앞에 붙어 '~에도 불구하고'라는 뜻을 나타낸다. 이 문장을 등위접속사 but이나 yet을 써서 표현하면 'all of the players tried their best, but 또는 yet the team lost the match'라고 쓸 수 있다.

09
I could **either** stay in Korea, **or** travel abroad this summer.

둘 모두 가능하다는 뜻으로 흔히 쓰는 상관접속사가 '**either**~ **or** ~'이다. 하나의 표현으로 기억해두고 끊임없이 연습하자.

Chapter 11
전치사

보 이 는   영 문 법   ENGLISH GRAMMAR

LESSON 1	존재의 이유
LESSON 2	너는 몇 차원이니?
LESSON 3	도구와 방법
LESSON 4	너를 위해/너한테

LESSON 1 존재의 이유

> 외국어를 배우다 보면 누구나 한번씩 소위 '멘붕'이 오곤 한다. 경험상 필자는 '멘붕 포인트'를 알고 있기도 하다. 이번 대화를 보니 Hun는 전치사 때문에 멘붕이 심하게 온 것 같다. 두 사람의 대화를 한번 읽어보자.
>
> Hun : I don't think I can write my mail address.
> John : what do you mean?
> Hun : Do I live 'on' Dream street? Or 'in' the street?
> John : You definitely live 'on' Dream street.
> Hun : really? But why do I live 'in' Seoul? What is the logic?

전치사의 존재 목적은 무엇일까? 분명 외국인 학습자를 괴롭히려고 있는 건 아닐 것이다. 영어 전치사를 이해하려면 역으로 우리의 모국어인 한국어를 먼저 이해해야 한다. 한국어는 '토씨어'다. 다음은 국어사전에서 찾은 '토씨'의 정의다.

> **토씨**
> **명사 언어** 체언이나 부사, 어미 따위에 붙어 그 말과 다른 말과의 문법적 관계를 표시하거나 그 말의 뜻을 도와주는 품사. 크게 격 조사, 접속 조사, 보조사로 나눈다.
> [출처 : 표준국어대사전]

우리는 무의식 중에 '로/만/에/에게...' 등의 토씨를 자유자재로 사용하여 '장소, 방향, 수단, 방법...' 등을 표현한다. 이 글을 읽는 분들 중 그 누구도 조금 전 나왔던 '이 글**을** 읽는 분**들** 중 그 누구도'라는 말에서 '**을, 들, 도**'의 정확한 사전적 정의와 규칙을 공부하여 알고 있는 사람은 없을 것이다. 이처럼 우리가 한국어의 수많은 토씨들을 부지불식간에 쓰듯, 영어 원어민 화자들도 철저히 '감각'에 의존해서 전치사를 사용한다.

안타깝지만 여기서 불쾌한 결론이 하나 나온다. 전치사는 어렵다. '어렵다'라는 말을 어떻게 정의하느냐에 따라 다르겠지만, **'명쾌히 단시간내에 일관된 규칙을 암기함으로써 학습할 수 있느냐'**를 잣대로 놓는다면 분명 전치사는 어렵다. 어떤 언어가 되었든 해당 언어의 원어민 화자들이 '무의식적'으로 또는 '감으로' 쓰는 말들은 외국인이 배우기 어렵다.

그래서 필자는 전치사에 접근하는 새로운 방법을 제시한다. 영어의 모든 전치사를 하나 하나 나열하고 각각의 '용법'을 설명하는 것이 아닌, 비슷한 느낌의 전치사들을 묶고 그들 차이에 어떤 차이점이 있는지 알아보는 것이다. 그리고 여러분과 함께 '그림'을 그려볼 것이다. 그림을 그려본다는 말을 풀어서 설명하면 다음과 같다.

우리에게 외국인이 '~로'와 '~에'가 어떻게 다르냐고 하면 이를 온전히 논리적인 언어로 설명하기는 어렵다.

- 학교**로** 간다
- 학교**에** 간다

국어 국문학자가 아니라면 이 차이를 즉석에서 완벽하게 설명할 수 있는 사람은 없을 것이다. 그럴 땐 이런 방법을 써야 한다.

- "학교'로' 간다"고 할 때는 '**나 → 학교**' 뭐 이런 **방향**과 **움직임 느낌**이 있는 것 같고요. 학교'에' 간다"고 할 때는 뭔가 **내가 가방을 메고 '공부하러'**가는 그런… **보편적 '등교'**라는 **느낌**이 좀 있네요."

사실 이 정도만 설명할 수 있어도 대단한 거다. 언어 능력이 정말 높은 것이다. 국어 국문학자가 될 것이 아니라면 이 정도 설명으로 충분하기도 하다. 나는 이번 전치사 장에서 여러분에게 바로 이와 같은 설명을 하고자 한다. 내 말을 쭉 따라오기만 하면 당신의 머릿속에는 어떤 '장면'이 떠오를 것이며 장면들이 쌓이면서 각 전치사의 '그림'이 완성될 것이다. 내가 줄 수 있는 최고의 선물이다. 부디 잘 받아주시길!

언어에 아주 관심이 많은 경우를 빼면, 사실 전치사에 대해 깊이 생각해 본 사람은 많지 않을 것이다. 그러나 필자의 말을 들어보니 어떤가? 당신의 생각에 균열이 생겼다면 환영이다. 이제 두 사람의 대화를 다시 읽어보자.

전치사는 영어로 preposition이라고 하는데 여기서 'pre-'라는 말이 '전'에 속한다. 그런데 한국어 토씨 즉, 조사는 뒤에 붙는다. 뒤를 한자로 '후'라 하지 않는가? 그래서 조사를 영어로 'postposition'이라 부르기도 하는데, 여기서 'post-'가 '후'에 속한다. 우리가 조사를 '무의식적, 감각적'으로 사용하듯 영어 원어민들도 전치사를 그렇게 사용한다. '논리'보다는 그들이 머릿속에 그리는 '그림'을 잘 봐야 한다.

LESSON 2 너는 몇 차원이니?

여러분은 아마 'on the street', 'on the road' 또는 'on ~ avenue' 등의 표현을 한 번쯤은 보거나 들어봤을 것이다. 보통 '길' 앞에는 전치사 on이 붙는다. 이렇게 한 번만 알아두고 예외가 없다면 참 좋겠지만 언어는 '절대 규칙'을 허용하지 않는다. 둘의 대화를 보자.

> Hun : Where are we now?
>
> John : We are… at the fifth avenue.
>
> Hun : Oh, we are on the fifth avenue.
>
> John : Yes, we are at the fifth avenue.
>
> Hun : Why do you keep saying 'at?'
>
> John : Why? I am looking at the screen.

필자에게도 정말 악몽 같았던 세 전치사를 소개한다.

- in
- on
- at

지금 '오! 맞아!' 이런 반응을 보이는 분들도 있을 것이고 '저게 왜?'라는 반응을 보이는 분들도 있을 것이다. 둘 모두 환영이다. 일단 '오! 맞아!'라는 반응을 보이셨다면 누구든 간에 다음과 같은 경험을 했을 가능성이 높다.

- I live in Seoul, South Korea.
  I live 희망로⋯ on 희망 street? in 희망 street? at은 안되나?

- I am at the station⋯? in the station⋯? 아무튼 나는 역에 있어!

이 세 전치사는 '장소, 위치'등을 나타낼 때 꼭 한번씩 우리를 곤혹스럽게 한다. 지금 공감하는 그 눈빛 아주 좋다. 이 글을 쓰는 보람이 있다. 혹시 아까 '저게 왜? 저건 **~위에, ~안에, ~에** 아니야?'라고 반응하셨던 분들 있는가? 그 분들은 이번 내용이 충격적일 수도 있다. 아, 물론 기분 좋은 충격!

나는 at, on, in 을 '차원'의 관점에서 보고자 한다. 무슨 공상과학 얘기를 하려는 것은 아니니 걱정하지 말고 다음을 보라.

- at - 0차원
- on - 2차원
- in - 3차원

물론 엄정한 물리학의 잣대를 들이대면 이 차원 구분은 논쟁의 여지가 있다. 이는 필자가 임의적으로 나눈 **'설명의 편의를 위한 문과적 개념'**이니 독자 분들 중 이과가 있다면 너무 야박하게 굴지 말아 주시길 바란다. 내가 0차원이라 함은 '점'을 뜻한다. 이 '점'에 해당하는 것이 'at'이다.

- I am at the station. 나 역에 있어.

모두 집중! 이 문장을 보고 단순히 'at = 에'라고 생각하면 곤란하다. 영어 원어민들은 과연 이 말을 듣거나 읽었을 때 어떤 '느낌'을 받는지 이해하는게 정말 중요하다. 그들은 이런 경우 'at'을 통해 어떤 '좌표상의 점'을 떠올린다. 스마트폰 앱으로 '내 현재위치 지정'을 해본 적 있는가? 해봤다면 내 위치가 '면' 위에 '점'으로 표시되는 걸 보았을 것이다. 바로 그 '점'이 'at'이다. 2차원은 '면'을 뜻한다. 이 '면'에 해당하는 것이 'on'이다.

- I spilled coffee on the carpet. 나 바닥에 커피를 쏟았어.

바닥에 커피를 쏟으면 어떻게 되는가? 당연히 우리가 '커피'라 부르는 액체가 바닥 면 전체에 퍼져 나간다. 이런 '면'에 '접촉'하는 느낌을 나타내는 게 바로 'on'이다. 3차원은 '공간'을 뜻한다. 이 '공간'에 해당하는 것이 'in'이다.

- We are in the museum. 우리는 박물관 안에 있어.

박물관은 위, 아래, 동, 서, 남, 북이 '면'으로 둘러 싸인 '공간'이다. 물론 공간을 어떻게 규정하느냐에 따라 꼭 모든 면이 막혀있을 필요는 없겠지만, 일반적으로 인간이 만든 인공물 중 '공간'을 이루는 상당수가 그런 구조를 갖고 있다. 어떤 공간에 존재하는 거의 모든 것들은 공간 '안'에 있다. 이때 쓰는 전치사가 바로 in이다.

그럼 이제부터 영어를 공부하면 누구나 마주치게 되는 '혼란'들을 하나씩 해결해 나가도록 하자. 설명을 돕기 위해 내 경험을 공유한다.

필자가 미국에 머물던 시절, 아직 영어가 서툴렀을 때의 일이다. 어느날 우연히 미국 친구와 밥을 먹다가 고개를 들어보니 이 녀석 턱에 케첩이 묻어 있는 게 아닌가. 정확히 턱 한가운데 아랫면 즉, 갓을 쓴다면 갓끈을 매는 그 부위에 케첩이 묻어있는 친구에게 나는 말을 걸었다. 하필이면 우리가 밥을 먹던 테이블에는 내 친구가 몰래 짝사랑하던 여학생도 함께 있었다. 친구를 구해야 했다!

- "Hey, there is ketchup under your face."

내 대사를 직역하면 '네 얼굴 아래 케첩이 있다'가 된다. 당시 쓸 수 있는 표현 수준의 한계였다. 대충 알아듣겠지 생각했던 나에게 곤란한 질문이 돌아온다.

- "Where?"

응? 아니 왜 못 알아 듣지? 얼굴 아래면 당연히 턱을 얘기하는 거 아닌가?... 라며 고민하던 찰나, 친구는 대충 짐작으로 알아 들었는지 자신의 입술 아래부터 시작해 목까지 손으로 더듬기 시작했다. 이윽고 이 녀석이 내게 던진 말은 정말 충격적이었다.

- "Oh! On here."

뭐? 'on'이라고? 'on'은 '~위에야!' 라고 외칠 뻔 했다. 이 친구가 한 대사를 직역하면 **'오! 여기 위에'**가 아닌가? 나는 속으로 외쳤다. '아니야! Under your face! 네 얼굴 아랫면이야!'라고. 당시 필자의 초라했던 영어 실력에 웃음이 터진 분들도 있겠으나, 이는 영어 학습자가 흔히 겪는 난제이기도 하므로 진지하게 들여다봐야 한다.

나는 그 친구의 얼굴 전체에서 '아래'라는 점에 착안해 'below, beneath, under...' 등 여러 단어를 떠올렸다가 입체적 물질의 '아랫면'임을 강조하기 위해 'under'을 선택했다. 내 선택이 틀렸던 것은 아니다. 다만 under 뒤에 'face 얼굴'대신 'chin 턱'을 붙여 썼다면 좋았을 터! 그런데 이 친구는 왜 'on here'이라고 한 것일까? on이 '면'에 '접촉'함을 나타낸다는 것을 생각하면 문제는 아주 쉬워진다. 케첩은 이마에 묻든, 콧등에 묻든, 입술에 묻든, 턱 아래 묻든 '일정 면적'을 가지게 되고 그 면에 접촉하여 존재하게 된다. 원어민의 머릿속에는 이런 개념이 들어 있기 때문에 'on'을 썼던 것이다. 'chin 턱'이라는 말을 굳이 쓰지 않고 케첩이 묻은 부위를 'here'라 표현하면서 턱을 떠나 자신의 피부 위 일정 면적임을 밝혔다. 이런 상황에서는 on이 적합하다.

그럼 이런 표현은 어떨까?

"Oh! **at** here."

물론 이런 말은 절대 쓸 수 없다고 우기기는 싫다. 당연히 이렇게 말해도 말이 통한다. 그런데 '면에 접촉함'이라는 뉘앙스는 떨어진다. 앞서 밝혔다시피 'at'은 '점'이다. 그런데 '점'이라는 게 정확히 무엇인가? 그리스의 천재 수학자 유클리드조차 '점'을 정의하는 게 어려워서 '점은 부분이 없는 것이다'라는 희대의 명언을 썼다. 이는 물질에 대한 정의라기 보다는 '추상적 개념'에 대한 묘사에 가깝다. 인간세계에 그와 대응하는 무엇이 없어서 벌어진 일이 아니겠는가? 방금 중요한 얘기가 나온 것 같다. '점'은 '개념상' 존재할 뿐이다. 이 관점이 적용된 구어체 표현을 하나 보도록 하자.

- Where you at?

비록 표준 문법에는 어긋나지만 미 구어체에서 정말 많이 쓰는 표현이다. 나도 예외가 아니었다. 우리말로 느낌을 살려 번역하면 '너 어디냐?' 정도 된다. 당연히 친한 사이에 묻곤 한다.

- Where you at? 너 어디냐?

이 질문을 통해 알고자 하는 게 무엇일까? 단순하다. '대체 어디 있는지'를 대충만 알고 싶은 것이다. 실'내'인지 실'외'인지 특정 공간 '아래'인지 '위'인지는 관심의 대상이 아니다. 아니다. 과격하게 표현하자면 **좌표상 너는 어느 점에 존재하고 있는지**가 궁금한 것이다. 이것이 'at' 고유의 그림이다.

- The suspect is **at** the bank! 용의자가 은행**에** 있어!

그러면 이 대사는 무얼 뜻할까? 'bank 은행'은 '공간'을 가진 곳이다. 단순하게 생각하면 'in the bank 은행 안에'라고만 해야할 것 같다. 'at the bank 은행에'를 이해하기 위해 잠시 상황극을 해보자.
밤낮으로 용의자를 쫓던 수사관들이 있다. 마침내 이들은 용의자의 휴대폰 추적에 성공했고 태블릿 컴퓨터 스크린에 용의자의 위치를 띄웠다. 도시가 평면 지도로 표현된 화면을 쳐다보며 용의자의 위치를 표시한다. 그리고 그 위치를 확대해보니 거기엔 은행이 있다. 바로 이런 상황에서 'at the bank'가 빛을 발한다. 평소 여러분이 자동차 네비게이션으로 보는 것처럼 용의자의 위치가 어떤 '점'으로 표시될 것이다. 이럴 때는 at이 아주 적합하다.
그러다가 수사관들은 CCTV를 통해 용의자의 모습을 확인했다. 용의자는 은행 안에서 서성거리고 있다. 이 때 in이 등장할 수 있다. 아주 특이한 은행이 아니면 위, 아래와 사면이 벽으로 막혀있지 않겠는가?

- The suspect is **in** the bank! 용의자가 은행 **안에** 있어!

이 장면을 쳐다보면서 이 대사를 날린다면 아주 적절하다.

그런데 이 영상은 조작된 것이었다. 용의자를 돕는 천재 해커가 딥 페이크로 만들어낸 허구였던 것이다! 알고 보니 용의자는 이미 도주해 어느 열대 지방에 머물고 있다. 우여곡절 끝에 다시 위치를 추적하는데 성공했다.

- The suspect is **at** the beach! 용의자는 해변**에** 있어!

다시 한번 해당 지역의 평면도에 표시된 용의자의 위치를 보면서 수사관들은 'at'을 사용한다. 그리고 곧바로 드론을 날려 용의자의 모습을 실시간으로 영상으로 보게 된다.

- The suspect is **on** the beach! 용의자는 해변**에** 있어!

이제 'on'이 등장할 차례다. 해변은 사방이 뚫려있다. 이런 장소에서 용의자의 신체가 접촉하는 유일한 '면'은 바닥 즉, 모래사장뿐이다. 용의자의 발이 모래 위에 일정 면적을 차지하고 있으니 'on the beach 해변에'라는 말은 매우 적절하다. 전치사의 신세계다! 전치사는 애초에 암기의 대상이 아니었다.
자, 이제 둘의 대화를 다시 읽어보자.

여기서 'on'과 'at'중 그래서 지금 뭐가 맞느냐는 쪽으로 생각이 샐 까봐 당부 드린다. John은 딱히 Hun의 말에 딴지를 걸지 않고 있다. 원어민인 자신의 입장에서도 'on the fifth avenue'라는 표현은 워낙 듣고 읽고 쓰니 Hun에게 뭘 가르치려 들지 않는다. 지금 내 입장에서 엄정히 따졌을 때 on은 적절치 않다는 말 따위는 하지 않는 것이 중요하다. 전치사 사용에는 완벽한 옳고 그름이 없다. 맥락에 따라 더 어울리는 게 바뀔 뿐이다. 화면을 보면서 자신들의 위치를 점으로 확인하는 John에게 'at'도 쓸 권리가 있을 뿐이다.

ENGLISH GRAMMAR

LESSON 3 도구와 방법

> 사무실 캐비닛 문이 잠겨 있어서 당황한 두 사람. 잠시 Min이 자리를 비운 자리에 John이 문을 열었다! 이에 놀란 Min이 질문을 던지는데… 둘이 쓰는 단어가 뭔가 다르다.

> Min : Wow! How did you open the cabinet door?!
> John : I used my hand.
> Min : Hahaha! I mean… it was locked.
> John : I opened it with a wire.
> Min : Like a thief? Hahaha! You opened it by a wire.
> John : Yes, with a wire.

by와 with. 이 두 전치사를 한번도 헷갈려보지 않았다면 당신은 이미 영어 원어민이거나 이제 영어 공부를 시작한 왕초보일 가능성이 높다. 아래 문장에서 밑줄 친 부분에 알맞은 단어를 한 번에 고를 수 있겠는가?

- The world has become much more convenient **(with / by)** the Internet.
  세상은 인터넷으로 훨씬 더 편리해졌다.

이 문제의 정답은 잠시 미뤄두고 다음을 보자. 왜 영어 원어민들은 다음과 같은 표현을 쓰는 것일까?

- We will go there by bus. 우리는 거기 버스로 갈 거야.

생각해보면 bus는 분명 '셀 수 있는' 즉 '가산'명사다. 그런데 bus앞에 a도 없고 the도 없다. 그렇다고 buses도 아니다. 그냥 'by bus'라고? 이게 가능한가?
문제는 거기서 끝나지 않는다.

- We will go there with bus (X)
- We will go there with a bus (X)
- We will go there with the bus (X)
- We will go there with buses (X)

이 네 문장은 영어권에서 쓰이지 않는다(물론 뽀로로가 '타요버스'들과 함께 여행을 한다면 맥락에 따라 쓸 수도 있지만). 왜 쓰이지 않는 걸까? 문제는 또 거기서 끝나지 않는다.

- I cut the watermelon in half with a knife. 나는 칼로 수박을 반으로 잘랐다.

아니? '버스로'에는 '**by**'를 쓰면서 '칼로'에는 '**with**'를 쓴다고? 그리고 이번에는 knife 앞에 'a'가 붙었다. 즉, 셀 수 있는 명사를 센 것이다. 정확히 번역하면 'with a knife'는 '어떤, 한 칼로'라는 말에 가깝다. 아무튼 ... 얘네들은 대체 왜 이러는 것일까? 이를 이해하기 위해 지금부터 우리가 기억해야 할 두 단어가 있다.

1. 도구
2. 방법

응? 둘이 뭐 크게 다른가? 이런 생각을 할 수도 있으니 부연설명 하겠다. 당신은 도둑이다. 당신 손에는 철사가 있다. 당신은 잠긴 문을 열고자 한다. 이때 당신 손에 들려있는 '철사'는 '도구'다. 당신은 철사를 구부려 어떤 모양으로 만들고 그것을 문고리 안에 넣어 돌려 잠긴 문을 연다. 이때 당신이 한 행위들 즉, '구부림, 삽입, 회전' 등을 모두 합치면 그게 당신이 문을 연 '방법'이다. 구분이 가는가?

- with = 도구
- by = 방법

그리고 영어의 이 두 전치사가 각각 바로 그 두 뉘앙스를 가지고 있다. 자, 다음 영어 문장을 우리말 뜻과 함께 자세히 읽어보자.

- I unlock the door and opened it. 나는 그 문의 잠금을 풀고 열었지.

    - With what? 무엇으로?
      With a wire. 철사로

- How? 어떻게?
By bending it in a particular shape, 철사를 특정 모양으로 구부리고
putting it into the door knob, 문고리 안에 집어넣고
and twisting it in a certain way 특정 방식으로 돌림으로써

조금 감이 잡히는가? 자, 이제 내가 영어 문장 내에 쓰인 전치사와 그에 대응하는 한국어 토씨를 따로 표시할 것이다. 다음을 보라.

- I unlock the door and opened it. 나는 그 문의 잠금을 풀고 열었지.

  - **With** what? 무엇**으로**?
    With a wire. 철사**로**

  - **How?** 어떻게?
    By bending it in a particular shape, 철사를 특정 모양으로 구부리고
    putting it into the door knob, 문고리 안에 집어넣고
    and twisting it in a certain way 특정 방식으로 돌림**으로써**

이를 요약, 정리하자면 다음과 같다.

- with = ~로
- by = ~함으로써

이제 정리가 되는 것 같다. 각 단어를 이렇게 규정하면 어떤가?

- with = ~로 = 도구
- by = ~함으로써 = 방법

오! 제법 명확해졌다. 이제 앞서 필자가 제시했던 영어 문장들을 다시 불러오겠다.

- We will go there by bus. 우리는 거기 버스로 갈 거야.

'bus 버스'에 해당하는 '실제 물리적 차량'을 도구로 써서 이동하는 것이 아닌, 'bus 버스'라 규정된 방법으로 거기에 갈 것이다.

이를 조금 더 쉽게 풀어서 설명해보겠다. 당신이 어떤 목적지에 갈 때 반드시 직행버스를 타는 것은 아니다. 환승을 하는 경우도 분명히 있다. 그러나 이 두 경우 영어 원어민 화자들은 'by bus'라는 표현을 쓴다. 그러면 이때 'bus'는 내가 탔던 버스차량을 지칭하는 것이 아니라 'bus'라 하면 떠오르는 어떤 방식, 방법을 의미한다. 그것은 셀 수 없기 때문에 관사도 붙지 않고 복수형도 쓰지 않으며 앞에 by를 붙인다.

조금 이해가 되었는가? 이번에는 특이한 상황을 설정해서 이를 뒤집어 보겠다.

당신은 테러리스트다. 이번에 맡은 임무는 어떤 지역의 특정 건물을 파괴하는 것이다. 당신은 버스 하나를 납치해서 승객들을 모두 하차시킨다. 특정 건물 근처에 와서 버스에서 내린 당신은 미리 준비해온 자동주행 장치를 버스에 장착하고 그대로 건물에 돌진시킨다. 파괴 성공! 당신은 이제 상부에 이런 보고를 올린다.

- I successfully destroyed the building **with** a bus.
  버스로 그 건물을 성공적으로 파괴했습니다.

이때 당신에게 'bus'는 '도구'일 뿐이다. 상부에 '어떤 한' 버스를 도구로 사용했음을 알리기에 적절한 표현은 'with a bus 어떤 한 버스로'다.

다음을 보자.

- We will go there with bus (X)
- We will go there with a bus (X)
- We will go there with the bus (X)
- We will go there with buses (X)

이제 왜 이 표현들이 쓰이지 않는지 알겠는가? 버스 차량은 셀 수 있기 때문에 'with bus'라는 표현은 애초에 불가능하다. 그리고 세기 시작해도 문제다. 'with a bus'라니? 어떤 한 버스를 도구로 한다는 게 무슨 말인가? 같은 이유로 'with the bus'와 'with buses'도 역시 그들에겐 이상한 말로 들린다. 농담처럼 얘기했지만 뽀로로와 친구들이 '타요버스'들과 함께 어딘가에 간다면 'We will go there with buses 우리는 거기에 버스들과 함께 갈 거야'라는 말을 할 수는 있다. 여기까지 이해했다면 다음 문장은 매우 합리적으로 보일 것이다.

- I cut the watermelon in half **with** a knife.
  나는 칼로 수박을 반으로 잘랐다.

수박을 자를 때 쓴 도구가 'a knife 어떤 한 칼'인 것이다. 명쾌한가? 그럼 이제 다음 문장의 정답을 맞혀보자.

- The world has become much more convenient (**with** / **by**) the Internet.
  세상은 인터넷으로 훨씬 더 편리해졌다.

한번 생각해 보라. '인터넷이라는 도구로'와 '인터넷이라는 방법으로'중에 무엇이 더 자연스러운가? 당연히 전자다. 인터넷은 도구이고 그것을 사람들이 잘 활용했기 때문에 세상이 편리해졌을 것이다. 따라서...

- The world has become much more convenient **with the internet**.
  세상은 **인터넷(이라는 도구)으로** 훨씬 더 편리해졌다.

with가 더 자연스럽다. 이게 원어민들이 가지고 있는 전치사의 '느낌'이다. 정말 사소한 것 같은데 해결이 잘 안 되어 끝끝내 사람을 괴롭히는 것들이 있다. 영어에서는 의미상 교집합이 있는 전치사들이 꼭 이 짓을 한다. 자, 둘의 대화를 다시 읽어보자.

이제 왜 John이 'with a wire'이라고 했는지 이해할 수 있을 것이다. 한국어로 정확히 번역하면 저게 바로 '어떤 한 철사를 도구로'아니겠는가? 만약 여러분이 Min처럼 'by'를 쓰고 싶다면 말을 조금만 바꾸면 된다. "You opened it by using a wire 철사를 사용해서 열었구나"라고. 그래서 by는 뒤에 동사의 ing형이 붙는 경우가 많다. 이는 우리말의 '~해서, ~함으로써'라는 말에 가깝다.

LESSON 4 너를 위해/너한테

> 파티에 초대받은 Hun과 John이 음식을 둘러보고 있다. 평소 좋아하던 음식이 예쁘게 차려진 탁자를 보며 감탄하는 Hun. 이에 John은 'that is good for you too'라고 하는데. 뭔가 단순히 좋다는 의미로 쓴 게 아닌 것 같다. 자, 둘의 대화를 자세히 읽어보자.
>
> Hun : wow this looks really good to me.
> John : and that is good for you too.
> Hun : huh…?
> John : that must be beneficial for you.
> Hun : Ah, 'good for me' and 'good to me' are different?
> John : they… are different but it is subtle.

다음을 보라.

- good to me 나에게 좋은
- good for me 나에게 좋은

'일물일어설(一物一語說)'이라는 게 있다. 이는 인간의 생각과 의도를 정확하게 전달할 수 있는 단어나 표현은 단 하나밖에 없다는 관점인데, 쉽게 말해 '같은 뜻을 가진 두 단어'는 존재하지 않는다는 말이다. 언어를 업(業)으로 삼은 사람으로서 필자는 이 관점에 상당 부분 동의한다. 따라서 'good for me'와 'good to me'는 결코 같은 뜻일 수 없다고 생각한다.

- This food is good **for** me.
- This food is good **to** me.

혹시 이 두 문장의 차이점이 무언지 알겠는가? 사실 이를 한국어로 설명하기는 정말 어렵다. 이 맥락에서 for와 to가 나타내는 의미를 정확히 나타내는 즉, 각 단어에 대응하는 한국어 단어가 존재하지 않기 때문이다. 그래서 여러분께 이 두 문장을 뉘앙스를 최대한 살려서 한국어로 번역해 보여드리고자 한다.

- This food is good **for** me.
  → 이 말은 이 음식이 실제 내 몸에 **이롭다**는 뜻에 가깝다.
- This food is good **to** me.
  → 이 말은 그냥 내 생각에 이 음식이 **좋다**는 뜻에 가깝다.

어떤 단어든 그것이 쓰인 인류 최초의 기록이 있다. to라는 말의 기원을 찾아보면 이것이 태초부터 '방향'을 뜻했음을 알 수 있다. to를 굳이 그림으로 표현하자면 다음과 같다.

여러분이 보시기에 어떤가? 좌에서 우로 향하는 화살표는 대부분의 문명권에서 '순리적 이동'으로 받아들여진다. 지금 이 글도 왼쪽에서 오른쪽으로 읽고 있지 않은가? (물론 반대로 쓰는 문명권도 있지만 일단 여러분은 거기 속하지 않는다.) to는 이렇게 한 점에서 다른 점으로 향하는 '방향'을 뜻하며 보통 '순리적 이동'을 나타낸다. 그리고 인간이 어떤 개념 하에서 이를 받아들이느냐에 따라 to는 다양하게 해석될 수 있다.

- She is very kind to me. 그녀는 나에게 아주 친절하다.

이런 문장에서 쓰인 to가 그 본질을 가장 잘 드러낸다. 생각해보라. 'She is very kind 그녀는 아주 친절하다'라는 말 까지만 해도 의미가 완결된다. 그녀의 '성격, 특징'을 뜻하기에 아무런 부족함이 없다. 그런데 여기에

- She is very kind → 대상

이렇게 '방향'을 표시해주며 그녀의 친절이 그쪽으로 이동함을 나타내주는 게 바로 'to'의 역할이다. 즉,

- She is very kind → me
  그녀는 아주 친절하다 → 나

지금 내가 표현한 바로 이것이 영어 원어민들의 머릿속에 들어있는 'to'라는 말의 본질에 가깝다. 사실 to는 저 화살표 기호나 다름없다. 그리고 앞서 부정사와 동명사 장에서도 살펴보았지만 이런 특성 때문에 to는 '미래성'을 나타내기도 한다. 인간 세계에서 시간이 '순리적 이동'을 하면 무조건 '미래'로 가게 된다.

반면 for는 뜻이 조금 '추상적'이다. 그러니까 to처럼 도로 표지만에 그려진 기호와 같은 '직관성'을 내포한 것이 아니라는 얘기다. For는 많은 경우 '관계'에 개입하고 관계를 설정한다.

- This food is good for me.

이 문장을 그냥 직역하면 '이 음식은 나에게 좋다'라고 할 수 있지만, 앞서 밝혔다시피 이 경우 for를 통해 이 음식이 나에게 '이롭다'는 뜻을 나타낸다. 그래서 다음과 같이 바꿔 쓸 수도 있다.

- This food is beneficial for my health. 이 음식은 내 건강에 유익하다.

단순히 '방향'만 표시하는 'to'에 비해 'for'는 훨씬 입체적이다. 그리고 많은 경우 자신의 뒤에 나오는 대상에 집중하고 적극 영향을 미친다.

- This math problem is hard for me. 이 수학 문제는 나에게 어렵다.
- This food is good for me. 이 음식은 나에게 좋다.
- This movie is the best for me. 이 영화는 나에게 최고다.

이 세 문장에 쓰인 for는 각기 다음과 같은 뜻을 갖는다.

- This math problem is hard for me (to solve)
  이 수학 문제는 나에게 (풀기에) 어렵다.
- This food is good for me (I mean… my health).
  이 음식은 나에게 (그러니까… 내 건강에) 좋다.
- This movie is the best for me (not necessarily for others).
  이 영화는 나에게 (꼭 다른 이들에게는 아니어도) 최고다.

조금 이해가 되는가? 그렇다면 퀴즈를 내보겠다. 당신은 사랑하는 사람을 위해 노래를 하나 작곡했다. 이제 이 노래를 담은 앨범 표지에 뭔가를 써야 한다. 먼저 YOU라는 단어를 크게 쓴 당신의 머릿속에 for과 to가 서로 자신을 간택해달라며 경쟁한다. 당신의 선택은?

- To You

이렇게 '방향'을 나타내는 'to'를 쓰면 이 앨범의 수신자는 너라는 뜻이 된다. 순리적으로 이동하면 너에게 닿을 것이다. 그러나 그 이상은 담지 못한다.

- For You

이렇게 '관계'에 개입하고 관계를 설정하는 'for'을 쓰면 해석의 범위가 넓어진다.

- This music is made for you to listen.
  이 음악은 네가 듣기 위해 만들어 졌다.

- This music is good for your soul and mental health
  이 음악은 네 영혼과 정신 건강에 좋다.

- This music is only for you.
  이 음악은 오직 너를 위한 것이다.

읽는 사람의 판단에 따라 이 셋 중 하나 또는 모두로 받아들일 수 있기 때문이다. 사랑을 속삭일 때는 해석 범위가 넓은 말이 좋지 않은가? 나는 개인적으로 for you를 추천하고 싶다.

자, 어떤가? 전치사를 이렇게까지 자세히 머릿속에 그려본 건 처음일 것이다. 그러나 논리로 잡기 힘든 요소는 감각으로 잡아야 한다. 여기까지 공부하신 여러분은 이미 상위 5%에 들어갔다. 이 전치사 감각을 가지고 있는 사람은 정말 극히 일부다. 이제 우리는 남에게 전치사를 설명할 수도 있다. 'good for me'는 'beneficial 유익한, 혜택을 주는'이라는 뉘앙스가 들어 있고 'good to me'에는 그게 없다고.

두 전치사의 차이는 우리에게 언어의 본질에 대해 무언가를 시사한다. 언어에는 인간의 '사유흔적'이 들어있다. 이렇게 접근하기 시작하면 외국어를 배우는 것은 대책 없는 고통이 아니라 재미있는 게임이 되기도 한다. 배움을 즐기자!

자, 눈을 부릅뜨고 둘의 대화를 다시 읽어보자.

본문에서 배웠다시피 'good for me'는 'beneficial 유익한, 혜택을 주는'이라는 뉘앙스가 들어 있고 'good to me'에는 그게 없다. John도 제대로 설명 못하는 바로 저것! 그게 '감각'이다.

review TEST  전치사

※ 보기에서 빈칸에 알맞은 단어를 고르시오.

01 The tourists are _____ the park.

관광객들은 공원 안에 있다.

at / on / in

02 I see where they are now on the map! They are _____ the museum.

지금 그들이 어디 있는지 지도에 뜬다! 그들은 박물관에 있어.

at / on / in

03 There is chili sauce _____ your shirt.

네 셔츠에 칠리소스 묻었어.

at / on / in

04 Try cutting the pumpkin _____ this knife.

이 칼로 호박을 잘라봐.

with / by

05 I am going to go to the airport _____ taxi.

나는 택시로 공항에 갈 생각이야.

with / by

06 We finished the work early _____ using the software.

우리는 그 소프트웨어를 사용함으로써 일을 일찍 끝냈다.

with / by

07 They are always kind _____ me.

그들은 내게 언제나 친절해.

to / for

08 This medicine is good _____ me. It works well.

이 약은 나에게 좋아. 잘 들어.

to / for

09 You are perfect _____ me!

당신은 제게 완벽해요!

to / for

10 This book is too hard _____ me to read.

이 책은 내가 읽기에 너무 어렵다.

to / for

정답 및 해설

CHAPTER

01
The tourists are **in** the park.

이 문제는 쉬웠을 것이다. 이미 한국어 번역문에 '안'이라는 말이 있기 때문이다. 이번 장에서 설명한대로 그들의 위치를 좌표상 점으로 보고 있다면 'at the park'라고도 할 수 있다.

02
I see where they are now on the map! They are **at** the museum.

물론 in을 고르신 분들도 틀린 건 아니다. 지도에 그들의 위치가 뜨는데 박물관이라면 박물관 안에 들어가있을 가능성도 있기 때문이다. 그러나 일부러 '지도에 뜬다'라는 복선을 깔아서 'at'을 유도해봤다.

03
There is chili sauce **on** your shirt.

이 문제는 모두 on을 고르셨을 것 같다. 사실 'on + 옷'은 정말 자주 쓰는 조합이다. 아예 이 참에 'there is something on your shirt 너 셔츠에 뭐 묻었다'라는 문장을 하나 외워두자. 나중에 something만 다른 단어로 바꾸면 될 테니.

04
Try cutting the pumpkin **with** this knife.

화자가 제시하는 이 칼을 '도구'로 하여 호박을 잘라보라는 말이다. 따라서 정답은 'with.' 만약 'by'를 쓰고 싶다면 'by using this knife'라고 해보시길!

05
I am going to go to the airport **by** taxi.

분명 by를 고르셨으리라 믿는다. 이렇게 교통수단을 표현할 때 'by bus, by taxi, by train...'등으로 쓰곤 한다. 그 원리를 알고 보니 납득이 되지 않는가?

06
We finished the work early **by** using the software.

4번 문제와 반대다. 여기서 'by using'을 통째로 걷어내고 'with'를 넣으면 또 말이 된다. 'We finished the work early with the software 우리는 그 소프트웨어로 일을 일찍 끝냈다.'

07
They are always kind **to** me.

특별한 뉘앙스를 전달하고 싶은 경우가 아니라면 당연히 to가 어울린다. 그들의 친절이 나를 향한다는 것만 표현하면 된다.

08
This medicine is good **for** me. It works well.

이 경우 이 약이 나에게 beneficial하다는 말이다. 그 효능에 대한 강조이므로 for이 적합하다.

09
You are perfect **for** me!

여기서 쓰인 for은 '특정하는' 역할을 한다. 다른 누구도 아닌 바로 'me 나'에게 완벽하다는 뜻이다.

10
This book is too hard **for** me to read.

가장 기초적인 for의 사용법이다. 어떤 대상에게 어떤 행위를 하기에 어떻다는 표현을 할 때 이렇게 for을 쓰곤 한다.

Chapter 12
부사

보이는 영문법

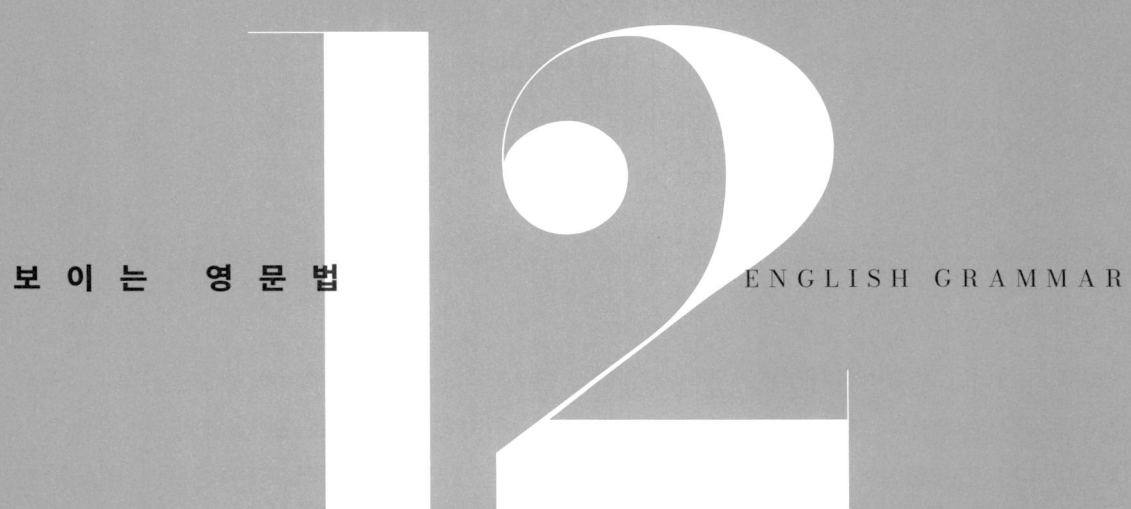

ENGLISH GRAMMAR

LESSON 1	오명과 낙인
LESSON 2	드디어 누명을 벗다!
LESSON 3	부사의 종류

LESSON

1 오명과 낙인

ENGLISH GRAMMAR

평소 자신보다 일찍 출근하는 John에게 기상시간을 묻는 Youngho. 그런데 대화가 꼬인 모양이다. Youngho는 무엇을 헷갈려 하고 있을까?

Youngho : what time do you get up?
John   : I get up at 6 a.m. I think… I mean usually.
Youngho : You think?… so, what time do you get up actually?
John   : I mean… I don't 'ALWAYS' get up at 6 a.m.

영어에서(그리고 잘 알려진 대부분의 언어에서) 가장 변수가 적고 사용하기 쉬우며 완강한 규칙이 적용되지 않는 품사는 부사다. 그러나 역설적으로 명확한 사용 규칙이 없어서 때때로 혼란을 초래하는 품사 역시 부사다. 나는 이번 장에서 부사의 정의를 내리고, 그간 이에 대해 있어왔던 여러 오해들을 불식시키고자 한다. 혹시 영어로 '부사'를 영어로 무어라 하는지 아는가?

- adverb

이것이 영어권에서 '부사'라는 뜻으로 쓰는 단어다. 근대에 이 용어를 한자어로 번역하면서 '부사'라는 말이 탄생했다. 그런데 왜 'adverb'는 '부사'라 번역되었을까? 다음을 보라.

- ad + verb
  ~에 + 동사

adverb라는 단어는 'ad-'와 'verb' 두 부분으로 나눌 수 있다. 'ad-'는 '~에'를 뜻하는 라틴어인데 이는 '~로 향하다, ~에 덧붙이다'라는 뜻을 나타낸다. 'add 더하다'라는 영어 단어도 이에서 유래했다. 그러다 보니 'adverb'라는 용어를

- 'add 더하다' + 'verb 동사'

이 두 말이 결합된 것이라고 설명하는 경우가 많다. 그러나 이는 정확한 사실이 아니다. adverb는 보다 복잡한 출생의 비밀을 안고 있다. 그 비밀을 파헤치는 일은 잠시 미뤄두고 일단 여러분께 이 존재에 대한 감을 일깨우고자 한다. 다음을 보라.

- I usually eat breakfast at 7 a.m.

이 문장을 어떻게 해석할 것인가? 특별히 의역하지 않는 한 대부분 '나는 보통 오전 7시에 아침을 먹는다'이라 할 것이다. 그 정도면 충분하다. 자, 그러면 이 질문에 답해보라. 'usually 보통, 대개'라는 말은 문장 내 어떤 단어를 꾸며주고 있는가? 질문에 답하기 쉽게 필자가 문장을 단어 단위로 쪼개보겠다.

- I 나는 / **usually 보통, 대개** / eat 먹는다 / breakfast 아침을 / at ~에 / 7 a.m. 오전 7시

정답은?

- I 나는 / **usually 보통, 대개** / **eat 먹는다** / breakfast 아침을 / at ~에 / 7 a.m. 오전 7시

두말할 것 없이 'eat'이다. 꾸미는 말은 꾸미는 대상 앞에 오는 게 일반적이다. 'I 나는 + eat 먹는다'라는 '주어 + 동사' 사이에 끼어들었다는 것은 '동사'를 꾸미겠다는 확고한 의지가 반영된 것이다. 여기까지는 'adverb'가 'add 더하다'와 + 'verb 동사'가 결합된 말이라는 기존의 설명이 들어 맞는다. 분명 'verb 동사'에 뜻을 'add 더하다' 해주고 있지 않은가? 문제는 지금부터다.

- Usually, I eat breakfast at 7 a.m.

영어 원어민 화자들은 이런 문장구조도 매우 자주 사용한다. 그러면 이 경우는 usually가 어떤 단어를 꾸미는가? 다시 말해

- **Usually 보통, 대개** / I 나는 / eat 먹는다 / breakfast 아침을 / at ~에 / 7 a.m. 오전 7시

이 경우에도 'eat 먹는다'를 꾸민다고 할 수 있는가? 이 질문에 대한 답을 찾기 위해 우리는 거꾸로 '번역된 말'인 '부사'의 정의를 찾아 볼 필요가 있다. 국어 사전에는 '부사'가 어떻게 정의되어 있을까?

> **부사**[7] 副詞
> **명사 언어** 언 또는 다른 말 앞에 놓여 그 뜻을 분명하게 하는 품사. 활용하지 못하며 성분 부사와 문장 부사로 나뉜다. '매우', '가장', '과연', '그리고' 따위가 있다.
> [출처 : 표준국어대사전]

이것이 '부사'에 대한 정확한 정의다. 아... 그런데 괜히 찾아본 것 같다. 왠지 더 공부할게 많아져 버린 것 같

지 않은가? 그러나 걱정하지 마시라.

- 용언 = 동사, 형용사

저 국어사전의 정의에서 '**용언**'만 '**동사, 형용사**'로 바꿔 읽으면 된다.

- '부사는 동사, 형용사, 또는 다른 말 앞에 놓여 그 뜻을 분명하게 하는 품사다.'

자, 이제 앞서 제시했던 영어 문장을 다시 소환하겠다.

- I usually eat breakfast at 7 a.m.

'usually'라는 부사가 어떤 말을 꾸미는 지 판단하고 싶다면 일단 이 문장 내에 '동사, 형용사'가 있는지 봐야 한다.

- I 나는 = 대명사
- eat 먹는다 = 동사
- at ~에 = 전치사
- usually 보통, 대개 = 부사
- breakfast = 아침식사를
- 7 a.m. 아침 7시 = 명사

답이 나왔다. 문장 내에 형용사는 아예 없고 동사는 딱 하나 있다. 그래서

- I 나는 / **usually 보통, 대개** / **eat 먹는다** / breakfast 아침을 / at ~에 / 7 a.m. 오전 7시

이 경우 'usually 보통, 대개'라는 부사가 'eat 먹는다'라는 동사를 꾸며주고 있다는 건 사실이다. 그러나

- **Usually 보통, 대개** / I 나는 / eat 먹는다 / breakfast 아침을 / at ~에 / 7 a.m. 오전 7시

이 경우는 설명이 어렵다. 꾸며주는 말은 대개 꾸밈을 받는 말 앞에 오는데 이 문장에서 'usually 보통, 대개' 뒤에 오는 말은 'I 나는'이다. 분명 '부사'는 '동사'와 '형용사' 또는 '다른 말'을 꾸민다고 하지 않았는가? 'I 나는'은 '대명사'다. '대명사'도 '명사'다. 안타깝지만 부사는 명사를 꾸미지 못한다 (한국어에는 예외 사례가 있지만 영어에는 그조차도 없다). 이런 경우 '다른 말'을 넓게 정의해야 한다.

- **Usually 보통, 대개** / **I 나는** / **eat 먹는다** / **breakfast 아침을** / **at ~에** / **7 a.m. 오전 7시**

아예 usually 뒤에 나오는 말 전체를 꾸민다고 하면 어떤가? 합리적이다. 생각해보라 '나는 아침을 오전 7시에 먹는다'까지 말하고 '보통은, 대개는'이라고 살짝 덧붙이면 자연스럽다. 즉, '부사'가 꾸밀 수 있는 것은 '문장'이 되기도 한다.

또 하나 중요한 사실이 있다. 부사는 또 다른 부사도 꾸며줄 수 있다. 이는 한국인인 우리에게 직관적으로 이해하기 쉽다. 다음 문장을 보자.

- 그는 매우 빠르게 달렸다.

여기서 '매우'와 '빠르게'는 모두 부사다. 그런데 무엇이 무엇을 꾸며주는가? '매우'가 '빠르게'를 꾸며준다. 보다 정확히 말하면 '매우'라는 말이 '빠르게'라는 말에 '정도'를 더해준다. 그냥 빠르게도 아니고 '매우 빠르게' 아닌가? 그런데 이는 영어도 마찬가지다.

- He 그는 / ran 달렸다 / **very** 매우 / fast 빠르게

언어 특성상 동사의 위치만 한국어와 다를 뿐 'very fast'라는 두 부사의 위치는 변함이 없다.

여기까지 논의된 내용을 통해 우리는 부사의 속성을 다음과 같이 유추해볼 수 있다.

— 부사는 동사, 형용사, 또 다른 부사, 그리고 문장 전체를 모두 꾸밀 수 있다.
— 부사는 그것이 꾸미고자 하는 말 앞에 붙는 것이 일반적이다.

두 번째 문장에서 '일반적'이라는 말을 굳이 쓴 것은 '부사'의 위치는 다른 품사들에 비해 비교적 자유롭기 때문이다. 이는 뒤에서 설명하겠다. 다음을 보라.

- I 나는 / eat 먹는다 / breakfast 아침을 / **usually** 보통, 대개 / at ~에 / 7 a.m. 오전 7시

이런 경우 'usually 보통, 대개'가 꾸미는 말은 무엇인가? usually 뒤에는 'at ~에'와 '7 a.m. 오전 7시'라는 두 단어가 나왔다. 각 단어의 품사는 다음과 같다.

- at ~에 = 전치사
- 7 a.m. 오전 7시 = 명사

그러면 usually는 'at ~에'라는 '전치사'를 꾸민다는 말인가? 분명 명사를 꾸밀 수는 없으니… 자, 여기에서 정말 중요한 문법 포인트가 나온다.

- at ~에 = 전치사
- 7 a.m. 오전 7시 = 명사

이렇게 두 단어는 각각 다른 품사에 속한다. 그러나 이 둘을 합치면

- at 7 a.m. 오전 7시에 = 부사

CHAPTER 12 **부사**

부사가 된다. '부사'라는 말을 좁게 해석하면 '어떤 단어가 태생적으로 지니고 있는 성질'이 '동사, 형용사, 부사, 그리고 문장'을 수식하는 것이라 할 수 있다. 그러나 좀더 넓게 해석하면 '동사, 형용사, 부사, 그리고 문장'을 수식할 수 있는 '말 덩어리'도 역시 부사다.

- **at 7 a.m.** 오전 7시에 = 두 단어가 만나서 부사가 되었다

이렇게 둘 또는 그 이상의 말을 합쳤을 때 그것이 '부사'의 넓은 정의에 부합한다면 그것도 '부사'다. '부사'에서 '부'는 한자로 '副'인데 '부작용'이라는 말에서 쓰인 '부'와 같은 한자다. '부작용'이라는 게 뭔가? 본래의 작용 이외에 부수되어 일어나는 작용이다. 즉, '부사'의 역할은 어디까지나 '본래의 내용'에 정보를 '더해주는 것'이다.

- I 나는 / usually 보통, 대개 / eat 먹는다 / breakfast 아침을 / at ~에 / 7 a.m. 오전 7시

혹시 이 단어들 중 빼도 의미를 완결하는 데 크게 문제가 없는 게 있는가? 잠시 고민해보시라.

- I 나는 / ~~usually 보통, 대개~~ / eat 먹는다 / breakfast 아침을 / at ~에 / 7 a.m. 오전 7시

필자는 'usually 보통, 대개'가 그에 해당한다고 생각한다. 이 단어가 없어도 'I eat breakfast at 7 a.m. 나는 오전 7시에 아침을 먹는다'라는 의미를 '완결'하는 데 큰 지장은 없다. 즉, 'usually 보통, 대개'는 본래의 내용에 정보를 더해줄 뿐이다.

- I 나는 / eat 먹는다 / breakfast 아침을 / ~~at 7 a.m. 오전 7시에~~

그리고 여기서 다시 'at 7 a.m. 오전 7시에'를 빼도 문장은 망가지지 않는다. 더해진 정보가 사라질 뿐 본래의 내용이 무너지지는 않는다.

- **I 나는** / usually 보통, 대개 / **eat 먹는다** / **breakfast 아침을** / at ~에 / 7 a.m. 오전 7시

그러나 지금 내가 표시한 세 단어 즉, 'I 나는'과 'eat 먹는다' 그리고 'breakfast 아침을'은 어떤가? 저 중에 하나만 지워도 이 문장은 비문이 된다. 저들은 '본래의 내용에 뜻을 더해주는'게 아니라 '본래의 내용'을 구성하는 핵심이기 때문이다.

- usually 보통, 대개
- at 7 a.m. 오전 7시에

그래서 이런 말들을 '부사'라 한다. 첫 번째는 '태생적' 또는 '운명적'부사라 할 수 있고 두 번째는 '후천적' 부

사라 할 수 있다. 'at 7 a.m. 오전 7시에'처럼 어쩌다 보니 둘 이상의 단어가 만나 본의 아니게(?) 부사역할을 하는 경우 '부사구'라고 부른다.

지금까지 보았듯이 '부사(adverb)'는 '명사'를 빼고는 다 꾸민다. 그러니 'adverb'라는 용어를 'add 더하다'와 'verb 동사'의 결합이라는 설명은 엄밀히 말하면 정확하다고 할 수 없다.

이제 보니 John이 부사를 너무 자유롭게 사용한 게 화근이었나 싶다. Youngho 입장으로 돌아가 둘의 대화를 다시 읽어보자.

대화에서 이런 상황은 종종 발생한다. 다시 보면 John의 첫 답변에서 'get up'과 'usually'가 너무 멀리 떨어져있기는 하다. John이 처음부터 'I usually get up at 6 a.m., but I don't always get up that time. 나는 보통 오전 6시에 일어나, 하지만 항상 그 시간에 일어나는 건 아니야'라고 했다면 더 명료했을 것이다. 그러나 부사의 최대 특권(?)은 위치가 자유롭다는 데 있다는 점을 기억해두자.

LESSON 2 드디어 누명을 벗다!

> 누구나 살다 보면 아무것도 하기 싫을 때가 있을 것이다. John이 지금 딱 그런 상태인 것 같다. Youngho는 그런 John의 마음을 재차 확인하고 있다. 두 사람이 무엇에 초점을 맞추고 있는지 잘 들여다보자.
>
> John : Sometimes… I don't want to do anything.
> Youngho : What? Are you exhausted?
> John : Not really, I just sometimes don't want to do things. Sometimes I mean.
> Youngho : You don't always feel the same, do you?

'adverb'가 '부사'가 된 사연은 정말 기구하다. 모든 사건의 시작은 고대 그리스로 거슬러 올라간다. 왜 굳이 거기까지 올라가느냐고 따지고 싶은 분들은 조금 참으시라. 나도 제발 안 거슬러 올라갔으면 좋겠다. 그러나 **현대 영문법은 영어라는 언어를 독자적으로 분석해 정리한 게 아니다.** 서구인들의 영원한 우상이자 로망인 **'그리스어'와 '라틴어'를 '절대 진리'로** 상정하고 **그들의 문법체계에 영어를 강제로 끼워 맞춘 것이다.** 고대 그리스어에는 '말'에 해당하는 단어가 두 개 있었다.

- logos 로고스
- rhema 레마

이 둘은 모두 '말'이라고 번역되는 경우가 많은데, 그 성격에 차이가 있다. 너무 자세히 들어가면 갑자기 신학과 철학으로 빠져버리니 조금 단순하게 설명하겠다.

- logos 로고스 = 생각, 논리, 이성
- rhema 레마 = 말, 표현, 발언

이렇게 보니 어떤가? 성격이 다르다. '논리'나 '표현'이나 어쨌든 '말'로 전개하고 사용하는 것인데 분명 같은 것은 아니다. 그래서 신학, 철학에서는 'logos 로고스'를 '도(道)'라고 번역하기도 한다. 한자 문화권인 우리에게 '도(道)'가 무언가 말로 설명하기 어려운 그 무엇이듯, 그리스인들에게도 'logos 로고스'는 말로 설명하기 어려운 그 무엇이었다. logos 로고스는 영어 단어 'logic 논리'의 어원이기도 하다.

반면 'rhema 레마'는 그 외에 '말'이라 할 수 있는 모든 것을 일컫는다. 그러면 'logos 로고스'가 훨씬 추상적 개념이고 'rhema 레마'가 훨씬 일상적 개념일 텐데 이상하게도 영어에는 'rhema 레마'에서 기원한 단어가 거의 없다. 왜 그럴까? 바로 로마제국 시절 라틴어 학자들이 'rhema 레마'를 'verbum 웨르붐'이라는 자신들의 말로 번역했고 이 단어가 직, 간접적으로 영어에 들어왔기 때문이다. 즉, 영어는 중개인 없이 그리스어를 직수입하지 못한 셈이다. 이제부터 막장 드라마가 시작된다.

아주 먼 옛날, 그리스어 문법체계를 처음 정리할 때의 일이다. 그리스어의 수많은 단어들을 분석하던 학자들은 난관에 봉착한다. 단어들을 성격과 역할에 따라 분류하면서 '명사, 형용사, 전치사…'등 품사를 정리해 나가기 시작했다. **그러던 중 뭔가 딱 하나로 분류하기 어려운 단어들을 만났는데 이들이 바로 동사였다.** 그리스어의 동사는 워낙 다양하고, 변화무쌍하고, 운용체계가 복잡했기 때문이었던 것으로 추정하는데, 그래서 그냥 'rhema 레마'라는 단어로 이들을 지칭했다고 한다.

문제는 그리스어 학자들이 '부사'를 'epirhema 에피레마'라고 이름 지었다는 것이다. 'epi 에피'는 '덧붙이다'를 뜻하고 'rhema 레마'는 말이나 단어를 뜻하니 '덧붙이는 말'이나 '다른 말에 덧붙이는 단어'정도로 해석할 수 있다. 이렇게 보니 틀린 말이 아니다. '부사'의 정의에 잘 부합한다.

그런데 라틴어 학자들이 'rhema 레마'를 'verbum 웨르붐'으로 'epirhema 에피레마'를 'adverbium 아드웨르비움'으로 번역했고, 이를 다시 영문법 학자들이 그대로 수입했다. 그러면 어떤 문제가 생기는가? 영어에는 원래 'word 단어, 말'이라는 독자적 용어가 있었다. 그런데 'verbum'을 수입했으니 이제 이는 오로지 '동사'만을 뜻하게 된다. 그리고 그대로 'verbum'을 변형하여 'verb 동사'라는 용어를 만들고 'adverbium'을 변형하여 'adverb 부사'라는 용어를 만든다.

이렇게 'adverb'라는 용어가 오명을 뒤집어 쓰게 된 것이다. '덧붙이는 동사'라고 봐도 이상하고 '동사에 덧붙이는 말'이라고 봐도 이상하지 않은가?

여기까지 설명을 듣고 나시니 어떤가? 이제 'adverb 부사'라는 용어가 달리 보일 것이다. 만약 adverb가 '동사에 붙는 말'이라면 '부사'는 반드시 동사만을 꾸밀 수 있어야 한다. 그러나 '부사'는 명사를 제외한 모든 말을 꾸밀 수 있다.

- **Yesterday, I went to a very beautiful Italian restaurant.**
  어제, 나는 아주 아름다운 이탈리아 음식점에 갔다.

이 문장에서 부사를 찾아보자.

- **Yesterday**, I went to a **very** beautiful Italian restaurant.
   부사   부사
  어제, 나는 **아주** 아름다운 이탈리아 음식점에 갔다.
   부사   부사

첫 번째 부사 즉, 'yesterday'는 문장 전체를 수식한다. 그리고 두 번째 부사 'very'는 형용사 'beautiful'을 수식한다. **즉, 'adverb'는 '동사에 붙는 말'이 아니다.** 'ad'는 영어의 'to'와 가깝고 'verb'는 사실상 역사를 거슬러 올라가보면 'word'라는 말을 번역한 것이니 'adverb'는 곧 'to word'라 볼 수 있다. 보기만 해도 어떤 단어에 가져다 붙이는 말 같이 생기지 않았는가?

이렇게 보고 나니 새삼 'adverb'를 최초로 '부사'라 번역한 사람이 누구인지 궁금해진다. 근대 시기 대부분의 개념어들은 일본에서 번역했다. 당시 일본의 번역 수준은 정말 놀라울 정도였는데, 기록을 보면 라틴어, 그리스어까지 모두 공부한 당대의 인재들이 치열한 고민과 토론을 통해 한자 한자 신중히 옮겼던 것을 알 수 있다.

언어학도로서 'adverb'의 역사를 추적하여 '부사 副詞'라는 용어를 정립하신 분께 크게 한턱 쏘고 싶다.

부사의 정체를 제대로 알고 나니 둘의 대화가 더 명료하게 이해된다. 집중해서 읽어보자.

John은 부사를 정말 자유롭게 사용하고 있다. Sometimes가 문장 앞에 나오기도 하고, 동사 옆에 나오기도 한다. 전자를 '문장 전체를 수식'하는 것으로, 후자를 '동사'를 수식하는 것으로 보면 된다.

LESSON 3 부사의 형태와 종류

평소보다 보고서 쓰는 속도가 훨씬 빠른 John을 보고 Youngho는 감탄한다. 사실 쓰는 속도가 느려 종종 마감일을 못 맞췄던 John은 최근에 빨리 쓰는 연습을 해왔다. 그런데 둘 사이 특정 단어를 쓰는 방식이 다르다. 여러분은 눈치 채었는가?

> Youngho : You write your report really fast!
>
> John : hahaha…! I wasn't fast before, but I've been practicing recently to meet the deadline.
>
> Youngho : Right, you barely didn't meet the deadline before.
>
> John : I barely met the deadline; however, I never submitted mine too late.

부사의 정체와 역할을 확실히 알았으니 이제 부사를 형태별, 종류별로 보도록 하자. 여기서 분류 기준은 필자가 임의로 설정한 것이 아니라 영어권에서 통용되는 영문법 원서들의 기준을 반영했음을 먼저 밝혀둔다. 먼저 부사를 형태별로 나누면 다음과 같다.

- 선천적 부사: fast, hard, well… 등
- 후천적 부사: quickly, diligently, skillfully... 등

'선천적 부사'란 말 그대로 '태어날 때부터 부사'라는 뜻이다. 이들은 다른 품사로 쓰던 단어를 변형한 게 아니다. 반면 '후천적 부사'란 원래 부사가 아니었던 단어를 변형해서 부사로 만든 단어들을 가리킨다. **형용사에 '-ly'라는 어미를 붙여** 만들었다. 그러다 보니 영어에는 비슷한 뜻을 가진 부사가 두 개씩 있는 경우가 있다. 다음을 보라.

- You returned fast. 너 빨리 돌아왔구나.
- You returned quickly. 너 빨리 돌아왔구나.

두 문장은 사실상 같은 뜻이다. 이 중 선천적 부사인 'fast 빨리'는 '빠른'을 뜻하는 형용사로 쓰이기도 한다. 반면 후천적 부사인 quickly는 'quick 빠른'이라는 형용사에 '-ly'를 붙여 부사로 만든 것이다. Fast와 quickly 중 **무엇을 쓸지 결정하는 건 화자 마음이다.**

잠시 짚고 넘어가야 할 것이 있다. 이 예시만 보면 선천적 부사는 모두 의미 변화 없이 형용사와 부사로 품사만 바꾸어 쓸 수 있다고 오해할 수도 있을 것 같다. 하지만 모든 '선천적 부사'들이 그런 것은 아니다. Fast는 '빠르다'라는 공통 의미를 토대로 '빠른 (형용사)'과 '빨리(부사)'로 품사만 바꾸어 쓸 수 있지만, hard, right, well 등은 그렇지 않다. 다음을 보라.

- The door is hard. 그 문은 단단하다.
- He shut the door hard. 그는 그 문을 세게 닫았다.

첫 번째 문장에서 'hard'는 형용사다. '단단한'을 뜻한다. 반면 두 번째 문장에서 'hard'는 부사다. '세게'를 뜻한다. Hard는 부사로 쓰일 때 '열심히'를 뜻하기도 한다.

- She studied hard for the exam. 그녀는 시험을 위해 열심히 공부했다.

물론 '단단한, 세게, 열심히' 사이에 **공통된 '느낌'은 있다.** 느슨하거나 말랑말랑하지 않다. 그 반대다. 즉, 딱딱하고 세차다. 선천적 부사의 대부분은 이렇게 **'공통 의미'를 바탕에 두고 가지를 뻗어 나간다.**

- He is right. 그가 옳다.
- The answer is right here. 정답은 바로 여기에 있다.

첫 번째 문장에서 right은 형용사로 '옳은'을 나타낸다. 두 번째 문장에서 right은 '바로'를 뜻하는 부사다. 둘 사이에는 무슨 공통점이 있을까? 한국말 '옳은'이 '오른'과 같은 뿌리에서 나왔듯, 영어 'right'도 '옳은'과 '오른'을 모두 뜻한다. 그리고 인류가 오랫동안 '오른쪽'을 '바른 쪽'이라고 생각했기에 right은 '(다름 아닌) 바로'라는 뜻도 갖게 되었다. '공통 의미'에 바탕을 두고 여러 방식으로 가지를 뻗어 나간 것이다.

- She is well. 그녀는 건강하다.
- She lives well. 그녀는 잘 산다.

첫 번째 문장에서 'well'은 '건강한'을 뜻하는 형용사고 두 번째 문장에서 'well'은 '잘'을 뜻하는 부사다. 이 또한 '잘못되지 않은'이라는 공통 의미를 바탕에 두고 있다. 다음은 어떤가?

- She is pretty. 그녀는 예쁘다.
- She is pretty smart. 그녀는 꽤 똑똑하다.

첫 번째 문장에서 'pretty'는 '예쁜'을 뜻하는 형용사고 두 번째 문장에서 'pretty'는 '꽤'를 뜻하는 부사다. 물론 둘 다 '긍정'에 가깝다는 공통점이 있으나 앞서 나온 단어들에 비해 공통 의미가 명료히 보이지는 않는다. 각 품사로 분화된 지 오래 되었다는 증거다. 생명체도 종이 분화하고 시간이 많이 지나면 차이점이 점점 많아지지 않는가? 단어도 그렇다. 또 다른 예를 보자.

- The ground is even. 그 땅은 평평하다.
- I like even numbers. 나는 짝수가 좋다.
- I don't even like it. 나는 그것을 심지어 좋아하지도 않는다.

Even은 형용사로도 두 가지 꽤 다른 의미를 나타내는데, 첫 번째와 두 번째 문장이 그 예시다. 'The ground is even'에서 'even'은 '평평한'을 뜻하는 형용사고, 'I like even numbers'에서 'even'은 '짝수의'를 뜻하는 형용사다. 물론 이 둘도 **'고른, 균등한'이라는 공통 의미**를 바탕에 두고 있으나 언뜻 봐서는 무관해 보일 수도 있다. 그런데 세 번째 문장 'I don't even like it'에서 'even'은 '심지어 ~도'를 뜻하는 부사다. 이는 앞서 본 '고른, 균등한'과 어떠한 관계도 없어 보인다. 이 또한 **품사가 분화된 지 오래 되었다는 증거다**. 정리하자면 '선천적 부사' 중에는 'fast 빠른, 빨리'처럼 의미 변화 없이 품사만 바꾸어 쓸 수 있는 것도 있지만 대부분 각 품사로 쓸 때 뜻이 다르고, 개 중에는 쉽게 공통 의미를 찾을 수 없는 것도 있다. 반면 '후천적 부사'들은 길이는 길지만 비교적 단순한 메커니즘을 따른다. 다음을 보라.

- Quick: 빠른 (형용사) → Quickly: 빨리 (부사)
- Diligent: 성실한 (형용사) → Diligently: 성실하게 (부사)
- Skillful: 능숙한 (형용사) → Skillfully: 능숙하게 (부사)

형용사 형태에 '-ly'를 붙이면 큰 의미 변화 없이 부사로 사용할 수 있다. 편리하지 않은가? 그래서 영어에는 **후천적 부사가 압도적으로 많다**. 쓰기 편리하니 계속 늘어난 것이다.

지금까지 '형태'에 초점을 두고 부사를 크게 두 가지로 분류해 보았다. 이제부터는 '역할'에 초점을 맞추어 부사를 살펴보도록 하자. 영어에서 부사가 하는 역할을 크게 7가지로 나누면 다음과 같다.

- **Manner (방식): 행동이나 상태가 '어떻게' 이루어지는지 나타냄**
  → slowly, fast, loudly, softly, carefully 등

- **Frequency (빈도): 얼마나 자주 발생하는지 나타냄**
  → always, often, sometimes, seldom, hardly, never 등

- **Time (시간): 발생하는 시간을 나타냄**
  → yesterday, today, tomorrow 등

- **Place (장소): 발생하는 장소를 나타냄**
  → here, there, inside, outside 등
- **Degree (정도): 행동이나 상태의 강도나 정도를 나타냄**
  → very, too, almost, nearly, completely 등
- **Focusing (초점): 문장의 특정 부분에 초점을 맞춤**
  → also, exclusively, just, mostly, notably, primarily 등
- **Conjunctive (접속): 문장들 사이의 관계를 나타냄**
  → then, however 등

조금 감이 오는가? 이제 각 역할을 예문과 함께 이해해보도록 하자.

- **Manner (방식) 행동이나 상태가 '어떻게' 이루어지는지 나타냄**

'행동'은 주로 일반동사로, '상태'는 대부분 be동사로 나타낸다. 그리고 그 방식을 나타내는 부사들이 이 카테고리에 속한다. 첫 번째 예문을 보자.

- He finished his work quickly. 그는 일을 빠르게 끝냈다.

'He 그'의 행동을 'finish 끝내다'라는 일반동사로 나타냈다. 그리고 그 행동이 '어떻게' 이루어지는지 나타내는 단어가 'quickly 빠르게'이다. 이를 토대로 다음과 같은 대화를 만들어 볼 수도 있다.

- A: He finished his work. 그는 자신의 일을 끝냈어.
  B: How? 어떻게?
  A: Quickly. 빠르게

즉, 'manner 방식'에 속하는 부사들은 'how?'에 답으로 쓸 수 있는 말들이라 이해하면 편하다. 다음을 보자.

- The sun sets slowly in the horizon. 해가 지평선에서 천천히 지고 있다.

주어 'the sun 해'의 운동을 나타내는 동사는 'set 지다'이다. 해가 '행위'를 한다고 말하면 조금 어색한 것 같아 여기서는 '운동'이라는 말을 썼음을 이해해주시기 바란다. 어쨌든 'the sun 해'의 행위나 상태 변화의 방식을 나타내는 단어가 'slowly 천천히'이므로 역시 다음과 같은 대화가 성립한다.

- A: The sun sets in the horizon. 해가 지평선에서 지고 있다.
- B: How? 어떻게?
- A: Slowly. 천천히

이 정도면 'manner 방식'에 속하는 부사에 대한 설명은 충분히 했다고 본다. 이 패턴을 벗어나지 않기 때문이다. 이제 다음 카테고리로 넘어가자.

- **Frequency (빈도) 얼마나 자주 발생하는지 나타냄**

영문법 교과서 등에서 상당한 권력을 차지하고 있는 부사들이 여기 속한다. '빈도'는 어떤 일이 되풀이 되는 정도를 뜻한다. 첫 번째 예문을 보자.

- She always smiles in the morning. 그녀는 아침에 항상 웃는다.

주어 'she 그녀'의 행위 'smile 웃다'는 어느 정도 되풀이 되는가? 그걸 나타내는 단어가 'always 항상'이다. 문장 전체를 보아 그녀는 'always 항상' 아침에 웃는다. 그러면 인간 세상의 상식으로 그녀는 '매일 아침 웃는다'는 것을 알 수 있다. 이게 'frequency 빈도'에 속하는 부사들이 하는 역할이다. 다음 문장은 어떤가?

- I usually drink coffee at breakfast. 나는 보통 아침에 커피를 마신다.

주어 'I 나'의 행위 'drink 마시다'는 어느 정도 되풀이 되는가? 그걸 나타내는 단어가 'usually 보통'이다. 문장 전체를 보아 나는 'usually 보통' 아침식사를 하면서 커피를 마신다. 그러면 인간 세상의 상식으로 나는 '다른 일이 있지 않는 한 거의 매일 아침식사 때 커피를 마신다'는 것을 알 수 있다.

- He often visits the park. 그는 자주 공원을 방문한다.

주어 'he 그'의 행위 'visit 방문하다'는 어느 정도 되풀이 되는가? 그걸 나타내는 단어가 'often 자주'이다. 문장 전체를 보아 그녀는 'often 자주' 공원을 방문한다. 그러면 인간 세상의 상식으로 그는 '매일은 아니지만 빈번하게 공원을 방문한다'는 것을 알 수 있다. '빈번하게'가 이틀에 한번을 뜻하는지, 한 달에 두 번을 뜻하는지는 맥락을 통해서만 알 수 있다. 빈도는 추상적 개념이고 인간은 추상적 개념을 물질처럼 정의하고 나누지 못하기 때문이다. 따라서 often을 '자주'라고 번역할지, '흔히, 보통'으로 번역할지도 모두 인간에게 달렸다. 우리도 '자주, 흔히, 보통'이 정확히 얼마나 서로 다른 단어들인지 다 알지 못한다. 이런 '말'에 매몰되지 말라. 다음을 보자.

- Sometimes it rains in summer in this city. 여름에 이 도시에 가끔 비가 온다.

날씨를 표현할 때는 아무 의미 없는 주어 'it'을 쓴다. 이를 '비인칭 주어 impersonal subject'라고 하는데, 그냥 'rain 비오다'라고만 하면 주어 자리가 허전하니까 세워 놓은 허수아비라 보면 된다. 어쨌든 이 문장에서 동사는 'rain 비오다'이다. 이게 어느 정도 되풀이 되는가? 그걸 나타내는 단어는 'sometimes 가끔'이다. 문장 전체를 보아 여름에 이 도시에는 'sometimes 가끔' 비가 온다는 것을 알 수 있다. 이게 언제 한번 온다는 말인지는 정확하지 않다. 사람마다 '가끔'의 기준도 다르기 때문이다.

그런데 이제부터는 비교적 뜻이 뚜렷한 부사들이 나온다.

- He seldom watches TV. 그는 거의 TV를 보지 않는다.

사실 'seldom'은 번역하기 정말 어려운데 굳이 한다면 '아주 가끔'정도 된다. 그런데 '아주 가끔'은 곧 거의 안 한다는 말과 같다. 그래서 seldom이 들어간 문장은 그런 식으로 번역되곤 한다. 이 문장에서 주어 'he 그'는 거의 TV를 보지 않는다. 이 정도의 기준은 사람마다 다르겠지만 어딘가 뚜렷해 보이기도 한다. Always, usually, often, sometimes와 달리 'seldom 아주 가끔'부터는 **사실상 '부정'의 뉘앙스**를 풍긴다. 이때부터 인간은 직관적으로 무언가를 더 잘 느끼는 듯 하다.

- She rarely eats out. 그녀는 드물게 외식을 한다.

이 문장에 쓰인 'rarely'역시 번역하기 어려운 단어다. 정확한 뉘앙스는 '거의 ~않게'에 가깝다. 대부분의 원어민들은 rarely가 seldom보다 더 드문 정도를 나타낸다고 생각한다. 드디어 이 단어가 나왔다.

- They never argue. 그들은 결코 다투지 않는다.

주어 'they 그들'의 행위 'argue 다투다'는 어느 정도 되풀이 되는가? 상식을 갖춘 사람이라면 그게 무슨 말도 안 되는 질문이냐 반문할 것이다. Never은 숫자로 표현하면 '0'이다. 즉, 그들은 절대 다투지 않는다. 다툼이 일어나는 정도는 0이다. 지금까지 다룬 부사들을 순서대로 배열하면 다음과 같다.

Always 항상, 늘 – Usually 보통, 대개 – Often 자주 – Sometimes 때때로, 가끔 – seldom 아주 가끔 – rarely 더 아주 가끔 – never – 절대

이 순서가 일반적으로 영어 원어민들이 인식하는 **'높은 빈도'에서 '낮은 빈도'순으로 단어를 배열한 것**이다. 여러 번 읽어보고 감을 익히기 바란다.

- **Time (시간) 발생하는 시간을 나타냄**

이 카테고리에 속한 부사들은 쉽게 말해 'when?'에 대한 대답과도 같다. 다음을 보라.

- Start your test now. 지금 시험을 시작하세요.

'Start 시작하다'가 시작되는 시점이 'when?'언제냐고 묻는다면 당신은 어떻게 답하겠는가? 당연히 'now 지금'이라 할 것이다. 이를 토대로 다음과 같은 대화를 만들어 볼 수 있다.

- A: Start your test. 시험을 시작하세요.
  B: When? 언제요?
  A: Now. 지금요.

또 다른 예를 보자.

- I'll do it later. 나중에 할게요.

주어 'I 나'의 행위 'do 하다'가 이루어지는 시점은 'when?'언제인가? 답은 'later 나중에'다. 마찬가지로 다음과 같은 대화를 만들 수 있다.

- A: I'll do it. 그걸 하겠다.
  B: When? 언제?
  A: Later. 나중에

이 정도만 설명하고 넘어가면 필자야 편하겠지만, 시간을 나타내는 부사를 익히려면 반드시 같이 생각해봐야 할 것이 있다. 바로 '시제와 상'이다. '시제'는 '현재, 과거, 미래'를 나타내는 개념이고 '상'은 '진행, 완료'를 나타내는 개념이다. 다음을 보라.

- She has been feeling better recently. 그녀는 최근에 기분이 나아졌다.

이 문장을 토대로 만든 대화는 다음과 같다.

- A: She has been feeling better. 그녀는 기분이 나아졌다.
  B: When? 언제?
  A: What? 뭐?

자세히 보라. A의 첫 대사에 'when?'이라 물을 수 있는가? '나아졌다'는 말을 물론 어느 순간에 발생한 감정 상태의 변화라 볼 수도 있지만 '...has been feeling...'부분을 보면 그녀는 어느 시점에 감정상태가 변하기 시작했고 현재까지 이어져오고 있음을 알 수 있다. 따라서 대화를 다음과 같이 바꿔야 한다.

- A: She has been feeling better. 그녀는 기분이 나아졌다.
  B: From when? (or since when?) 언제부터? (또는 언제 이래로?)
  A: From~ (or since~) ~부터 (또는 ~이래로)

이렇게 'from ~부터'나 'since ~이래로'라는 말과 어울리는 부사가 'recently 최근에'이다. 보통 'recently 최근에'라는 말을 할 때는 과거 어떤 시점에서 발생하여 그 일이 현재 영향을 미치고 있는 맥락인 경우가 많다. **그런데 'recently 최근에'라는 말은 약간 중의적이다.** 가까운 과거 어느 시점을 찍어서 얘기하는 경우에도 어울린다. 그러다 보니 'recently 최근에'는 단순 과거시제와도 잘 어울린다. 다음을 보라.

- I received a call from her recently. 나는 최근에 그녀에게서 전화를 한 통 받았다.

이 문장을 토대로 대화문을 만들면 다음과 같다.

- A: I received a call from her. 나는 그녀에게서 전화를 한 통 받았다.
  B: When? 언제?
  A: Recently. 최근에.

전혀 어색하지 않다. 따라서 recently는 'when?'과 'from when, since when?'라는 질문에 모두 답이 되는 단어라 생각하는 게 옳다. 단순 과거시제를 쓸지 현재완료를 쓸지, 현재완료 진행형을 쓸지 결정하는 것은 당신이 쓰고자 하는 동사의 성격이다. 확실한 시점을 정하기 어려운 'feel better 나아지다'같은 말은 현재완료를 쓰는 것이 좋고 'receive 받다'처럼 행위의 시점이 뚜렷한 동사를 쓸 때는 단순 과거시제를 써도 된다.

이와 비슷한 부사로는 'already 이미, 벌써'와 'just 바로, 막' 그리고 'yet 아직'등이 있다. 아래 예문을 통해 단순 과거시제와 현재완료 표현에 모두 쓸 수 있음을 익히도록 하자.

Recently

단순 과거
- She recently visited her grandparents.
  그녀는 최근에 조부모님을 방문했습니다.

현재완료
- I have recently started a new job.
  저는 최근에 새 일을 시작했습니다.

현재완료 진행형
- They have been working recently on a new project.
  그들은 최근에 새 프로젝트에 작업하고 있습니다.

Already

단순 과거
- He already left when I arrived.
  저 도착했을 때, 그는 이미 떠났습니다.

현재완료
- We have already completed the report.
  우리는 이미 보고서를 완성했습니다.

현재완료 진행형

- She has already been preparing for the exam for hours.
  그녀는 이미 몇 시간 동안 시험 준비를 하고 있습니다.

Just

현재완료

- He just finished his homework.
  그는 막 숙제를 끝냈습니다.

현재완료

- I have just heard the news.
  저는 방금 뉴스를 들었습니다.

현재완료 진행형

- They have just been discussing the issue.
  그들은 방금 문제에 대해 토론하고 있었습니다.

Yet

단순 과거

- Did you meet him yet?
  당신은 이미 그를 만났습니까?

현재완료

- We haven't seen the results yet.
  우리는 아직 결과를 보지 못했습니다.

현재완료 진행형

- Have they been informed about the changes yet?
  그들은 아직 변경 사항에 대해 알려져 있습니까?

- **Place (장소) 발생하는 장소를 나타냄**

이 카테고리에 속한 부사들은 쉽게 말해 'where?'에 대한 대답과도 같다. 다음을 보라.

- Please sit here. 여기에 앉으세요.

'Sit 앉다'라는 행위가 이루어지는 장소가 'where?' 어디냐고 묻는다면 당신은 어떻게 답하겠는가? 당연히 'here 여기'이라 할 것이다. 이를 토대로 다음과 같은 대화를 만들어 볼 수 있다.

- A: Please sit. 앉으세요.
- B: Where? 어디요?
- A: here 여기요.

또 다른 예를 보자.

- The book is there. 그 책은 저기에 있어요.

주어 'the book 그 책'이 존재 'is 있다'하는 장소는 'where?'어디인가? 답은 'there 저기에'다. 마찬가지로 다음과 같은 대화를 만들 수 있다.

- A: The book is… 그 책이 있는데…
- B: Where? 어디요?
- A: there! 저기요!

여기까지만 설명하고 끝나면 얼마나 좋겠는가! 그러나 이제부터 주의해야 할 사항을 알려드려야 한다. 잘 보시라!

- Go home. 집에 가라.

혹시 이 문장에서 왜 'to'가 없는지 아시는 분 계신가? '집에 가라'는 말을 영어로 하면 'to 에'를 써야 할 것 같은데, 영어로는 그렇게 잘 말하지 않는다. 왜 그럴까? 다음을 보라.

- Hom 집을
- Home 집에

원래 옛 영어에서는 '집을'이라는 뜻을 표현할 때 'hom'이라는 형태를 썼고 '집에'라는 뜻을 표현할 때 'home'라는 형태를 썼다. (물론 지역 방언마다 형태와 발음이 다 달랐고, 철자법도 이것과 달랐지만 이해를 위해 너무 자세한 설명은 생략한다.) 그러니 그때는 다음과 같은 문장을 쓸 수 있었다.

- I own a hom. 나는 집을 하나 가지고 있다.
- I go home. 나는 집에 간다.

즉, 'home'에서 맨 끝 '-e'를 보고 '~에'라는 뜻인지 파악할 수 있었기 때문에 굳이 'to'를 쓰지 않아도 되었다는 말이다. **그런데 세월이 지나면서 이 두 형태가 하나로 합쳐지게 된다.**

- Home

따라서 오늘날 우리는 이 단어를 보고 이게 '집이'인지 '집을'인지 '집에'인지 알 수 없다. 그건 맥락으로 파악해야 한다.

- **Home** is the best. **집이** 최고다.
  I own a **home**. 나는 **집을** 하나 가지고 있다.
  I go **home**. 나 **집에** 간다.

이해가 되었는가? 그리고 'place 장소' 카테고리에 속하는 부사들의 대부분은 이와 같은 원리로 작동한다.

- **Here** is the best. **여기가** 최고다.
  → 'here'이 주어로 쓰였다. 즉, 이 'here'은 주격이며 명사다.

- I am **here**. 나는 여기에 있다.
  → 'here'앞에 전치사가 없어도 '여기에'라는 뜻이 된다. 이 'here'은 부사다.

- You should go in **there**! 네가 거기 안으로 들어가야지!
  → 'there 거기'앞에 전치사 in이 붙었다. 이 'there'은 명사다.

- I don't want to go **there**. 나는 거기에 가기 싫다.
  → 'there'앞에 전치사가 없어도 '거기에'라는 뜻이 된다. 이 'there'은 부사다.

사정이 이렇다 보니 우리 한국인들이 영어를 쓸 때 어찌 고민이 없겠는가? '거기로 가라'가 그냥 'go there'이라니! 그런데 '거기 안에'는 또 'in there'이라니!
이런 식으로 철자와 발음은 같은 데 품사가 바뀌는 '장소를 나타내는 부사들'의 예시를 여럿 보여드리겠다. 여러 번 읽어보고 넘어가시기 바란다.

Everywhere

- 부사: Birds were singing **everywhere**. **어디에서나** 새들이 노래하고 있었다.
  명사: We searched **everywhere** for the keys. 열쇠를 찾기 위해 **모든 곳을** 수색했다.

Somewhere

- 부사: Let's sit **somewhere** in the sun. 태양이 비치는 **어딘가에** 앉자.
  명사: There must be a **somewhere** we can go. 갈 수 있는 **어딘가가** 있을 것이다.

Anywhere

- 부사: You can find these products **anywhere**. 이 제품들은 **어디에서나** 찾을 수 있다.
  명사: Is there an **anywhere** I can hide? 숨을 수 있는 **어딘가가** 있나요?

Outside
- 부사: The kids are playing **outside**. 아이들이 **밖에서** 놀고 있다.

  명사: The **outside** of the building is impressive. 건물의 **외부가** 인상적이다.

  형용사: She prefers an **outside** seat. 그녀는 **외부의** 좌석을 선호한다.

  전치사: We waited **outside** the theater. 우리는 극장**의 바깥**에서 기다렸다.

Inside
- 부사: The temperature is warmer **inside**. **안에서** 더 따뜻하다.

  명사: The **inside** of the cave was dark. 동굴 **안은** 어두웠다.

  형용사: He has an **inside** tip on the stock. 그는 주식에 대한 **내부의** 정보를 가지고 있다.

  전치사: We looked **inside** the box. 우리는 상자**의 안**을 들여다보았다.

Above
- 부사: The clouds floated **above**. 구름이 **위에** 떠다녔다.

  명사: The **above** is clearer today. 오늘 하늘 **위쪽이** 더 맑다.

  형용사: She has **above** average intelligence. 그녀는 평균 **이상의** 지능을 가지고 있다.

  전치사: The painting hung **above** the fireplace. 그 그림은 벽난로**의 위**에 걸려 있었다.

Below
- 부사: The sun sank **below**. 해가 **아래로** 내려갔다.

  명사: We explored the **below**. 우리는 그 **아래쪽을** 탐험했다.

  전치사: The fish swim **below** the surface. 물고기들이 수면**의 아래**에서 헤엄친다.

  형용사: The **below** deck area was completely dark. **아래쪽의** 갑판은 완전히 어두웠다.

Nearby
- 부사: There's a restaurant **nearby**. **근처에** 식당이 있다.

  명사: The **nearby** was quiet and peaceful. **근처는** 조용하고 평화로웠다.

  형용사: We chose a **nearby** hotel. 우리는 **근처의** 호텔을 선택했다.

  전치사: She lives **nearby** the school. 그녀는 학교**의 근처**에 산다.

- **Degree (정도)** 행동이나 상태의 강도나 정도를 나타냄

이 카테고리에 속한 부사들은 '얼마나?'에 대한 대답과도 같다. 다음을 보라.

- She is very intelligent. 그녀는 매우 똑똑하다.

'is intelligent 똑똑하다'라는 특성의 정도가 '얼마나?' 그러하냐고 묻는다면 당신은 어떻게 답하겠는가? 당연히 'very 매우'라 할 것이다. 이를 토대로 다음과 같은 대화를 만들어 볼 수 있다.

- A: She is intelligent. 그녀는 똑똑하다.
  B: How much? 얼마나요?
  A: Very 매우요.

이 대화에서 B는 'how much?'라고 물었는데, 무엇의 강도나 정도를 묻는지에 따라 질문을 바꾸어야 할 때가 많다. 한국어는 '얼마나?'라는 질문 하나로 강도나 정도를 대부분 물을 수 있지만 영어는 그렇지 않다. 다음을 보라.

- He almost missed the bus. 그는 거의 버스를 놓칠 뻔했다.

주어 'he 그'가 'miss 놓치다'하는 정도가 어떤가? 답은 'almost 거의'다. 이를 토대로 다음과 같은 대화를 만들 수 있다.

- A: He missed the bus. 그는 버스를 놓쳤어.
  B: Really? 정말?
  A: Almost 거의 (그럴 뻔 했지)

마치 A가 B를 놀리는 것 같지만 논리적 오류는 없다. 비슷한 예를 보도록 하자.

- He was nearly finished with his project. 그는 프로젝트를 거의 끝마쳤다.

주어 'he 그'가 'finish 끝마치다'하는 정도가 어떤가? 답은 'nearly 거의'다. 이를 토대로 다음과 같은 대화를 만들 수 있다.

- A: He was finished with his project. 그는 프로젝트를 끝냈어.
  B: Really? 정말?
  A: Nearly 거의 (하하! 완전히는 아니고)

역시 A가 B를 놀리는 것 같지만 논리적 오류는 없다. 다만 처음 말한 것이 사실에 부합하지 않을 뿐이다. 이런 예를 제외하면 '정도 degree'를 나타내는 부사들은 대부분 'how much?'에 대한 답과도 같다. 다음을 보라.

- The movie was quite interesting. 그 영화는 꽤 흥미로웠다.

주어 'the movie 그 영화'가 'was interesting 흥미로웠다'는 정도가 어떤가? 답은 'quite 꽤'다. 이를 토대로 다음과 같은 대화를 만들 수 있다.

- A: The movie was interesting. 그 영화는 흥미로웠어.
  B: How much? 얼마나?
  A: Quite. 꽤나.

이 정도가 이번 카테고리에서 다뤄야 할 내용의 99%다. 그럼 나머지 1%는 무엇인가? 다음과 같은 별종이다.

- She could barely hear the music. 그녀는 음악을 ??? 들을 수 있었다.

주어 'she 그녀'가 'could hear 들을 수 있었다'는 정도가 어떤가? 답은 'barely'다. 여기서 중요한 건 'barely'의 뜻이다. **Barely는 사실 '거의 ~않다'라는 뜻에 가깝다**. 그래서 이 문장을 맛깔 나게(?) 번역하면 다음과 같다.

- She could barely hear the music. 그녀는 음악을 거의 들을 수 없었다.

이렇게 단어 자체에 부정의 뉘앙스가 들어있는 부사들은 해석할 때 주의하기 바란다. '겨우, 간신히 들을 수 있었다'와 '거의 들을 수 없었다'는 다른 말이다. Barely와 비슷하게 쓰이는 부사들을 예문과 함께 보여드리며 이번 카테고리 설명을 마치고자 한다.

Hardly
- I could hardly understand his accent.
  나는 그의 발음을 거의 이해할 수 없었다."

Rarely
- She rarely visits her hometown."
  그녀는 고향을 거의 방문하지 않는다.

Scarcely
- He had scarcely any money left.
  그는 거의 돈이 남아 있지 않았다.

- **Focusing (초점) 문장의 특정 부분에 초점을 맞춤**

이 카테고리에 속하는 부사들은 특정 부분에 초점을 맞추는 역할을 한다. 내용을 보고 부사를 통해 무엇을 전달하고자 하는지 잘 파악해야 한다. 다음을 보라.

- She only eats vegetarian food. 그녀는 오직 채식 요리만 먹는다.

여기서 'only 오직'은 문장의 어느 부분에 초점을 맞추고 있는가? 문법적으로만 보면 'only 오직'은 'eat 먹다'를 뜻하는 동사를 수식한다 볼 수 있다. 그러나 실제 'only 오직'이 들어감으로써 문장에서 우리는 'vegetarian food 채식 요리'에 주목하게 된다. 이를 토대로 다음과 같은 대화를 만들어 볼 수 있다.

- A: What does she eat? 그녀는 무엇을 먹는가?
  B: Only vegetarian food. 채식 요리만

원칙상 부사는 명사를 꾸밀 수 없다. 그러나 B의 대사는 그런 게 아니다. 그녀가 'eat 먹다'라는 행위를 한정적으로 함을 알려줄 뿐이다. 이런 경우 only는 문장 맨 끝으로 가기도 한다.

- She eats vegetarian food only. 그녀는 오직 채식 요리만 먹는다.

부사의 이상적인 위치가 동사 옆이긴 하나, 그 부사의 성격에 따라 다른 곳에 써 주어야 의미전달이 더 잘 되는 경우가 있다. 다른 예도 보도록 하자.

- He also wants to join the team. 그도 팀에 가입하고 싶어한다.

이 문장에서 'also'가 강조하는 단어는 무엇일까? 원칙상 부사는 명사를 꾸밀 수 없으나 내용상 also는 주어 'he 그'를 강조하고 있다. '그도' 팀에 가입하고 싶어한다는 것이 이 문장의 핵심이다. 이렇게 'focusing (초점)'을 나타내는 부사들은 유연하게 접근하고 해석해야 한다.

- Our customers are mainly young adults. 우리의 고객은 주로 젊은 성인이다.

이 문장도 마찬가지다. 'Manly 주로'라는 부사가 강조하는 단어는 무엇인가? 사실상 'our customers 우리의 고객들'이다. 우리 고객들의 구성을 보면 'young adults 젊은 성인'이 대부분임을 나타내고 있다. 즉, 이 문장은 이렇게 바꾸어 쓸 수도 있다.

- Our main customers are young adults. 우리의 주된 고객은 젊은 성인이다.

형용사로 바꾸어 보니 어떤 단어를 수식하는지 명료히 보인다. 이처럼 형용사로 바꾸었을 때 그 의미가 더 잘 드러나는 부사들을 예문과 함께 보여드리도록 하겠다.

Especially (특히)

- I love fruits, especially apples.
  나는 과일을 좋아해, 특히 사과를.

- Apples are my special favorite among fruits.
  사과는 과일 중에서 내가 특히 선호하는 것이야.

Solely (오로지)

- This decision is solely yours.
  이 결정은 오로지 당신의 것이다.

- This decision is your sole responsibility.
  이 결정은 당신의 오로지 책임입니다.

Specifically (구체적으로)

- I came here specifically to see you.
  나는 구체적으로 당신을 보러 여기에 왔다.

- My specific purpose was to see you.
  내 구체적인 목적은 당신을 보는 것이었습니다.

- **Conjunctive (접속) 문장들 사이의 관계를 나타냄**

이 카테고리에 속한 부사들은 매우 중요하다. 특히 영어로 글을 쓸 때 단순한 접속사보다 이 부사들을 쓸수록 높은 평가를 받는다. 예문을 통해 하나 하나 자세히 살펴보자.

- Furthermore, the project will benefit the community.
  게다가, 이 프로젝트는 지역사회에 이익이 될 것입니다.

이 문장은 'furthermore 게다가'라는 부사로 시작한다. 이는 곧 앞서 어떤 문장이 나왔음을 나타낸다. 아무 말 없이 전체 내용을 'furthermore 게다가'라고 시작할 수는 없다. 따라서, 우리는 다음과 같은 문장을 상상해 볼 수 있다.

- The project is important. Furthermore, the project will benefit the community.
  이 프로젝트는 중요합니다. 게다가, 이 프로젝트는 지역사회에 이익이 될 것입니다.

즉 'furthermore 게다가'는 앞서 나온 말에 추가적인 정보를 더할 때 사용된다. 더 정확히 말하면 '이전 정보와 일관성 있거나 보완적인 내용을 연결하는 데' 사용된다. 그런데 이런 'conjunctive 접속' 역할을 하는 부사들은 특이하게 **문장 중간에** 이렇게 쓸 수도 있다.

- The project is important; furthermore, it will benefit the community.
  프로젝트는 중요합니다; 게다가, 이것은 지역사회에 이익이 될 것입니다.

문장이 하나 나오고 '세미콜론 semicolon'을 찍는다. 그리고 부사를 쓰고 '콤마 comma'를 쓴 뒤 문장을 하나 더 쓴다. '콤마 comma'는 읽는 사람이 문장을 더 쉽게 이해하기 위해 찍는 것에 불과하다. 그런데 '세미콜론 semicolon'은 뭘까? 일반적인 설명은 다음과 같다.

> 세미콜론 (Semicolon)은 두 절이 서로 밀접한 관계에 있음을 나타낸다. 각 절을 독립적으로 쓸 수도 있지만 세미콜론을 쓰면 둘을 더 강하게 연결할 수 있다. 두 문장 사이의 논리적 관계를 강조한다.

이를 알기 쉽게 풀자면 다음과 같다.

- The project is important. Furthermore, the project will benefit the community.
  이 프로젝트는 중요합니다. 게다가, 이 프로젝트는 지역사회에 이익이 될 것입니다.

이렇게 쓰면 각 문장이 따로 노는 느낌이 난다. 첫 문장이 마침표 (period)로 한번 끝나기 때문이다. 그런데

- The project is important; furthermore, it will benefit the community.
  프로젝트는 중요합니다; 게다가, 이것은 지역사회에 이익이 될 것입니다.

이렇게 쓰면 그보다 더 강하게 연결된 느낌이 난다. **세미콜론의 생김새를 자세히 보면 마침표와 쉼표를 합쳐 놓았다. 즉, 마침과 연결의 중간 상태를 표현하는 것이다.** 그러므로 두 절을 마침표로 끊어 놓았을 때보다 더 긴밀하게 연결된 것으로 보이고 논리적 관계도 더 강조된다.

이것이 'conjunctive 접속'역할을 하는 부사에 대해 알아야 할 전부다. 아, 물론 이 카테고리에 있는 부사들은 구어체나 특정 문체에서 문장 끝에 나오기도 한다. 그러나 그런 표현법은 현재 '비표준'으로 규정되어 있으므로 여기서는 따로 공들여 설명하지 않기로 한다.

Moreover (게다가)
- 추가적인 정보를 제공하거나 이전의 주장을 강화할 때 사용한다.

- Moreover, the team worked tirelessly.
  게다가, 팀은 끊임없이 노력했습니다.

- The team worked hard; moreover, they worked tirelessly.
  팀은 열심히 일했습니다; 게다가, 그들은 끊임없이 노력했습니다.

Likewise (마찬가지로)
- 앞서 언급된 사항이나 상황과 유사하거나 관련된 다른 사항을 나타낼 때 사용한다.

- Likewise, our goals align with yours.
  마찬가지로, 우리의 목표는 여러분의 목표와 일치합니다.

- Our goals are similar; likewise, they align with yours.
  우리의 목표는 비슷합니다; 마찬가지로, 그것들은 여러분의 목표와 일치합니다.

However (그러나)
- 대조를 나타내거나 이전에 제시된 내용과 상반되는 점을 강조할 때 사용한다.
- However, the decision was made without consultation.
  그러나, 결정은 상담 없이 이루어졌습니다.
- The decision was crucial; however, it was made without consultation.
  결정은 중요했습니다; 그러나, 그것은 상담 없이 이루어졌습니다.

Nevertheless (그럼에도 불구하고)
- 이전에 언급된 사실이나 주장에도 불구하고 다른 사실이나 주장이 여전히 유효하거나 중요함을 나타낼 때 사용한다.
- Nevertheless, we must continue our efforts.
  그럼에도 불구하고, 우리는 우리의 노력을 계속해야 합니다.
- The challenges are great; nevertheless, we must continue our efforts.
  도전은 큽니다; 그럼에도 불구하고, 우리는 우리의 노력을 계속해야 합니다.

Nonetheless (그럼에도 불구하고)
- 대조되는 요소에도 불구하고 주장이나 사실이 유효하다는 것을 나타낼 때 사용한다.
- Nonetheless, we achieved our goal.
  그럼에도 불구하고, 우리는 우리의 목표를 달성했습니다.
- The task was difficult; nonetheless, we achieved our goal.
  과제는 어려웠습니다; 그럼에도 불구하고, 우리는 우리의 목표를 달성했습니다.

Rather (오히려)
- 선택이나 대안을 제시할 때 사용되며, 종종 기대되는 것과 다른 상황이나 선택을 나타낼 때 사용한다.
- Rather, we should focus on quality.
  오히려, 우리는 품질에 집중해야 합니다.
- We should not rush; rather, we should focus on quality.
  우리는 서두르지 말아야 합니다; 오히려, 우리는 품질에 집중해야 합니다.

Therefore (따라서)
- 인과 관계를 나타내며, 이전에 언급된 사실이나 상황으로 인해 뒤따르는 결과나 결론을 도출할 때 사

용한다.

- Therefore, we need to revise the plan.
  따라서, 우리는 계획을 수정해야 합니다.
- The situation has changed; therefore, we need to revise the plan.
  상황이 변했습니다; 따라서, 우리는 계획을 수정해야 합니다.

Thus (그러므로)
- 결과나 결론을 나타내는 데 사용되며, 논리적인 인과 관계를 나타낼 때 사용한다.

- Thus, we achieved our objective.
  그러므로, 우리는 우리의 목표를 달성했습니다.
- Our strategy was effective; thus, we achieved our objective.
  우리 전략은 효과적이었습니다; 그러므로, 우리는 우리의 목표를 달성했습니다.

Hence (그래서)
- 인과 관계를 나타내거나 결론을 도출할 때 사용한다.

- Hence, the project was postponed.
  그래서, 프로젝트는 연기되었습니다.
- The conditions were unfavorable; hence, the project was postponed.
  조건들이 불리했습니다; 그래서, 프로젝트는 연기되었습니다.

Otherwise (그렇지 않으면)
- 특정 조건이 충족되지 않을 경우 발생할 수 있는 결과나 상황을 나타낼 때 사용한다.

- Otherwise, we risk project failure.
  그렇지 않으면, 우리는 프로젝트 실패의 위험을 감수해야 합니다.
- We need to act quickly; otherwise, we risk project failure.
  우리는 빨리 행동해야 합니다; 그렇지 않으면, 우리는 프로젝트 실패의 위험을 감수해야 합니다.

다시 보니 두 사람의 대화에 지금까지 본 부사의 모든 요소가 들어있다! 이 황금 같은 대화를 자세히 읽어보자. 먼저 Youngho의 첫 대사에서 'really fast 진짜 빨리'라는 부사 덩어리를 볼 수 있다. 부사는 부사도 꾸민다는 점 기억하고 있는가? 이에 답하는 John의 대사에서는 'have been –ing'와 'recently 최근에'가 함께 쓰인 문장이 보인다. 그리고 마지막! Youngho는 사실 'barely 거의 ~않다'를 잘못 사용했다. 이미 단어 자체에 부정의 뜻이 들어 있으므로 'barely didn't...'라고 하면 이중부정이 되어 버린다. 그래서 John처럼 'I barely met...'이라고 써 주어야 원래 전달하고자 하는 의미를 나타낼 수 있다. 마지막 문장에 깨알처럼 들어간 세미콜론과 however은 덤이다. 다시 한번 복습하시라!

review TEST CHAPTER 12 부사

※ 주어진 문장에서 'adverb 부사'에 해당하는 말을 찾아 모두 표시하시오.

01 We **usually** go to our grandparents' home **in summer**.

    우리는 여름에 보통 조부모님 댁에 간다.

02 **Yesterday**, I saw a cute cat **in the park**.

    어제 공원에서 귀여운 고양이를 한 마리 보았다.

03 Everyone makes mistakes **in their lives**.

    누구든 살면서 실수한다.

04 My computer is functioning **well** **today**.

    내 컴퓨터는 오늘 잘 작동한다.

05 **Sadly**, people like sweet lies than painful truths.

    슬프게도 사람들은 고통스러운 진실보다는 달콤한 거짓을 좋아한다.

06 He is **very** friendly.

    그는 매우 친절하다.

07 The dish that you recommended was too costly.

네가 추천한 음식이 너무 비쌌다.

08 I read a book in the café all day.

나는 하루 종일 카페에서 책을 읽었다.

※ **다음 한국어 문장을 주어진 단어를 올바르게 배열하여 영어로 옮기시오.**

09 그는 자신의 차를 발로 세게 찼다.

his car / hard / kicked / he

→ _____

10 그녀는 꽤 젊다.

young / is / pretty / she

→ _____

11 그는 아침을 거의 먹지 않는다.

eats / he / seldom / breakfast

→ _____

12 우리가 도착했을 때 그들은 이미 파티를 끝냈다.

finished / the party / we / when / they / already / arrived

→ _____

13 우리는 거기에 가지 않겠다. 오히려 너희들이 여기로 와야 한다.

there / won't / you / go / come / here / we / must / rather

→ _____

14 나는 그 영화를 거의 이해할 수 없었다.

the movie / I / understood / hardly

→ _____

15 그들도 그 회의를 위해 여기에 오고 싶어한다.

want / the meeting / for / also / here / they / to come

→ _____

정답 및 해설

01
We usually go to our grandparents' home in summer.

이 문제에서 'usually 보통'을 찾는 건 어렵지 않았을 것이다. 혹시 'in summer 여름에'도 같이 잡았는가? 이렇게 전치사와 명사가 결합된 구는 거의 다 '부사구'다. 부사구도 부사역할을 하는 것은 마찬가지니 이도 정답에 포함된다.

02
Yesterday, I saw a cute cat in the park.

Yesterday가 부사라는 사실 알고 있는가? 언뜻 생각해보면 '어제'라는 말은 당연히 '명사'일 것 같다. 사실 그 말이 맞다. Yesterday를 '어제'라는 개념을 지칭할 때 쓰면 명사고 지금 이 문장처럼 시점을 밝혀주는 역할을 할 때는 부사다. 영어 단어들은 형태는 같은데 품사가 달라지는 경우가 많다. 그래서 전체 의미와 맥락에 집중해야 한다. 아, 그리고 in the park 역시 부사역할을 하고 있다는 점! 꼭 기억하라.

03
Everyone makes mistakes in their lives.

여기서 'in their lives'를 지워도 문장이 완결된다는 점에 주목하라. 'Everyone makes mistakes 누구든 실수한다.' 비록 '살면서'라는 추가 정보는 빠졌지만 이 자체에 어떤 결함이 있지는 않다. 부사의 특징 중 하나다.

04
My computer is functioning well today.

Well이 부사라는 점 알고 계셨나? '잘'이라는 말은 보통 동사를 수식한다. '잘 먹는다, 잘 잔다' 등등. 그리고 마지막에 나온 today가 부사인지 알아볼 수 있어야 한다. Yesterday와 마찬가지로 명사로 쓰든 부사로 쓰든 형태는 변하지 않는다.

05
Sadly, people like sweet lies than painful truths.

Sadly는 누가 봐도 부사다. 보통 부사의 특징이라 하면 뒤에 '-ly'가 붙는 것을 떠올린다. 절대 다수의 부사가 그렇게 생겼다. Sad는 '슬픈'을 뜻하는 형용사이고 여기에 '-ly'를 붙인 sadly는 '슬프게'가 된다.

06
He is very friendly.

내가 준비한 함정 문제다. Friendly는 부사처럼 생겼지만 형용사다. '친절한'이 저 자리에 들어가야 He의 성질이나 상태를 설명할 수 있다. 부사는 friendly 앞에 있는 very다. 즉, 부사가 형용사를 꾸며주고 있다.

07
The dish that you recommended was too costly.

마찬가지로 필자의 함정 문제였다. Costly는 '비싼, 대가가 큰'이라는 뜻의 형용사다. 생긴 것만 보고 섣불리 부사라 판단하시면 안 된다. 실제 부사는 'too 너무'다.

08
I read a book in the café all day.

In the café는 전형적인 부사구다. 전치사와 명사의 결합이 부사역할을 한다는 것은 이제 입력되었으리라 본다. 마지막에 나온 all day가 조금 헷갈리지 않았는가? All day의 뜻이 '하루 종일'인데 단순하게 생각하면 명사 같지만 '기간'을 나타내는 부사다. 역시 영어의 난잡함은 이럴 때 드러난다.

09
He kicked his car hard.

여기서 'hard'는 '세게'를 뜻하는 부사다. 생김새는 '강한, 단단한'을 뜻하는 형용사와 똑같이 생겼다.

10

She is pretty young.

Pretty는 '꽤'를 뜻하는 부사로 쓰였다. 이는 부사로 쓰기 시작한지 오래 되었다는 증거와도 같다. 형용사 pretty가 뜻하는 '예쁜, 좋은'과 긍정적 뉘앙스는 공유하지만 뜻만 봐서는 공통의미가 뚜렷이 보이지 않는다.

11

He seldom eats breakfast.

Seldom은 '거의 ~않다'라는 뜻의 '빈도 frequency'를 나타내는 부사다. Seldom 자체에 이미 부정의 뜻이 들어 있으니 'do not'을 붙이지 않도록 주의한다.

12

When we arrived, they already finished the party.

흔히 '완료'와 already등을 함께 배우기 때문에 착각하기 쉽지만 already, just 등은 단순 과거시제와도 어울린다. 하나 더 설명하자면, 우리가 도착한 시점보다 그들이 파티를 끝낸 시점이 더 과거이기 때문에 원칙상 'they had already finished the party'라고 해야 하지만, 맥락이 확실한 경우 이 문장처럼 단순 과거시제를 쓰는 경우도 많다.

13

We won't go there; rather, you must come here.

'won't'는 'will not'의 줄임말이다. 옛 영어에는 'will'을 나타내는 또 다른 형태인 'wollen'이있었는데 그것의 부정형이 살아남은 경우다. 그래서 'will'nt'라는 말 없이 그냥 'won't'를 쓰고 있다. There은 '거기에'를 뜻하는 부사, here은 '여기에'를 뜻하는 부사로 쓰였다. 이 둘은 단어 자체에 'to ~에'라는 뜻을 담고 있는 전형적인 부사에 속한다. 문장 중간에 있는 'rather 오히려'가 접속 (conjunctive)를 나타내는 부사다. 물론 앞 문장을 마침표를 찍어 끝내고 새로 시작해도 좋지만 이 문장처럼 세미콜론을 활용하면 더 두 절이 강하게 연결된다.

14

I hardly understood the movie.

Hardly는 '거의 ~않다'를 뜻하는 부사다. 이미 그 자체에 부정의 뜻이 들어 있으므로 'didn't'를 쓰지 않도록 주의한다.

15

They also want to come here for the meeting.

여기서 also는 사실상 'they'를 강조하는 역할을 한다. 문법적으로는 부사가 명사를 꾸밀 수 없지만 맥락으로 명사를 강조할 수는 있다. 참고로 for the meeting은 '전치사 + 명사'로서 이 문장에서 '부사'역할을 한다. 따라서 for the meeting은 역할상 '부사구'라고 할 수 있다.

Chapter 13
형용사와 부사의 만남

보이는 영문법　　ENGLISH GRAMMAR

LESSON 1	원급
LESSON 2	비교급
LESSON 3	최상급

LESSON 1 원급

ENGLISH GRAMMAR

비즈니스는 결국 숫자다. 숫자는 곧 데이터다. 주어진 데이터를 보는 Min의 표정이 심상치 않다. 데이터가 좋지 않다고 말하는 Min에게 'It doesn't look as good as you expected but not bad'이라고 말하는 John. 그런데 Min에겐 위로가 되지 않는 것 같다. 왜일까?

Min : This is not right…

John : What happened?

Min : The data doesn't look good.

John : It doesn't look as good as you expected but not bad.

Min : Not good is bad.

John : No, they are different.

영어에서 형용사와 부사의 만남은 그리 특별하지 않다. 둘을 더해 표현하는 경우가 워낙 많기 때문이다. 그럼에도 불구하고 '형용사와 부사의 만남'이라는 주제를 다루는 이유가 있다. 우리가 흔히 '비교 구문'이라 알고 있는 영어 표현법 때문이다.

많은 학습자들이 '비교 구문'은 따로 공부해야 할 그 무언가라고 생각한다. 그러나 비교 구문은 형용사와 부사의 또 다른 역할 중 하나일 뿐이다. 둘이 함께 움직이기도 하고 각자 맡은 역할을 하기도 한다. 형용사와 부사를 깊이 이해하지 못하면 비교 구문을 제대로 쓸 수 없다. 다음 영어 문장을 잘 읽어보라.

- My son is as tall as me. 내 아들은 나만큼 키가 크다.

이제 내 질문에 답해보라. '아들'과 '나' 중 누가 더 큰가? 실제 현장 강의에서 이 질문을 하면 머뭇거리는 사람들이 생각보다 많다. 정답을 말하자면 당연히 둘의 키는 같다.

- My son 내 아들은 is 이다 as ~만큼 tall 키가 큰 as ~만큼 me 나
  → 내 아들 키와 내 키는 같다.

다음 문장도 보라.

- I run as fast as John. 나는 존 만큼 빨리 달린다.

'나'와 '존' 중 누가 더 빠른가? 당연히 둘의 빠르기는 같다.

- I 나는 run 달린다 as ~만큼 fast 빨리 큰 as ~만큼 John 존
  → 나와 존의 빠르기는 같다.

위 두 문장에서 'tall 키가 큰'은 형용사이고 'fast 빠르게'는 부사다. 그리고 'as ~만큼'도 부사다. 이렇게 부사 as와 as사이에 형용사나 또 다른 부사를 넣어 두 대상을 비교하는 표현법을 흔히 '원급 비교'라고 한다. 여기서 '원급'은 'the positive degree'라는 말을 번역한 것이다. 언뜻 보면 '긍정 급'같다. 그러나 positive는 본래 '확실한, 절대적인'이라는 뜻을 가지고 있었다. 이 말을 곱씹어보면 '더,' '덜,' 또는 '가장'이라는 말과 반대다. '원래' 모습, 상태를 나타낸다. 그래서 '원급(原級) 비교'라 번역한 것으로 추정한다.

원급 비교 문장을 하나 더 보도록 하자.

- Seoul is as beautiful as New York. 서울은 뉴욕만큼 아름답다.

서울과 뉴욕 중 어디가 더 아름다운가? 당연히 정답은 '동일하게 아름답다'이다. 그래서 원급 비교를 '동등 비교'라 부르는 경우도 많다. 이 비교구문은 'as...as 구문'이라고도 알려져 있다. 그도 그럴 것이 원급 비교 표현은 거의 대부분 'as...as'가 들어간다. 다음을 보라.

- John has as much money as me. John은 나만큼 많은 돈을 가지고 있다.

be동사가 아닌 일반동사가 쓰여도 'as...as'는 굳건하다. 원급비교는 그래서 쉽다. 그런데 한 가지 우리가 놓치고 있는 것이 있다. 지금까지 나온 세 문장을 다시 읽어보자.

- My son is as tall as me. 내 아들은 나만큼 키가 크다.
- Seoul is as beautiful as New York. 서울은 뉴욕만큼 아름답다.
- John has as much money as me. John은 나만큼 많은 돈을 가지고 있다.

이 중 혹시 '비교 대상'이 잘못된 것이 있는가? 잘 생각해 보시라.

- My son(A) is as tall as me(B).
  내 아들(A)은 나(B)만큼 키가 크다.
- John(A) has as much money as me(B).
  John(A)은 나(B)만큼 많은 돈을 가지고 있다.

지금 이 두 문장에는 '아주 엄정한 잣대'를 들이대면 수정할 부분이 있다. 비교 구문은 저울 양쪽에 두 대상을 올려놓는 것과 같다. 그러면 양쪽 저울에 최대한 '같은 조건'이 적용되어야 한다. 한쪽에는 물건을 가만히 두고 다른 한 쪽은 물건이 움직인다면 저울은 의미가 없다. 이 논리를 언어에 적용하면 다음과 같은 결론이 나온다.

- My son(A) = 주격
  is as tall as
  me(B) = 목적격

두 비교 대상의 '격'이 맞지 않는다. 따라서 이 문장은 다음과 같이 고치면 완벽하다.

- My son is as tall as I. 내 아들은 나만큼 키가 크다.

물론 현대 영어에서 '격'을 알아보기는 쉽지 않다. 'My son'은 어느 자리에 놓아도 형태는 동일하다. 그러나 이 문장에서는 주어로 쓰였으니 당연히 주격이다. 그러면 비교 대상도 I라고 해야 합리적이지 않은가? 그런데 이걸로 끝이 아니다.

- My son is as tall as I am. 내 아들은 내가 그런 것만큼 키가 크다

사실 이 문장이야 말로 '수학적으로 완벽'하다. 'as tall as'를 사이에 두고 두 비교 대상이 완전한 균형을 이루고 있다. 그럼 이 문장은 어떨까?

- John(A) has as much money as me(B).
  John(A)은 나(B)만큼 많은 돈을 가지고 있다.

눈치 빠른 분들은 이미 알아채셨겠지만 논리적으로는 'me'가 들어가면 안 된다. 다음과 같이 바꾸면 완벽하다.

- John has as much money as I have

  John은 내가 가지고 있는 것만큼 많은 돈을 가지고 있다.

그럼 이제 다음 문장을 여러분 스스로 고쳐보라.

> - Seoul(A) is as beautiful as New York(B).
>   서울(A)은 뉴욕(B)만큼 아름답다.

이전 문장들과 달리 여기에는 '형태'가 잘못된 단어는 없다. Seoul이나 New York은 주어, 목적어, 보어 중 무엇으로 쓰이든 그 모습이 늘 같기 때문이다. 대신 '덧붙이면 좋은' 단어는 하나 있다.

- Seoul is as beautiful as New York is. 서울은 뉴욕이 그런 것만큼 아름답다.

마지막 'is'가 화룡점정이다. 이렇게 쓰면 원어민들도 감탄한다. 모름지기 영어로 '글'을 쓸 때는 이 원칙을 최대한 지키는 것이 좋다. 허나 언어는 '절대 규칙'을 허락하지 않는다. 분명 논리적으로는 이게 맞지만 일상생활에서 이를 모두 지키는 이는 거의 없다. 그래서 일반 회화에서는

- My son is as tall as me. 내 아들은 나만큼 키가 크다.
- Seoul is as beautiful as New York. 서울은 뉴욕만큼 아름답다.
- John has as much money as me. John은 나만큼 많은 돈을 가지고 있다.

이런 문장들이 흔히 쓰인다. 그렇다고 그들을 너무 나무라지 말자. 대신 영어 원어민들의 마음 속을 들여다 보자. 우리 중 그 누구도 한국어를 '완벽하게' 하지 못한다. 언어에는 완벽이 없다. 당연히 그들도 영어를 완벽하게 하지 못한다. 어떤 언어가 되었든 해당 언어의 사용자 모두가 표준 규칙을 100% 지키는 일은 없다. 다음을 보라.

- Wow, Janice! Your son totally resembles your husband.

  와, Janice 네 아들 네 남편이랑 완전 똑같이 생겼다.

- I know, he really looks like him.

  그렇지, 진짜 똑같이 생겼어.

예를 들어 영어 원어민 어린이가 이 대화를 들었다고 가정해보자. 엄마 친구는 엄마에게 내가 아빠를 쏙 빼 닮았다고 한다. 엄마는 이에 맞장구를 치며 '...looks like him'이라는 표현을 쓴다. 아직 어려서 언어 규칙은 잘 모르지만 looks like 뒤에는 he나 his가 아니라 him이 나오는 것 같다.
아직 문법 지식이 없는 이 아이는 이렇게 말을 배운다. 우리도 모두 한국어를 그렇게 배우지 않았는가?

세월이 흘러 이 영어 원어민 어린이는 학교에 갈 나이가 되었다. 학년이 올라가면서 국어 공부(그들 입장에서는 영어가 국어)를 하기 시작했고 어느 날 이런 설명을 듣게 된다.

- Objective case should always be used after prepositions.
  전치사 뒤에는 항상 목적격을 써야 한다.

목적격이 뭔지 잘은 모르지만 'me, him, her, us, them...'같은 것이라 이해하고 넘어간다. 어차피 시험만 잘 보면 되니까. 그러던 어느 날 다음과 같은 표현을 접하게 된다.

- I will take that as a compliment. 그걸 칭찬으로 받아들이겠습니다.

찾아보니 이 문장에서 'as'는 전치사라고 한다. 아이는 생각한다 '그러면 as 뒤에는 목적격이 오겠군. 그래서 'as me, as him...' 이런 말이 있는 거겠지.' 이제 이 영어 원어민 아이가 성장하여 어른이 되면 어떤 실수를 하게 될까?

- My son is as tall as me. 내 아들은 나만큼 키가 크다.

사실 이 문장에서 as는 '부사'다. 영어에는 형태는 같지만 품사만 다른 단어가 너무나 많다. 우리가 국어 문법을 잘 모르듯 그들도 영어 문법을 잘 모른다. 그러니 'as me'라는 말을 보고 '뭐가 틀렸는지' 모르는 것도 당연하다. 자주 들어본 말 아닌가? 익숙하면 그게 맞는 것이다. 오히려 'as I'라는 말은 덜 들어봤다. 이렇게 문법 규칙은 '구어'에서 자주 파괴된다. 그리고 다음 세대로 전승된다.

- My son is as tall as I am. 내 아들은 내가 큰 만큼 키가 크다.

엄밀히 따지면 이 문장만이 영어 문법 규칙에 100% 부합한다. 그러나 어찌 사람이 매번 그러고 살겠는가? 뭐든 조금이라도 '덜'하려는 게 인간이다. 아무리 이 문장이 완벽하다고 가르쳐도 'be동사가 굳이 두 번 나올 필요가 없다'는 생각에 두 번째 be동사 'am'은 대부분 생략한다.

- My son is as tall as I. 내 아들은 나 만큼 키가 크다.

그 결과 이런 문장이 탄생한다. 그리고 이제 as 뒤에 'me, him...'등 목적격이 나오는 경우를 많이 들어봤다는 이유로 I를 me로 바꾸어 버린다.

- My son is as tall as me. 내 아들은 나만큼 키가 크다.

이 문장은 그렇게 탄생한 것이다. 허무하지 않은가? 이제 원급 비교표현을 쓴 부정문을 만들어 보자. 방법은 아주 간단하다.

- My son is not as tall as me. 내 아들은 나만큼 키가 크지는 않다.

이렇게 as...as 앞에 not만 붙여주면 된다. 필자가 쓴 한국어 번역문을 곱씹어보라. '나만큼 키가 크지는 않다'는 말은 곧 '나보다는 작다'는 말과 같다. 원급 비교 부정문은 바로 이런 뉘앙스를 나타낸다.

지금까지 나왔던 문장들을 모두 부정문으로 바꾸어 보면서 이번 lesson을 마치겠다. 물론 100% 완벽한 문장과 구어체 문장을 모두 아우르며.

- My son is not as tall as I am.
  내 아들은 내가 그런 것만큼 키가 크지는 않다.
- My son is not as tall as me.
  내 아들은 나만큼 키가 크지는 않다.
- Seoul is not as beautiful as New York is.
  서울은 뉴욕이 그런 것만큼 아름답지는 않다.
- Seoul is not as beautiful as New York.
  서울은 뉴욕만큼 아름답지는 않다.
- John doesn't have as much money as I have.
  John은 내가 가지고 있는 만큼 많은 돈을 가지고 있지는 않다.
- John doesn't have as much money as me.
  John은 나만큼 많은 돈을 가지고 있지는 않다.

원급 비교를 제대로 이해하니 답이 보인다. 두 사람의 대화를 다시 읽어보자.
John이 한 말을 곱씹어 보자. "It doesn't looks as good as..."까지만 보면 '그러니까 bad 아닌가?'라고 생각하기 쉽다. 그러나 뒤에 '...you expected'라는 말이 이어진다. 그러면 '당신이 기대했던 것만큼 좋지는 않다'는 말이 된다. 이 말은 즉, '그 기대에 부응하지는 않는다'는 뜻인데, '절대적으로 bad하다'는 말과는 다르다. John은 Min의 기대가 과했을 뿐 객관적으로 나쁘지는 않다는 말을 하고 싶었던 것이고 Min은 이 말을 정확히 이해하지 못한 것이다.

LESSON 2 비교급

아무리 필요한 게 있어도 가격이 비싸면 때로 포기해야 한다. John이 그런 상황을 맞닥뜨린 것 같다. 그런데 John이 하는 말이 조금 생소하다. Min이 이를 잘 못 알아듣는 눈치다.

> John : Oh my… this is too much!
> Min : What happened?
> John : This printer is way more expensive than I thought.
> Min : Way… what? how much is it?
> John : You don't want to know. It is just way more…
> Min : What?

원급을 제대로 이해했다면 비교급은 훨씬 쉽다. 비교 대상이 동등할 때 원급 비교를 하니 둘 중 하나가 다른 하나에 비해 '더' 또는 '덜' 어떠할 때 비교급을 쓰면 된다. '비교급(比較級)'은 'the comparative degree'를 번역한 것이다. 원급보다는 직관적이다. 일단 아주 쉬운 비교급 문장을 두 개 보고 시작하자.

- I am smarter than him. 나는 그보다 더 똑똑하다.
- I run faster than him. 나는 그보다 더 빨리 달린다.

이는 가장 기초적인 비교급 구문에 속한다. 쓰고자 하는 형용사나 부사를 비교급 형태로 바꾼 뒤 비교 대상 앞에 than을 붙여 쓰면 된다. 참고로 '비교급' 형태란 다음과 같다.

- Pretty 예쁜 → prettier 더 예쁜

이렇게 형용사의 원급 형태에 '-er'을 붙이거나

- Fast 빨리 → faster 더 빨리

부사의 원급 형태에 '-er'을 붙인 것이다. 다만 예외가 있다.

- She is more beautiful than me. 그녀는 나보다 더 아름답다.

beautiful은 세 음절 이상의 단어다. '음절'이란 보통 해당 단어가 가지고 있는 모음 소리를 기준으로 한 단위를 가리킨다. beautiful을 쪼개면 'beau 뷰' 와 'ti 티' 그리고 'ful 풀'로 나뉜다. 이렇게 세 음절 이상인 형용사는 자신이 형태를 바꾸지 않고 비교급 부사를 불러들인다. 이 문장에서는 'more 더'가 비교급 부사다.

- She runs more slowly than me. 그녀는 나보다 더 느리게 달린다.

Slowly는 '느리게'라는 뜻의 부사다. 끝이 '-ly'로 끝나는 대부분의 부사는 앞서 본 beautiful과 마찬가지로 자신이 형태를 바꾸지 않고 비교급 부사를 불러들인다. 이 문장에서 'more 더'가 비교급 부사다.

여기서 비교급 설명이 끝나면 얼마나 좋겠는가? 그러나 아쉽게도 우리가 배울 게 더 남아있다. 지금까지 본 비교급 문장들은 모두 be동사가 쓰였다. 일반동사를 쓰면 문장이 어떻게 될까? 천천히 차례를 밟아가며 익혀보자.

- I love you. 나는 너를 사랑한다.
- He loves you. 그는 너를 사랑한다.

이 두 문장을 비교 대상으로 삼겠다. 우리가 만들 문장은 '나는 그보다 너를 더 사랑한다'이다. 그럼 어떻게 되겠는가?

- I love you more… 나는 너를 더 사랑한다…

일단 이렇게 시작해야 한다. 형용사는 없다. more은 'love 사랑한다'라는 동사를 꾸민다. 이제 그 뒤에 than을 붙이면 된다.

- I love you more than… 나는 …보다 너를 더 사랑한다…

그런데 여기서부터가 문제다. 먼저 정석대로 than 뒤에 he loves you를 넣어보자.

- I love you more than he loves you. 나는 그가 너를 사랑하는 것보다 너를 더 사랑한다.

이는 100% 완벽한 문장이지만 실제 이 문장을 쓰는 이는 극히 드물다. 길면 길수록 줄이고, 복잡하면 복잡할수록 단순하게 만드는 게 인간 아닌가? 그럼 어떻게 바꾸면 될까? 다음은 어떤가?

- I love you more than him.

그 동안 해왔던 것처럼 마지막에 목적격을 썼다. 그런데 이 말은 오해의 소지가 있다.

- I love you more than I love him. 나는 내가 그를 사랑하는 것 보다 너를 더 사랑한다.

가만히 생각해보니 정말 그렇다. him이 love의 목적어 'you'와 비교되는 대상인지 아닌지 어떻게 알 수 있나? 그래서 이런 표현은 가급적 피하는 것이 좋다. 현실적인 대안을 제시한다.

- I love you more than he… 나는 그가 …하는 것 보다 너를 더 사랑한다.

먼저 he까지는 그대로 두고 'loves you'를 다른 방식으로 처리해보자. 'loves you'중 'you'는 앞서 나온 you와 같은 대상을 지칭한다. 영어는 같은 대상을 지칭하는 단어가 반복되면 대부분 생략한다.

- I love you more than he loves. 나는 그가 사랑하는 것 보다 너를 더 사랑한다.

그러면 이런 문장이 나오는데, 여기서 'loves'를 가만히 보라. 앞에 이미 '사랑한다'는 말이 나왔는데 또 'love'를 굳이 쓸 필요가 있는가? 바로 이 때 예상치 못한 단어가 개입한다.

- I love you more than he does. 나는 그가 그런 것 보다 너를 더 사랑한다.

do의 가장 밑바닥에는 '하다'라는 뜻이 깔려있다. 이 말은 곧 대부분의 동사를 do도 얼추 대신할 수 있다는 얘기다. 이렇게 do가 특정 동사를 대신하는 경우 이를 '대동사(代動詞) pro-verb'라고 한다. 말 그대로 '대' 신하는 '동사'라는 뜻이다. 그런데 여기서 의문점이 있다. 우리는 분명 '부사'는 명사를 제외한 모든 말을 꾸밀 수 있다고 배웠다. 그러면

- I am 훨씬 smarter than him. 나는 그보다 훨씬 더 똑똑하다.
- She is 훨씬 more beautiful than me. 그녀는 나보다 훨씬 더 아름답다.
- I love you 훨씬 more than he does. 나는 그가 그런 것보다 훨씬 더 너를 사랑한다.

위 문장에서도 형용사와 다른 부사를 또 다시 꾸밀 수 있지 않을까? 결론부터 말하자면 '당연히' 된다. 그리고 이럴 때 쓰기 좋은 (즉, 그들이 많이 쓰는) 대표적인 부사들이 있다.

- much/far/a lot

사용빈도가 가장 높은 세 단어다. 한번 실제 문장에 넣어서 사용해보자.

- I am much smarter than him. 나는 그보다 훨씬 더 똑똑하다.
- She is far more beautiful than me. 그녀는 나보다 훨씬 더 아름답다.
- I love you a lot more than he does. 나는 그가 그런 것보다 훨씬 더 너를 사랑한다.

어떤가? 우리가 원하던 '훨씬'이라는 뜻이 추가되었다. 물론 이외에도 많은 부사가 이 자리에 들어갈 수 있다. 어떤 부사를 쓸지는 당신 마음이다. 전달하고자 하는 뉘앙스가 중요하다.

- I am a little smarter than him. 나는 그보다 조금 더 똑똑하다.
- She is slightly more beautiful than me. 그녀는 나보다 약간 더 아름답다.
- I love you even more than he does. 나는 그가 그런 것보다 더욱 더 너를 사랑한다.

구어체에서는 'way'라는 말이 쓰이기도 한다. 이는 much나 a lot과 대체로 비슷한 뜻이다.

- I am way smarter than him. 나는 그보다 훨씬 더 똑똑하다.
- She is way more beautiful than me. 그녀는 나보다 훨씬 더 아름답다.
- I love you way more than he does. 나는 그가 그런 것보다 훨씬 더 너를 사랑한다.

물론 구어체에서 많이 쓰는 부사이므로 격식 있는 글쓰기에 이 단어를 추천하지는 않는다. 그러나 회화에는 아주 유용할 것이다. 이처럼 뜻을 더욱 강조해주는 부사들을 '강조 부사'라 부르기도 한다. 그리고 이 강조부사들은 꼭 비교급에만 쓸 수 있는 건 아니다.

- 우리 아들은 거의 나만큼 키가 크다.

이 한국어 문장을 보라. 우리도 원급 비교를 할 때 '거의'같은 부사를 쓸 수 있지 않은가. 영어 원어민들이 이와 같은 뜻으로 사용하는 부사들은 다음과 같다.

- nearly/almost/just

이 단어들의 공통점이 보이는가? 모두 '거의, 그만큼, 딱'이라는 의미를 내포하고 있다. 왜 '원급 비교'에 이들을 쓸까? 생각해보라, '비슷한' 것들에 쓸 수 있는 강조 부사는 '거의, 그만큼, 딱' 밖에 없다.

- My son is nearly as tall as me. 우리 아들은 거의 나만큼 키가 크다.
- Seoul is almost as beautiful as New York. 서울은 거의 뉴욕만큼 아름답다.
- I am just as smart as him. 나는 딱 그만큼 똑똑하다.

많은 사람들이 각 '급'에 어울리는 강조부사가 따로 정해져 있다고 생각한다. 틀린 말은 아니다. 그러나 그걸 기계적으로 외우지 말고 왜 그 부사들이 거기에 어울리는지 생각해 보았으면 좋겠다. 언어란 결국 '논리'아닌가.

두 사람의 대화를 자세히 읽어보자. 완전 구어체 비교급 표현이 생생하게 보인다.

여기서 John이 쓰는 'way'라는 말은 'far, much, a lot'과 같은 뜻이다. 'way more expensive'라는 말을 조금 실감나게 번역하면 '훠얼~씬 더 비싼'정도 된다. 언어를 보면 관계를 알 수 있다. John과 Min이 어지간히 친한 모양이다.

LESSON 3 최상급

> 비즈니스는 모름지기 좋은 거래처를 만나야 성공할 수 있다. 거래처를 두고 고심하는 두 사람의 대화를 읽어보자. John이 Min과 같은 말을 다르게 하는 것을 볼 수 있다. Min이 무엇을 혼동하는지도 꼭 살펴보시길.
>
> Min : Do you really think the deal is good?
> John : They work fastest. They are the fastest in this business.
> Min : I think others can also do more.
> John : You mean they can do better?
> Min : ah… yes. That's what I meant.

본 내용을 다루기 전, 짚고 넘어가야 할 것이 있다. '최상'이라는 이름을 오해하는 사람들이 많다. '최상(最上)'이라는 한자어는 'superlative'를 번역한 것이다. 한자어만 보면 '위'로만 올라갈 것 같지만 superlative는 위, 아래 개념을 모두 담고 있다. '가장 ~한'이라는 말에 부합하면 그것이 최상급이다. 최상급에 가장 많이 쓰는 단어들을 보도록 하자.

- best/worst/most/least

많은 사람이 이들을 독립된 말들로 인식한다. 그러나 이 넷은 다음과 같은 '등급' 변화를 통해 나온 것이다.

- Good → Better → Best
- Bad → Worse → Worst
- Many → More → Most
- Little → Less → Least

- Well → Better → Best
- Ill → Worse → Worst
- Much → More → Most

왼쪽에서부터 원급, 비교급, 최상급 형태다. 그런데 이렇게 보니 뭔가 이상하다. 원급 자리에는 총 7개 단어가 있다. 그런데 비교급과 최상급에는 각각 4개밖에 없다. 이를 자세히 살펴보자.

- Good (좋은) → Better → Best
- Well (잘) → Better → Best
- Bad (나쁜) → Worse → Worst
- Ill (아픈, 나쁜, 나쁘게) → Worse → Worst
- Many (많은) → More → Most
- Much (많은, 많이) → More → Most
- Little (적은, 조금) → Less → Least

원급 형태일때는 분명히 다른 단어들이 비교급과 최상급 형태로 변하면서 같아지는 것이 보인다. 이는 단순한 문제가 아니다.

- Good (좋은 – 형용사) → Better → Best
- Well (잘 – 부사) → Better → Best
- Bad (나쁜 – 형용사) → Worse → Worst
- Ill (아픈, 나쁜, 나쁘게 – 형용사, 부사) → Worse → Worst
- Many (많은 – 형용사) → More → Most
- Much (많은, 많이 – 형용사, 부사) → More → Most
- Little (적은, 조금 – 형용사, 부사) → Less → Least

Little은 형용사와 부사로 모두 쓰이는 단어다. 그러나 다른 단어와 비교급, 최상급 형태를 공유하지는 않는다. 그러니 형용사로 쓰든 부사로 쓰든 혼동할 여지가 별로 없다. 그런데 Good과 well은 분명 뜻도 다르고 품사도 다르다. Bad와 ill도 마찬가지고, many와 much도 그렇다. 그런데 이들이 비교급, 최상급으로 변하면 서로 형태가 같아지니 문제다. 다음 두 문장을 보라.

- His English is as good as mine. 그의 영어는 내 영어만큼 좋다.
- He speaks English as well as I do. 그는 영어를 내가 하는 만큼 잘 한다.

이 중 첫 번째 문장은 그와 나의 'English 영어'를 비교하고 있다. English는 명사이므로 이를 서술하는데 'good 좋은'이라는 형용사가 쓰였다. 두 번째 문장은 'speak 구사하다'라는 행위가 얼마나 능숙한지 'well

잘'이라는 부사로 수식하고 있다. 이를 보기 쉽게 정리하면 다음과 같다.

- English 영어 (명사) + Good 좋은 (형용사)
- Speak 구사하다 (동사) + Well 잘 (부사)

서로 어울리는 품사끼리 잘 짝지어져 있다. 그리고 이 둘을 헷갈릴 일은 없어 보인다. 그러나 비교급으로 가면 얘기가 달라진다.

- His English is **better** than mine.
  그의 영어는 내 영어보다 좋다.
- He speaks English **better** than I do.
  그는 영어를 내가 하는 것보다 잘 한다.

분명 뜻도 다르고 품사도 다른데 형태가 같다. 이런 불분명함은 반드시 혼란을 일으킨다. 다음 문장을 보라.

- You speak English very good.

이 문장은 문법적인가? 잘 생각해보라. 'speak 구사하다'라는 동사를 수식해야 하므로 분명 'well 잘'이라는 '부사'가 쓰여야 한다. 원칙상 'good 좋은'이라는 '형용사'는 절대 저 자리에 올 수 없다.

- You speak very **good** English.
  너는 매우 좋은 영어를 한다.

이렇게 **형용사** 'good'으로 명사 'English'를 꾸며주든가

- You speak English very well. 너는 영어를 잘 한다.

이렇게 **부사** 'well'로 동사 'speak'를 꾸며주어야 한다. 당연한 얘기 같은가? 놀랍게도 'You speak English very good'은 원어민들이 종종 하는 실수 중 하나다. 어떻게 원어민이 그런 실수를 하느냐 생각할 수 있지만 그들의 사정도 좀 생각해보라. good과 well의 비교급과 최상급은 'better, best'로 동일하다. 그래서

- His English is **better** than mine.
  그의 영어는 내 영어보다 좋다.
- He speaks English **better** than I do.
  그는 영어를 내가 하는 것보다 잘 한다.

이런 문장을 자주 쓰다 보면 good과 well의 경계가 모호해진다. 우리 뇌는 생각보다 엉성하다. 분명 둘은 다르지만 어떤 식으로 겹치는 일이 생기면 둘을 바꿔 쓰는 일이 생각보다 많다. 한국인들도 '다르다'와 '틀리다'를 얼마나 혼동하는가?

원어민들도 이럴진대 우리가 실수하지 않는다는 보장은 더더욱 없다. 이처럼 품사 구분은 생각보다 중요하다. 원급, 비교급, 최상급을 기계적으로 외워서 될 일이 아니다.

이제 나와 함께 다음 두 문장을 비교급과 최상급으로 바꾸어 보자. 원리를 잘 보시기 바란다.

- His English is as good as mine. 그의 영어는 내 영어만큼 좋다.
- He speaks English as well as I do. 그는 영어를 내가 하는 만큼 잘 한다.

비교 구문의 핵심은 형용사와 부사 운용이다. 각 문장에서 형용사와 부사를 모두 찾아보라.

- His English is as **good** as mine.
  그의 영어는 내 영어만큼 좋다.
- He speaks English as **well** as I do.
  그는 영어를 내가 하는 만큼 잘한다.

첫 번째 문장에서 'good 좋은'이 형용사고 두 번째 문장에서 'well 잘'이 부사다. 이제 이 두 단어의 비교급 형태를 써보자.

- His English is as **better** as mine.
  그의 영어는 내 영어만큼 더 좋다.
- He speaks English as **better** as I do.
  그는 영어를 내가 하는 만큼 더 잘 한다.

쓰고 나니 의미가 충돌하는 곳이 보인다. 어디인 것 같은가?

- His English is **as better as** mine.
  그의 영어는 내 영어**만큼 더 좋**다.
- He speaks English **as better as** I do.
  그는 영어를 내가 하는 **만큼 더 잘**한다.

상식적으로 '~만큼'과 '더'는 어울리지 않는다. 뜻이 통하지 않으므로 'as...as'는 비교급을 사용한 표현에 쓸 수 없다. 이것은 문법보다 어휘의 영역이다. 물론 그 경계는 늘 불분명하지만.

- His English is **better than** mine.
  그의 영어는 내 영어**보다 더 좋**다.

- He speaks English **better than** I do.
  그는 영어를 내가 하는 것 **보다 더 잘** 한다.

그래서 이때 등장하는 것이 'than ~보다'라는 단어다. Than은 전치사와 접속사로 모두 쓸 수 있다. 전치사 뒤에는 명사가 오고 접속사 뒤에는 절이 온다는 것을 기억하고 있는가?

- His English is **better than** mine (명사).
  그의 영어는 내 영어**보다 더 좋**다.
- He speaks English **better than** I do (절).
  그는 영어를 내가 하는 것 **보다 더 잘** 한다.

결론을 내리겠다. 이 두 문장에 쓰인 than은 각기 다른 품사다. 첫 번째 than은 전치사고, 두 번째 than은 접속사다. 더불어 각 문장의 better도 서로 다른 품사다. 첫 번째 better는 형용사고, 두 번째 better는 부사다.

- His English is
  Better (형용사 good의 비교급)
  Than (전치사) mine (명사).
  → 그의 영어는 내 영어**보다 더 좋**다.
- He speaks English
  Better (부사 well의 비교급)
  Than (접속사) I do (절).
  → 그는 영어를 내가 하는 것 **보다 더 잘**한다.

여기까지 잘 따라왔다면 이제 최상급은 정말 쉽다. 최상급이란 '비교대상'이 없는 것이다. **정확히는 무엇과 비교해도 절대 위나 아래 있는 것이다.** 둘이 쉬운가 하나가 쉬운가? 당연히 하나가 쉽다. 둘을 나란히 써야 하는 원급이나 비교급보다 최상급 비교 구문이 더 쓰기 수월하다. 다음을 보라.

- His English is
  Best (형용사 good의 최상급)
  → 그의 영어는 **최고**다.
- He speaks English
  Best (부사 well의 최상급)
  → 그는 영어를 **가장 잘**한다.

예상했던 대로다. 비교 대상을 굳이 쓰지 않아도 되니 생각할 거리도 줄어든다. 그런데 이쯤에서 여러분이 질문을 하나 할 듯하다. 보통 '최상급'을 쓸 때는 'the'를 쓴다고 배운 기억이 있지 않은가? 반은 맞고 반은 틀린 얘기다. 새로운 문장을 통해 이를 검증해보자.

잘 아시다시피 'smart 똑똑한'이라는 형용사의 비교급은 'smarter 더 똑똑한'이다. 최상급은 'smartest 가장 똑똑한'이다. 이제 이 셋을 사용한 문장을 만들어 보자. 먼저 원급비교로 시작한다.

- John is **as smart as** everyone else in the town.
  John은 그 마을의 다른 사람들**만큼 똑똑한** 남자다.

이 문장을 통해 우리는 John과 다른 사람들이 모두 비슷하게 똑똑함을 알 수 있다. 지난 lesson에서 배웠던 것처럼 이런 경우 다음과 같은 강조부사를 쓸 수 있다.

- John is **nearly as smart as** everyone else in the town.
  John은 **거의** 그 마을의 다른 사람들**만큼 똑똑한** 남자다.

- John is **almost as smart as** everyone else in the town.
  John은 **거의** 그 마을의 다른 사람들**만큼 똑똑한** 남자다.

- John is **just as smart as** everyone else in the town.
  John은 **딱** 그 마을의 다른 사람들**만큼 똑똑한** 남자다.

이제 비교급 차례다.

- John is **smarter than** everyone else in the town.
  John은 그 마을의 다른 사람들**보다 더 똑똑한** 남자다.

원리를 알고 나니 쉽지 않은가? 비교급 비교 구문에도 역시 많은 강조부사가 사용된다. 한번 연습해보자.

- John is **much smarter than** everyone else in the town.
  John은 그 마을의 다른 사람들**보다 훨씬 더 똑똑한** 남자다.
- John is **far smarter than** everyone else in the town.
  John은 그 마을의 다른 사람들**보다 훨씬 더 똑똑한** 남자다.
- John is **a lot smarter than** everyone else in the town.
  John은 그 마을의 다른 사람들**보다 훨씬 더 똑똑한** 남자다.

이제 최상급 차례다.

- John is the **smartest** in the town.
  John은 그 마을에서 **가장 똑똑한** 남자다.

우리가 잘 알고 있는 전형적인 최상급 문장이 나왔다. 그리고 역시 'the'가 보인다. 저 the는 그런데 왜 있는 것일까? the는 명사를 '특정'해주는 역할을 한다. 그런데 최상급을 쓴다는 것은 사실상 '독보적'이고 '유일함'을 나타낸다는 말과 같다. 독보적이고 유일한 것에는 어떤 특징이 있는가?
그것들은 '특정'하다. 그래서

- John is **THE smartest** in the town.
  John은 그 마을에서 **가장 똑똑한** 그 남자다.

최상급에는 자주 the가 붙는 것이다. 단순히 '최상급에는 the를 쓴다'라고 외울 게 아니다. 생각해보면 당연하다. 그런데

- John runs fastest in the town.
  John은 그 마을에서 가장 빨리 달린다.

이때 'fastest 가장 빨리'라는 부사가 앞에도 the를 써야 할까? 생각해보면 이는 조금 이상하다. fastest라는 부사는 앞서 나온 'run 달리다'라는 동사를 수식해줄 뿐이다. 관사는 무엇을 꾸미는가? '명사'를 꾸민다. 그런데 이 문장에는 the가 꾸밀 명사가 없다.

- John runs **THE(?)** fastest in the town.
  John은 그 마을에서 **그(?)** 가장 빨리 달린다.

그렇다면 여기에는 the를 쓸 이유가 없다. 논리적으로 당연하다. 그리고 이렇게 설명해주면 모든 영어 원어민들이 고개를 끄덕인다. 그러나 언어는 수학이 아니다.

- John runs the fastest in the town.
  John은 그 마을에서 가장 빨리 달린다.

워낙 어릴 때부터 최상급에 the를 쓴 경험이 많다 보니 **영어 원어민들도 'the는 최상급에 무조건 써야 하는 것'으로 착각한다**. 그래서 이런 문장에서도 이런 저런 원리는 모른 채 습관적으로 the를 쓴다. 물론 안 쓰는 원어민들도 있다. 우리도 같은 한국사람이지만 서로 국어 실력이 다르듯 그들도 마찬가지다. 현장에서 이 내용을 가르칠 때면 불만이 터져 나오곤 한다. '왜 영어는 그러냐! 논리가 안 맞지 않느냐!'라는 볼멘 소리가 나온다. 그 심정 나도 이해한다.
그러나 생각해보자. 우리 한국인들은 기계이름 뒤에는 거의 무조건 '-기'라는 말을 붙이는 습관이 있다. 그런데 다음은 적절한가?

- 프린터기

printer라는 말은 'print 인쇄하다'라는 동사를 변형한 것이다. 이미 '인쇄하는 기계'를 뜻한다. 그런데 여기에 '-기'를 또 붙이다니? **'프린터기'**는 **'인쇄기계기계'**라는 말과 같다. 논리적으로는 말이 안되지만 우리는 별 불편 없이 쓰고 있지 않은가? 언어는 결국 그 언어를 쓰는 사람들이 주인이다. 그들이 습관적으로 쓰면 그게 원칙상 맞든 틀리든 그게 곧 문법이 된다.

마지막으로 단어가 최상급의 형태를 띠지 않고 최상급을 표현할 수 있는 방법을 알아본다. 이게 무슨 소린가 하겠지만 일단 다음 문장들을 읽어보시라.

- No other person in the town is as smart as John.
  그 마을의 다른 어떤 사람도 존 만큼 똑똑하지 않다.

- No other person in the town is smarter than John.
  그 마을의 다른 어떤 사람도 존보다 똑똑하지 않다.

- John is smarter than any other person in the town.
  존은 그 마을의 다른 어떤 사람보다 더 똑똑하다.

- John is smarter than all the other people in the town.
  존은 그 마을의 다른 모든 사람들보다 더 똑똑하다.

한국어 번역문을 한번 읽어보시고 대답해 보시라. John이 사는 마을에서 John보다 똑똑한 사람이 한 명이라도 있는가? **당연히 없다.**

- No other person in the town is as smart as John.
  그 마을의 다른 어떤 사람도 존 만큼 똑똑하지 않다.
  → 존이 그 마을에서 제일 똑똑하다.
    = John is the smartest in the town.

- No other person in the town is smarter than John.
  그 마을의 다른 어떤 사람도 존보다 똑똑하지 않다.
  → 존이 그 마을에서 제일 똑똑하다.
    = John is the smartest in the town.

- John is smarter than any other person in the town.
  존이 그 마을의 다른 어떤 사람보다 더 똑똑하다.
  → 존이 그 마을에서 제일 똑똑하다.
    = John is the smartest in the town.

- John is smarter than all the other people in the town.
  존은 그 마을의 다른 모든 사람들보다 더 똑똑하다.
  → 존이 그 마을에서 제일 똑똑하다.
    = John is the smartest in the town.

바로 이게 최상급 형태 없이 최상급을 표현하는 방법이다. Be동사뿐 아니라 일반동사를 써도 마찬가지다.

- No other person in the town runs as fast as John.
  그 마을의 다른 어떤 사람도 존 만큼 빨리 달리지 않는다.
  → 존이 그 마을에서 제일 빨리 달린다.
    John runs the fastest in the town.

- No other person in the town runs faster than John.
  그 마을의 다른 어떤 사람도 존보다 더 빨리 달리지 않는다.
  → 존이 그 마을에서 제일 빨리 달린다.
    John runs the fastest in the town.

- John runs faster than any other person in the town.
  존이 그 마을의 다른 어떤 사람보다 더 빨리 달린다.
  → 존이 그 마을에서 제일 빨리 달린다.
    John runs the fastest in the town.

- John runs faster than all the other people in the town.
  존이 그 마을의 다른 모든 사람들보다 더 빨리 달린다.
  → 존이 그 마을에서 제일 빨리 달린다.
    John runs the fastest in the town.

이런 문장을 만드는 방법을 공식처럼 정리하면 다음과 같다.

- No other 비교대상 + 동사 + as 원급 as + 주인공
  No other 비교대상 + 동사 + 비교급 + than + 주인공

- 주인공 + 동사 + 비교급 + than + any other + 비교대상
  주인공 + 동사 + 비교급 + than + all the other + 비교대상

필자가 '주인공'이라 표시한 자리에 최상급에 해당하는 존재를 넣어주면 된다. 각 공식에 맞춰 문장을 하나씩 만들어 보고 마무리하겠다.

- No other 비교대상 + 동사 + as 원급 as + **주인공**
  → No other student + is + as tall as + **Lisa**
    다른 어떤 학생도 리사만큼 키가 크지는 않다.
    = Lisa is the tallest
      리사가 제일 키가 크다.
  → No other student + studies + as hard as + **Lisa**
    다른 어떤 학생도 리사만큼 열심히 공부하지는 않는다.
    = Lisa studies the hardest
      리사가 제일 열심히 공부한다.

- No other 비교대상 + 동사 + 비교급 + than + **주인공**
  → No other student + is + taller + than + **Lisa**
    다른 어떤 학생도 리사보다 키가 더 크지 않다.
    = Lisa is the tallest
      리사가 제일 키가 크다.
  → No other student + studies + harder + than + **Lisa**
    다른 어떤 학생도 리사보다 더 열심히 공부하지 않는다.
    = Lisa studies the hardest
      리사가 제일 열심히 공부한다.

- **주인공** + 동사 + 비교급 + than + any other + 비교대상
  → **Lisa** + is + taller + than + any other + student
    리사가 다른 어떤 학생보다 키가 더 크다.
    = Lisa is the tallest
      리사가 제일 키가 크다.
  → **Lisa** + studies + harder + than + any other + student
    리사가 다른 어떤 학생보다 더 열심히 공부한다.
    = Lisa studies the hardest
      리사가 제일 열심히 공부한다

> - **주인공** + 동사 + 비교급 + than + all the other + 비교대상
>   → **Lisa** + is + taller + than + all the other + students
>   리사가 다른 어떤 학생들보다 키가 더 크다.
>   = Lisa is the tallest
>   리사가 제일 키가 크다.
>   → **Lisa** + studies + harder + than + all the other + students
>   리사가 다른 어떤 학생들보다 더 열심히 공부한다.
>   = Lisa studies the hardest
>   리사가 제일 열심히 공부한다.

이제 보니 두 사람의 대화 안에 각종 문법 포인트가 숨어 있다. 자, 자세히 읽어보시길!

John의 대사 중 'they works fastest 그들이 일을 제일 빨리 한다'는 말은 눈 여겨 볼만 하다. 특히 미국 영어에서는 원어민들 중 상당수가 'the fastest'라고 하는데, John은 아주 문법 규칙에 충실하다. 이어서 Min이 'Others can do more'이라는 말을 한다. 이 말은 다른 업체들이 '더 많은 일을 할 수 있다'라는 뜻이다. 이를 '...can do better 더 잘 할 수 있다'라고 고치는 John. 이렇게 more과 better을 혼동하는 경우가 실제로 많다.

review TEST CHAPTER 13 형용사와 부사의 만남

※ 보기에서 빈칸에 알맞은 단어를 고르시오.

01 나는 네가 가진 만큼 많은 돈을 가지고 있다.

I have _____ money as you do.

> as much / as many / more / most

02 그는 거의 나만큼 현명하다.

He is _____ wise as I am.

> just more / nearly as / almost most / just better

03 그녀의 한국어는 내 영어보다 더 좋다.

Her Korean is _____ my English.

> more than / as good as / better than / less than

04 그는 나보다 그림을 훨씬 더 잘 그린다.

He draws _____ than I do.

> far as well / a lot better / much more / much as better

05 나는 너보다 덜 적극적이다.

I am _____ you are.

> more active than / as inactive as / less active than / as much less active as

06 그들의 상황은 우리보다 더 나쁘다.

Their situation is _____ ours.

not better than / not more than / worse than / as worse as

07 그 회사가 이 업계에서는 최고다.

The company is _____ in this business.

the most / the best / the most better / much better

08 그녀가 노래를 제일 잘 한다.

She sings _____.

much better / most / the most / best

09 우리는 그들이 그런 것 보다 훨씬 더 너를 사랑한다.

We love you _____ they do.

as better much than / a lot more than / the most than / as more as

10 너는 네가 생각하는 것만큼 똑똑하지 않다.

You are _____ you think.

not smart than / not the smartest as / not as smart as / a lot smarter than

정답 및 해설

01
I have **as much** money as you do.

이 문제를 해결하려면 먼저 '수량사'에 대해 잘 알고 있어야 한다. Money는 셀 수 없는 명사이므로 앞에 'many'가 오지 못한다. 물론 much와 many모두 비교급과 최상급은 more과 most로 동일하지만, 이 문제는 원급 비교문을 다루므로 문제되지 않는다. **'As much'**가 정답이다.

02
He is **nearly as** wise as I am.

다시 한번 원급 비교문이 나왔다. 'as...as'구조를 기준으로 보면 답을 금방 찾을 수 있을 것이다. 정답은 **'nearly as.'** 나머지 보기들은 원급이 아니거나 부사가 부적절하다.

03
Her Korean is **better than** my English.

'Good 좋은'의 비교급 형태는 'better 더 좋은'이다. 그리고 뒤에 than이 나온 보기를 찾으면 된다. 정답은 두말할 것 없이 **'better than.'** 나머지 보기 중 'more than'은 수나 양이 더 많다는 뜻이다. 'Less than'은 양이 더 적음을 나타내며, 'as good as'는 원급 비교다.

04
He draws **a lot better** than I do.

무엇의 정도를 비교하는지 먼저 파악해야 한다. 'Draw 그림 그리다'라는 동사에 어울리는 부사는 이 중 'well 잘'이다. 그런데 비교급을 사용해야 하므로 'better 더 잘'이 들어간 보기를 찾아야 한다. '훨씬'이라는 말을 나타내는 부사는 far, much, a lot 등이 있다. 이 모든 조건을 충족하는 보기는 **'a lot better'**이다. 'Much more'은 '훨씬 더 많이'라는 뜻이다.

05
I am **less active than** you are.

한국어에는 '덜'이라는 말이 따로 있지만, 영어는 'little 조금, 약간'의 비교급 형태 'less'를 쓴다. '적극적인'이라는 뜻의 형용사는 active. 그러므로 '~보다 덜 적극적인'은 **'less active than'**이 된다.

06
Their situation is **worse than** ours.

한국어 문장을 잘 분석해야 한다. '~보다 더 나쁜'이라는 말을 찾아보자. '나쁜'을 나타내는 bad의 비교급은 'worse 더 나쁜'이다. 그러면 이 단어와 than만 결합하면 정답이 된다. 따라서 **'worse than'**을 골라야 한다. 'not better than'은 '~보다 더 좋지는 않은'에 가깝다. 그러므로 엄밀히 따지면 '비슷하다'는 뜻이라 볼 수 있다. 참고로 이 문장에서 'ours 우리들의 것'은 'our situation'을 가리킨다.

07
The company is **the best** in this business.

'최고다'라는 말은 '가장 좋다'는 뜻이다. 그러므로 'good 좋은'의 최상급 형태 'best'를 골라야 한다. 그리고 사실상 'the best company'라는 말에서 company가 생략된 것과 같으므로 'the'도 함께 써주어야 한다. 따라서 **'the best'**가 정답. 참고로 이 문장만 놓고 분석하면 'best'자체가 '최고인 것'이라는 명사 역할을 한다고 말할 수도 있다. 이런 '해석의 차이'는 사람마다 다르므로 딱히 정답은 없다.

08
She sings **best**.

'제일 잘'이라는 말은 'well 잘'의 최상급 형태로 표현한다. 그래서 정답은 **'best.'** 참고로 이 문장에는 best가 꾸며주는 명사가 없으므로 the를 굳이 쓰지 않아도 된다. 그러나 원어민들 중 상당수가 이럴 때도 'the best'라고 한다는 점은 기억해두시라. 습관은 규칙보다 힘이 세다.

09
We love you **a lot more than** they do.

이 문제에 굳이 'a lot better than'이라는 보기를 넣지는 않앉지만, 한번 따져볼 필요가 있다. 'Better'은 '더 잘'이라는 뜻이다. 즉, 양이나 크기를 나타내는 것이 아니라 능숙함, 숙련도나 옳고 그름의 정도를 나타낸다. 그래서 love better 이라는 말은 어색하다. 마치 좋은 사랑이 있고 나쁜 사랑이 있는 것 같기 때문이다. 시적 허용이라 하면 할 말이 없지만 문학 작품이 아니기 때문에 정답은 **'a lot more than'**으로 하였다.

10
You are not as smart as you think.

한국어 문장을 자세히 보고 원급비교라는 것을 알아차려야 한다. '~만큼 똑똑한'이라는 말을 정확히 찾으면 'as smart as'다. 여기에 부정을 나타내는 not을 붙인 **'not as smart as'**가 정답이다.

Chapter 14
도치

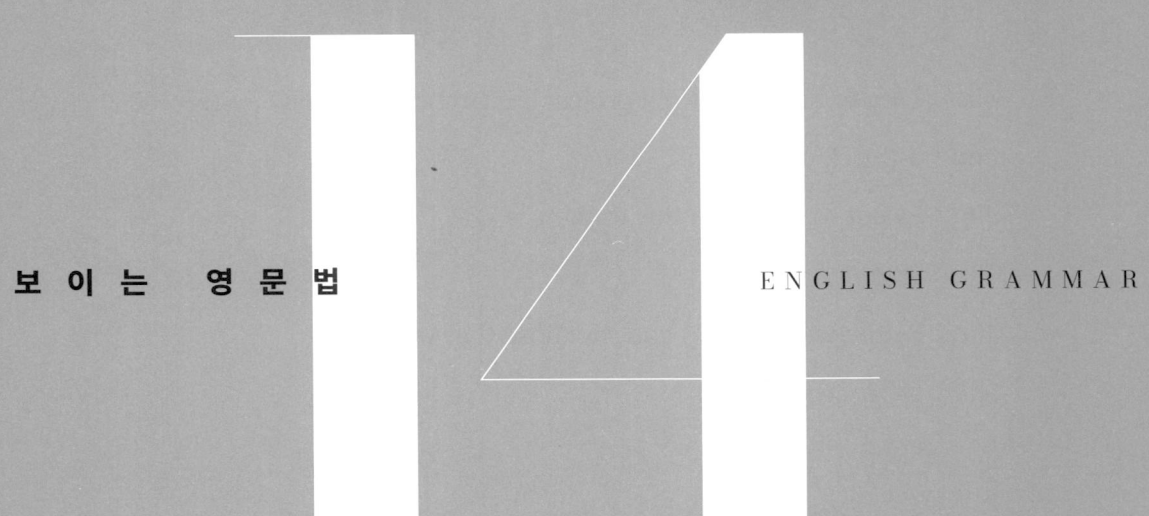

보 이 는 영 문 법   ENGLISH GRAMMAR

LESSON 1 | 도치의 원리
LESSON 2 | 도치의 적용

ENGLISH GRAMMAR

LESSON 1 도치의 원리

Min이 큰 일을 하나 해치운 모양이다. John은 Min의 말에 모두 동일한 패턴으로 동조한다. 독자 여러분들도 'so do I'나 'so am I'같은 표현을 많이 보셨을 것이다. 혹시 왜 그런지 궁금하지 않았는가? Min이 정확히 그걸 물어본다. "Why do you say those that way?"라는 Min의 질문에 우리는 답을 해줄 수 있을까?

> Min : I am so happy that the project has been successfully done!
> John : So am I.
> Min : I want to celebrate this tonight.
> John : So do I.
> Min : By the way, why do you say those that way?
> John : What do you mean?

필자는 지금껏 도치에 대해 명료히 설명한 책을 보지 못했다.(당신은 보았는가?) 이는 영어의 도치 체계가 매우 오랜 역사를 가졌으며, 영어라는 언어의 복잡성 때문에 하나의 공식으로 설명할 수 없기 때문이기도 하다.
이 책을 읽는 독자들은 이번 장을 통해 지금껏 한번도 들어보지 못했던 설명을 접하게 될 것이다. 그리고 앞으로는 영어를 두 번 다시 같은 눈으로 보지 못하게 될 것이다.
먼저 아래 문장을 읽어보자.

- "Now I understand" said Tom.
  "이제 이해됩니다" 톰은 말했다.

평소 영어 원서를 읽어본 경험이 있다면 매우 익숙한 문장 구조일 것이다. 여기서 무엇이 도치되었는가?

- "Now I understand" / said / Tom
  → said가 Tom앞으로 나왔다. 즉, 도치되었다.

도치(倒置)라는 말이 의미하는 바는 다음과 같다.

> 1. 차례나 위치 따위를 서로 뒤바꿈.
> 2. **언어** 문장 안에서 정상적인 어순 따위를 뒤바꿈. 흔히 말하는 사람이 강조하려는 말을 문장의 앞쪽에 내세우는 것을 이르며, '어머니 보고 싶어요.'가 '보고 싶어요, 어머니.'가 되는 것 따위이다.
>
> [출처 : 국립국어원 표준국어대사전]

즉, Tom said... 라는 '정상적인 어순'을 뒤바꾼 ...said Tom은 '도치'의 정의에 부합한다. 왜 이런 현상이 벌어지는 것일까?

이 책을 처음부터 여기까지 읽었다면 아마 다들 아시겠지만, 영어는 원래 대륙의 게르만족이었던 앵글족과 색슨족이 영국 섬에 들어와 출발한 언어다. 즉, 영어는 수 많은 게르만어 중 하나이다. 이 중, 영어와 독일어는 특히 '서 게르만어'로 분류되며 특별히 가까운 언어에 속한다. 그리고 영어가 중세 프랑스어의 영향을 받아 많이 변형된 반면, 독일어는 게르만어의 원형을 비교적 많이 유지하고 있다. 이제부터 제시하는 두 문장을 보라.

- Ich habe ein Buch.
- I have a book.

첫 번째 문장이 독일어, 두 번째 문장이 영어다. 그리고 서로 생김새와 어순을 비교해보면 두 언어가 얼마나 닮았는지 알 수 있다. 편의를 위해 한국어 번역문을 덧붙이겠다.

- Ich habe ein Buch.
- I have a book.
  나는 어떤 한 책을 가지고 있다.

자, 이 중 첫 번째 독일어 문장 즉, 'Ich habe ein Buch'에 단어를 딱 하나 더 첨가해보겠다. 첨가할 단어는 바로...

- Heute

이 단어는 독일어로 '오늘' 즉, 영어의 'today'에 해당하는 말이다. 이 단어를 문장 맨 끝에 붙이게 되면...

- Ich habe ein Buch heute

이렇게 된다. 영어와 한국어 번역문을 함께 붙여 보여드리겠다.

- Ich habe ein Buch heute
- I have a book today.
  나는 오늘 어떤 한 책을 가지고 있다.

이제부터 시작이다. 여기까지는 독일어와 영어 문장 사이에 별 다른 차이가 없지만, 저 'heute 오늘'을 문장 맨 앞쪽으로 끌어오면 신기한 일이 벌어진다. 잘 보시라.

- Heute habe ich ein Buch.
- Today, I have a book.
  오늘 나는 어떤 한 책을 가지고 있다.

자, 여기서 독일어 문장과 영어 문장만 따로 떼어서 비교해 보겠다. 그리고 편의상 콤마 등은 생략하기로 하자.

- Heute habe ich ein Buch.
- Today I have a book.

어디가 달라진 것 같은가? 바로 찾아 내었는가? 정답은…

- Heute 오늘 / **habe** 가지고 있다 / ich 나는 / ein Buch 어떤 한 책을
- Today 오늘 / I 나는 / **have** 가지고 있다 / a book 어떤 한 책을

동사가 문장 내에 위치하는 순서가 다르다!

(1) Heute 오늘 / (2) **habe** 가지고 있다 / (3) ich 나는 / (4) ein Buch 어떤 한 책을
(1) Today 오늘 / (2) I 나는 / (3) **have** 가지고 있다 / (4) a book 어떤 한 책을

독일어 문장을 보면 동사가 문장 '두 번째' 위치에 나온다. 그리고 이는 독일어 문법에서 거의 항상 통용되는 매우 중요한 규칙이다. 이것을 전문 용어로 V2 principle이라고 한다. V는 verb 즉, '동사'를 뜻하고 2는 말 그대로 '두 번째 자리', 그리고 principle은 '원칙'을 뜻한다.

아니… 잠깐만 지금 내가 뭘 본거지? 뭐 이런 생각이 들 것이다. 이제 Min과 John의 대화를 다시 보여드리겠다. 본문에서 보았던 바로 그게 보일 것이다. 집중! John이 Min의 말에 맞장구 칠 때 쓴 두 문장을 다시 보자.

- So am I
- So do I

자, '동사'가 문장 내 몇 번째 위치에 왔는가?

- So (1) / **am** (2) / I (3)
- So (1) / **do** (2) / I (3)

그렇다! 도치가 된 것이다. 바로 V2 principle이 적용된 것이다! 아니 그런데... 독일어도 아닌데 왜 이런 일이 벌어지지? 이 설명에 대해서는 다음 Lesson 2를 기대하시라!

LESSON 2 도치의 적용

> Tom과 만나기로 약속한 John과 Min. 오랜 기다림 끝에 저 멀리 Tom이 보인다. 기뻐서 'here comes Tom'이라고 외치는 John. 그런데 Min이 이 말을 듣고 혼란스러워 한다. 어째서 'Here comes…'라는 말이 나온 걸까?
>
> John : Here comes Tom!
> Min : Here comes…?
> John : Ah, I mean I see Tom there. He is coming towards us.
> Min : You just said 'Here comes…'

이제부터 필자가 영어의 도치문들을 몇 개 나열하겠다. 동사의 위치에 주목하라.

- Here comes Jane. Jane이 여기 오는군.
- Here comes Jack. Jack이 여기 오는군.
- There remains nothing more to be done. 더 할 일이 남아 있지 않다.
- There goes the bell. 종이 울려 버렸네.
- So am I. 나도

지금 머리 끝이 쭈뼛하는 느낌이 들었는가? 동사가 전부 문장내 몇 번째 위치에 왔는가?

(1) Here / **(2) comes** / (3) Jane.
(1) Here / **(2) comes** / (3) Jack.
(1) There / **(2) remains** / (3) nothing more to be done.
(1) There / **(2) goes** / (3) the bell.
(1) So / **(2) am** / (3) I.

그렇다. 도치는 바로 영어가 '게르만어'임을 보여주는 낙인(?)과도 같았던 것이다. 독일어는 여전히 이 규칙을 '거의 항상'지키고 있다. 그러나 영어는 중세를 거치며 너무 많이 변형되어 일부만 남아있는 것이다.

영어가 얼마나 독일어에서 멀어졌는지 볼 수 있는 예시가 있다. 다음은 데카르트의 유명한 명제다.

- '나는 생각한다, 고로 나는 존재한다'

이를 각각 독일어와 영어로 옮기면 다음과 같다.

- I think, therefore I am. (영어)
- Ich denke, also bin ich. (독일어)

이 중, 콤마 뒤에 나온 부분만 따로 떼어보겠다.

- … therefore I am. (영어)
- … also bin ich. (독일어)

원래는 therefore (독일어로는 also)같은 말, 즉, '부사'가 문장 앞에 나오면 동사가 그 다음 자리에 나와야 한다. 그러나 현대 영어는 그 규칙을 반드시 따르지는 않는다. 이런 경우 굳이 '…therefore am I'라고 하면 고풍스럽고 철학자 같은 느낌을 줄 수는 있다. 그러나 그 뿐이다. 원래는 영어도 저 규칙을 철저히 따르는 언어였다. 즉,

- I think, therefore **am** I. (옛 영어)
- Ich denke, also **bin** ich. (현대 독일어)

이것이 옛 영어의 도치법이었고 현대 독일어에서는 이 법이 지금도 철저히 준수되고 있다. 영어는 중세 이후 이 법이 느슨해지면서 도치법에서 나름 자유로워졌다. 오늘날 영어의 도치법은 주로 문학작품이나 구어체에 많이 남아있다. 다음 문장들을 보라.

- Tom sat under the small tree. 톰은 작은 나무 아래에 앉았다.
- The cat came down the stairs. 그 고양이는 계단에서 내려왔다.
- A few flowers are in the vase. 몇몇 꽃들이 꽃병 안에 있다.
- Jennifer said, "I am hungry." 제니퍼는 말했다, "나 배고파"

이것이 우리가 알고 있는 영어의 정상 어순이다. 그런데 인간이 꼭 정해진 어순대로만 말을 하지는 않는다. 일부러 어순을 뒤집는 경우도 있다. 특히 문학작품이 그러한데, 이는 표현에 맛을 더하기 위함이다.

다음은 알베르 카뮈의 '이방인' 첫 부분이다.

'오늘 엄마가 죽었다. 아니, 어쩌면 어제. 모르겠다.'

분명 평범한 어순이 아니다. 어딘가 필요 이상으로 말을 아끼고 횡설수설하는 듯 하다. 아주 평범한 어순으로 이 대사를 고쳐 쓰면

'엄마가 오늘 죽었다. 아니, 어쩌면 어제 죽었는지도 모르겠다.'

이렇게 된다. 순전히 '정보 전달성'이라는 면에서 더 좋은 문장일 수는 있으나, 고치기 전 문장이 주는 **그 긴장감과 어색함은 사라지고 만다**. 그래서 문학작품에서는 어순 파괴가 흔히 일어나곤 한다. 다음을 보라.

(a) 톰은 작은 나무 아래에 앉았다.
(b) 작은 나무 아래에… 앉았다 톰은.
(a) 그 고양이는 계단에서 내려왔다.
(b) 계단에서 내려… 왔다 그 고양이는.
(a) 몇몇 꽃들이 꽃병 안에 있다.
(b) 꽃병 안에… 몇몇 꽃들이 있다.
(a) 제니퍼는 말했다, "나 배고파"
(b) "나 배고파" 말했다… 제니퍼는

(a)는 앞서 예시로 보여드린 영어 문장의 한국어 번역문을 그대로 옮겨 적은 것이고 (b)는 각 (a)를 내용은 바꾸지 않고 어순만 바꿔 쓴 것이다. 어떤가? 분명 (b)가 더 문학적이다. 그리고 딱 말로 표현할 수 없는 '화자의 감정상태'가 느껴지기도 한다. (a)가 산문이 라면 (b)는 운문처럼 보이기도 한다. (b)를 읽고 나면 자연스레 뒷이야기가 궁금해진다. 이제 다음 영어 문장들을 다시 읽어보라.

- Tom sat under the small tree.
- The cat came down the stairs.
- A few flowers are in the vase.
- Jennifer said, "I am hungry."

이들은 모두 지극히 정상 어순으로 써 있다. 이런 문장들은 '다른 해석의 여지'가 없다. 여러분이 작가라 생각해보고 이를 도치시켜 보자. 영어는 이런 경우 거의 예외 없이 다음과 같은 결과가 나온다.

- Tom sat under the small tree. → Under the small tree / **sat (V2)** / Tom.
- The cat came down the stairs. → Down the stairs / **came (V2)** / the cat.
- A few flowers are in the vase. → In the vase / **are (V2)** / a few flowers.

- Jennifer said, "I am hungry." → "I am hungry," / **said (V2)** / Jennifer.

동사가 두 번째 자리에 온다. 이게 영어 도치법에 깃들어 있는 '유일한 규칙'이다. 아, 그런데 영어에는 다른 유럽어들에 없는 'do 보조동사'가 있지 않은가? 그러다 보니… 도치 규칙 또한 한층 더 복잡해졌다.

- I rarely go outside. 나는 거의 외출하지 않는다.
- They knew little. 그들은 거의 몰랐다.
- They had so little time. 그들은 시간이 거의 없었다.

이 문장들의 특징은 '부정'의 의미를 가진 부사가 들어있다는 것이다. 그래서 영문법서를 보면 '부정어구에 의한 도치'라는 장이 따로 나오기도 한다. 지금 보고 있는 세 문장에서는 각각 'rarely, little, so little time' 등이 모두 부정의 의미를 가진 단어들이다. 이런 단어들이 문장 맨 앞에 나오면 도치가 일어난다.
자, 원래 V2원칙대로 도치를 시키면 어떻게 되겠는가?

- Rarely **go (V2)** I outside. 나는 거의 외출하지 않는다.
- Little **knew (V2)** they. 그들은 거의 몰랐다.
- So little time **had (V2)** they. 그들은 시간이 거의 없었다.

바로 이게 중세영어까지의 도치법이다. 그런데 이후 영어에 'do 보조동사'라는 것이 들어오면서 이런 현상이 나타난다.

- *Rarely **do (V2)** I go outside.*
- *Little **did (V2)** they know.*
- *So little time **did (V2)** they have.*

do 보조동사가 문장 두 번째 자리로 들어가고 그 뒤는 편히 쉬는 것이다. 이쯤 되면 do라는 존재야말로 영어에서 가장 신비한 녀석이라 할 수 있다. 수 일치와 시제까지 모두 담당하면서 심지어 도치법에서도 동사를 대신하다니! 그런데 이쯤에서 궁금해진다. 왜 게르만인들은 저런 불편한 규칙을 만들었을까?

게르만의 유산

게르만어의 V2 principle에 대한 여러 가설 중 필자가 가장 타당하다고 판단하는 것을 하나 소개할까 한다. 모름지기 여유란 배 부른 자들의 전유물이다. 그래서 그리스 로마 문명권에 속했던 언어들은 뭔가 여유롭다.

- 나는 오늘 책을 한 권 가지고 있다.

이 문장을 고대 그리스어, 라틴어로 번역하면 다음과 같다.

고대 그리스어

- Σήμερον ἔχω βιβλίον ἕν
  시메론 에코 비블리온 헨
  → 여기서 'Σήμερον 시메론'이 '오늘'이라는 뜻의 부사다. 그리고 바로 다음에 나오는 'ἔχω 에코'는 '나는 가지고 있다'라는 뜻의 동사다. 주어는 아예 보이지 않는다.

라틴어

- Hodie librum unum habeo
  호디에 리브룸 우눔 하베오
  → 여기서 'Hodie 호디에'가 '오늘'이라는 뜻의 부사다. 그리고 바로 다음에 나오는 'librum 리브룸'이 '책'이라는 뜻의 명사이고, 마지막에 나오는 'habeo 하베오'가 '나는 가지고 있다'라는 뜻의 동사다.

보시다시피 그리스어와 라틴어는 주어를 생략하는 경우가 많다. 굴절 덕분이다. 굴절 덕분에 그리스어와 라틴어는 '어순'에서 상당히 자유롭다. 물론 선호하는 표준 어순이 있긴 하나, 그들이 남긴 여러 기록들을 보면 100% 따라야 하는 규칙이란 없는 듯 하다. 즉, 이렇게 써도 다 말이 된다.

- Hodie librum unum habeo 호디에 리브룸 우눔 하베오
  오늘 책 하나 가지고 있다
- Librum unum hodie habeo 리브룸 우눔 호디에 하베오
  책 하나 오늘 가지고 있다
- Habeo librum unum hodie 하베오 리브룸 우눔 호디에
  가지고 있다 책 하나 오늘
- Unum librum habeo hodie 우눔 리브룸 하베오 호디에
  하나 책 가지고 있다 오늘
- Σήμερον ἔχω βιβλίον ἕν 시메론 에코 비블리온 헨
  오늘 가지고 있다 책 하나
- ἔχω βιβλίον ἕν σήμερον 에코 비블리온 헨 시메론
  가지고 있다 책 하나 오늘

- ἔχω σήμερον βιβλίον ἕν 에코 시메론 비블리온 헨
  가지고 있다 오늘 책 하나
- Βιβλίον ἕν ἔχω σήμερον 비블리온 헨 에코 시메론
  책 하나 가지고 있다 오늘

그러나 그들과 다른 문화권이었던 언어를 보면 사정이 다르다. 독일어를 보자.

- Heute habe ich ein Buch 호이테 하베 이히 아인 부흐
  오늘 가지고 있다 내가 하나의 책을
- Ich habe heute ein Buch 이히 하베 호이테 아인 부흐
  내가 가지고 있다 오늘 하나의 책을
- Ein Buch habe ich heute 아인 부흐 하베 이히 호이테
  하나의 책을 가지고 있다 내가 오늘

이렇게 세 가지 경우의 수가 있는데, 특징은 동사의 위치다.

- Heute / **habe** / (2) ich ein Buch
  호이테 / **하베** / (2) 이히 아인 부흐
  오늘 / **가지고 있다** / (2) 내가 하나의 책
- Ich / **habe** / (2) heute ein Buch
  이히 / **하베** / (2) 호이테 아인 부흐
  내가 / **가지고 있다** / (2) 오늘 하나의 책
- Ein Buch / **habe** / (2) ich heute
  아인 부흐 / **하베** / (2) 이히 호이테
  하나의 책 / **가지고 있다** / (2) 내가 오늘

정말 끈질기게 문장 내 두 번째 위치를 사수하고 있다. 자, 이제부터 잘 생각해보시라.

- **주제 + 결론 + 부가정보**

여유가 없는 사회에서 정보를 전달하는 방식은 주로 이렇다. 먼저 강조하고자 하는 그 무언가 즉, '주제'를 던져 놓고 결론을 빨리 얘기한다. 나머지는 부가정보로 간주되어 그 뒤에 자유롭게 올 수 있다.
이를 한국어로 표현하면 이런 식이다.

> 오늘 + 먹었다 + 메뚜기가 + 벼를

이 경우 화자의 '주제'는 '오늘'이다. 가장 강조하고 싶은 정보가 '오늘'인 것이다.

> **메뚜기가** + 먹었다 + 오늘 + 벼를

이 경우 화자의 '주제'는 '메뚜기'다. 가장 강조하고 싶은 정보가 '메뚜기'인 것이다.

> 벼를 + 먹었다 + 오늘 + 메뚜기가

이 경우 화자의 '주제'는 '벼'다. 가장 강조하고 싶은 정보가 '벼'인 것이다. 이를 도식화 하면 다음과 같다.

> 오늘 (주제) + 먹었다 (결론) + 메뚜기가 + 벼를
> 메뚜기가 (주제) + 먹었다 (결론) + 오늘 + 벼를
> 벼를 (주제) + 먹었다 (결론) + 오늘 + 메뚜기가

즉, 가장 중요한 정보를 맨 앞에 배치하고 결론을 바로 얘기하는 어순 체계에서 V2 principle은 필수적이다. 미리 이런 규칙을 만들어 놓고 쓴 것이 아니라, 매번 저렇게 말하는 습관이 계속 전승되어 후대에 '문법 규칙'이 된 것이다. 영어를 배우면서 '주어 + 동사'라는 어순이 절대적이라 믿고 있는 우리에게 이런 어순 체계는 생소할 수 밖에 없다. 그러나 생각해보면 한국어는 '주어 + 동사'라는 규칙을 잘 지키는 언어가 아니다.

- **철수는 머리가 좋다**

이 문장을 보면 '철수'가 일종의 '주제'이고 '머리'가 사실 문법적 '주어'다. '좋다'라는 술어를 통해 '철수의 머리'를 설명하고 있다.

> 철수는 좋다 머리가

여기서 **결론**을 먼저 얘기한다면 우리도 동사가 두 번째 자리에 오게 된다. 첫 번째 자리에는 반드시 '주어'가 나와야 할 필요는 없다. 그저 화자가 생각하기에 제일 중요한 말이 나오면 된다.

> 오늘은 (1) / 맛있다 (2) / 된장국이

예를 들어 이렇게 발화하는 한국인에게 가장 중요한 정보는 '오늘'이다. 이를 통해 전달하고자 하는 것은 '평소와는 다르게 오늘따라' 된장국이 맛있다는 사실이다.

> 된장국이 (1) / 맛있다 (2) / 오늘은

이렇게 발화한다면 '다른 요리들보다' 된장국이 유독 오늘 맛있다는 뜻이 된다. 이렇게 주제를 맨 앞에 배치하다 보면 자연스럽게 동사는 두 번째 자리를 사수하게 된다. 이것이 가장 V2 principle을 그럴싸하게 설명하는 가설 중 하나다.
이 설명을 통해 드디어 쐐기를 박았다 필자가! 하하하! 응?... 방금 내가 뭐라고 했지?...

- **"쐐기를 (주제) + 박았다 (결론) + 필자가 (나머지)"**

아... 주제와 결론이 먼저 나온다는 게 별 얘기가 아니었네... 라는 생각이 든다면 성공이다. 여러분이 읽어도 '필자가 쐐기를 박았다!'라고 하는 것보다 '쐐기를 박았다...!'가 먼저 나오는 게 더 강력하게 느껴지지 않는가? **이런 '메시지 전달의 편의성'때문에 V2 principle이 생겼을 거라고 필자는 감히 추론한다.** 축하 드린다! 여러분은 정말 큰 산을 넘었다!
속된 말로 막 '부심'이 생기려고 한다. 영어 원어민인 John도 모르는 걸 우리가 설명해줄 수 있게 되었으니 말이다! 자, 이제 두 사람의 대화를 다시 읽어보자.

자, 여러분은 'Tom comes here'이 'here comes Tom'으로 바뀌었으며, 동사인 'comes'가 두 번째 자리에 왔다는 사실을 알고 있다. 이것이 도치다. 그리고 이게 바로 '게르만어'의 문법규칙이기 때문이다. 현대 영어는 게르만어에서 상당히 멀어져서 일관성 없이 이 규칙이 적용되었다 말았다 하지만, 적어도 이제 이런 문장을 보고 당황하지는 않게 생겼다.

review TEST　CHAPTER 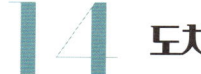 도치

※ 주어진 문장을 알맞게 도치시키시오.

01 지후는 "우리 거의 다 끝났어"라고 말했다.

> Jihu said "we are almost done."

→ _____

02 지후가 여기 오는군.

> Jihu comes here.

→ _____

03 폴은 물가에 앉았다.

> Paul sat near the water.

→ _____

04 접시 몇 개가 탁자 위에 있다.

> Some plates are on the table.

→ _____

05 그 고양이들은 계단에서 내려왔다.

> The cats came down the stairs.

→ _____

06 그는 거의 술을 마시지 않는다.

> He rarely drinks.

→ _____

07 우리는 시간이 거의 없었다.

> We had so little time.

→ _____

08 그녀는 거의 몰랐다.

> She knew little.

→ _____

09 그들은 아무것도 몰랐다.

> They knew nothing.

→ _____

10 나는 아무것도 모른다.

> I know nothing.

→ _____

정답 및 해설

CHAPTER 14

01
"We are almost done" said Jihu.

동사가 두 번째 자리에 온다는 원칙만 기억하고 있으면 된다. "We are almost done"이라는 대사를 한 단위로 보고 이를 첫 번째 자리에, 동사 'said'를 두 번째 자리에 놓으면 나머지는 알아서 해결된다.

02
Here comes Jihu.

동사 'comes'는 두 번째 자리에 고정시켜 놓고 나머지를 해결하면 된다. 그러면 Jihu와 here만 자리를 맞바꾸게 된다.

03
Near the water sat Paul.

역시 동사 'sat'은 두 번째 자리에 고정시켜 놓고 나머지를 움직인다. 'near the water'이 한 단위라 생각하고 이를 앞쪽으로 배치한다. 그러면 자연스럽게 **'Near the water sat Paul'**이라는 어순이 나온다.

04
On the table are some plates.

동사 'are'을 두 번째 자리에 고정시킨다. 그리고 'some plates'와 'on the table'만 자리를 맞바꾸면 도치 성공!

05
Down the stairs came the cats.

역시 동사 'came'을 두 번째 자리에 고정시켜놓으면 나머지는 알아서 해결된다! 'down the stairs'가 한 단위라는 점에 주의! 가끔 the stairs came down the cats라고 하는 경우가 있는데 여기서 down은 전치사다. The stairs와 떨어지면 안 된다.

06
Rarely does he drink.

17세기 이전 영어라면 'rarely drinks he'도 정답이 될 수 있다. 그러나 어쩌겠는가 현대 영어에서는 부정어구가 문장 맨 앞으로 나오면 'do 보조동사'가 두 번째 자리에 뽕~ 하고 나타난다. 정답은 **'rarely does he drink.'**

07
So little time did we have.

한국어로 직역하면 이상하지만 'so little time 거의 없는 시간'이 한 단위라는 점에 주의! 이 덩어리가 문장 앞으로 나가고 'do 보조동사'가 두 번째 자리에 나오는데, 시제가 과거이므로 'did'라는 형태로 바뀌어야 한다. 그래서 **'so little time did we have'**

08
Little did she know.

역시 한국어로 직역하면 괴상하지만 '거의 없는 것'에 해당하는 little이 문장 맨 앞으로 나가고 두 번째 자리에 'do 보조동사'가 들어온다. 원래 문장의 시제가 'knew 알았다' 즉, 과거이므로 'did'라는 형태로 들어오고 동사는 원형으로 바꾸면 된다. **Little did she know**가 정답.

09
Nothing did they know.

부정어구인 'nothing'이 문장 맨 앞으로 나오고 'do 보조동사'가 두 번째 자리에 등장한다! 본문의 시제가 과거이므로 'did'형태로 써준다. **Nothing did they know**가 정답!

10
Nothing do I know.

부정어구인 nothing이 문장 맨 앞으로 나오고 'do 보조동사'가 두 번째 자리에 등장한다. 본문의 시제가 현재이므로 'do' 형태로 나오면 된다. **Nothing do I know**가 정답!

참고문헌

1. 단행본·학술서적

- Harbert, Wayne. (2006). *The Germanic Languages*. Cambridge: Cambridge University Press.
- Jespersen, Otto. (1933/2014). 문법의 철학 (*The Philosophy of Grammar*, 전상범 역). 서울: 한국문화사.
- 김혜리. (2011). 《고대영어: 역사·문법·문헌》. 서울: 한국문화사.
- 정재윤. (2023). 《말과 글을 살리는 문법의 힘》. 서울: 시대의창.
- 한학성. (2017). 《다시 깁고 더한 영어 관사의 문법》 (3판). 부산: 채륜. ISBN 979-11-86096-43-7. (영광도서)

2. 온라인 자료

- Online Etymology Dictionary. (n.d.). *https://www.etymonline.com* (최종 접속 2025-05-21).

암기가 아닌 이해로, 문법의 퍼즐을 풀다!

보이는 영문법

[전지적 원어민 시점]

초판 발행	2025년 6월 10일
2쇄 발행	6월 30일
지은이	주지후
발행인	이주영
등록	제2024-000070호
펴낸곳	드림스쿨(DreamSchool)
	경기도 파주시 탄현면 국화향길 10-38
	Tel 070-4229-0621
	Fax 031)935-0621
책임 기획&편집	정연옥
ISBN	979-11-991023-7-8

값 21,500원

※ 이 책에 실려 있는 모든 내용의 저작권은 저자에게 있으며, 무단으로 인용, 전재, 복제, 재생산, 배포할 경우 법적 처벌을 받을 수 있습니다.
※ 잘못 만들어진 책은 바꿔 드립니다.